Ulrich Scharfenorth

DA WAR MEHR ALS BITTER FELD

Liebe Christel
Es würde mich freuen, wenn ich Dir mit diesem Büchlein ein paar unterhaltsame Stunden bereiten könnte.
Viel Spaß beim Lesen!
Ul. 2.10.17

Ulrich Scharfenorth

DA WAR MEHR ALS BITTER FELD

Heiner Labonde Verlag

ISBN 978-3-937507-80-4

Gestaltung: Antje Zerressen, Pada ri GmbH, Essen
Titelmotiv: Holzschnitt von Christoph Wanner-Krause, Düsseldorf
Printed in Germany

Inhalt

querfeldein

plan gewirtschaftet

Vorwort

Die deutsch-deutsche Geschichte ist in die Jahre gekommen. Was nicht heißt, dass sie zu Ende geschrieben ist. Im Gegenteil: Ihre zweite, östlich der Elbe gelegene Hälfte liegt oft noch im Nebel, im Trauma der Klischees. Dies und ein wenig mehr zu lichten, ist ein Anliegen dieses Buches. Wobei hier keineswegs nostalgiert, wohl aber geliebt und kritisch hinterfragt wird. Was ich erzähle, reicht weit in die DDR-Zeit zurück, spannt aber ebenso den Bogen in die unmittelbare Gegenwart. Mal wirklichkeitsnah, mal verspielt surrealistisch.

Wenn ich mein Kinderbuch aufschlage, über Tante Herta, mein Abi, meine Briefmarkenversessenheit sinniere, ist alles bunt. Auch später, als ich selbst erwachsen bin und Kinder habe, bleibt die Welt fruchtbar – zwischen Ernte und Fallobst. Immer schon fühlte ich mich dem Stahl verbunden – und den Walzwerken, die diesen Stahl »platt« machen. Geriet auf diese Weise in ein Vorhaben, das sich schwer tat und bis heute sinnbildlich für die Fragwürdigkeit eines ganzen Systems steht.

Ich habe lange mit der Wende gehadert, um dann doch – der Not gehorchend – im Westen zu landen. Bin so, zum Teil geschrotet, zum Teil amüsiert, in die neue Welt eingewandert. Was hier – äußerlich frei und grundgesetztauglich oder besser gesagt: frisch, fromm und durchtrieben – geschah, kam ambivalent herüber. Und war dann bestens geeignet, satirisch verwurstet zu werden.

So werden meine Reflexionen auch dem zweiten Wunsch gerecht, nicht nur das Ernsthafte und Nachdenkenswerte zu spiegeln, sondern auch dem humorvoll Versonnenen einen Platz einzuräumen.

Ulrich Scharfenorth

lebensvoll

Im Keller

Ich erinnere mich genau: Am frühen Nachmittag ging die Sirene. Meine Mutter, die diesen Ton fürchtete, aber genauso auch auf ihn wartete, sprang auf. Sie steckte meinen sechs Monate alten Bruder in den weißen, bauchigen Kinderwagen, den sie früher für mich benutzt hatte, breitete eine wollene Decke darüber und drückte dann mich in den Wintermantel. Ich hasste diesen Mantel, der dick, unförmig und vor allem olivgrün war. Aber Hass – zumindest ein so gearteter – zählte nicht. Die Eltern waren froh, wenn sie überhaupt etwas Warmes zum Anziehen auftreiben oder selbst herstellen konnten. Folglich war der Widerstand gegen eine Farbe, gegen irgendwelche Einschränkung von Beweglichkeit sinnlos. Ich wusste das bereits, denn natürlich war der Konflikt uralt und ich, der fast Vierjährige, mehrfach gerüffelt worden.

Ab ging's jetzt im Eiltempo zu Zipplers. Die wohnten zwei Grundstücke weiter auf derselben Straßenseite. Keine Ahnung, warum wir gerade dorthin mussten, wo wir doch selbst einen Luftschutzkeller hatten. Möglich, dass meine Eltern so etwas wie Gemeinschaft suchten. Ein denkbares Muster: Wenn schon draufgehen, dann nicht allein. Wenn schon überleben, dann im Achterpack.

Wir brauchten für die kurze Strecke nicht einmal drei Minuten, und doch kam sie mir endlos vor. Denn natürlich rechnete ich damit, dass die Bomber sofort auftauchen würden. Doch so oft ich meinen Blick, vorbei an den riesigen Manteltaschen meiner Mutter, nach oben richtete: Es war nichts zu sehen. Der Himmel war voll von unschuldigem Blau, und die Sonne strahlte, als ob nichts Bösartiges geschehen könnte.

Am Briefkasten, der vorn am Gartentor auf einen Vierkantkloben aufgesetzt war, fragte ich, ob man nicht die Post herausnehmen müsse. Aber Mutter wiegelte ab. In Zeiten wie diesen rechnete sie nicht damit, dass jemand an uns schrieb. Nein, sagte sie, da ist bestimmt nichts drin. Gut möglich, dass sich dieser fragwürdige Umstand in meinem Kopf festgesetzt hat, denn noch Jahrzehnte später träumte ich davon, dass dieser selbstgezimmerte, braune Kasten monate- und jahrelang ungeleert vor sich hinstand, dass sich Briefe über Briefe in ihm häuften, die nicht berührt, geschweige denn gelesen und auf ihre Briefmarkenträchtigkeit hin untersucht wurden.

Diesmal aber blieb er schnell hinter uns zurück, dieser Kasten. Kaum dass wir aus dem Tor heraus waren, zog mich meine Mutter, zog mich, wie das oft in Filmen zu sehen ist, in schiefem Winkel vorwärts. Der Zaun bei Zipplers war – ähnlich wie bei uns – ein Maschendrahtzaun, schwarz gestrichen mit runden Pfosten. Die Tür dazu war zweigeteilt und verschlossen. Mutter klinkte mehrfach vergeblich, drückte dann zweimal auf den Knopf der runden Klingel und hustete nervös. Wenig später kam ein Mädchen herausgerannt und brachte den Schlüssel. Mutter steckte ihn von außen ein und schloss auf. Ich lief sofort aufs Haus zu, stob die Außentreppe empor und verlor mich im anschließenden Flur. Von dem gingen mehrere Türen ab. Eine davon, die zum Keller, stand offen. Mutter, die kurz nach mir diesen Ort erreichte, keuchte etwas, bedeutete mir aber sofort, die hinabführende Treppe zu benutzen. Und ab ging's in die Finsternis. Nun, stockdunkel wurde es nicht. Denn links an der Wand glomm eine Karbidlampe. Die glänzte metallisch, schien aber nur zeitweise in Gebrauch zu sein. Genau unter ihr nämlich war auf einem kleinen Absatz eine Kerze angebracht. Es war keine neue Kerze, vielmehr eine, die ein-, zweimal gebrannt haben musste.

Unten saßen bereits Frau Zippler, ihre Tochter Anna und drei weitere Leute, die ich nur flüchtig aus der Nachbarschaft kannte. Sie alle schienen auf mich zu starren, auf mich, den Neuankömmling, der kurz auf einer Bank landete, dann aber sogleich in der linken Ecke des Luftschutzraumes verschwand. Warum ich mich in die Nähe des einzigen Fensters begab, wusste ich zu genau. Hier, wo ein Rest von natürlichem Licht eintrat, konnte ich vielleicht beobachten. Leider gab es diese vorgesetzte Schutzmauer, die die Sicht versperrte und meinen Wunsch zunichte machte. Mutter versuchte, mich von diesem Fenster wegzulocken. Offenbar, weil sie meinte, dass es dort zu gefährlich sei.

Dann begann sie ein Gespräch mit einer der anderen Frauen. Dabei flüsterte sie – ganz so, als ob sie um die möglich Offenlegung eines Geheimnisses fürchtete. Auf jeden Fall schien sie verhindern zu wollen, dass ihre Worte draußen im freiliegenden Garten gehört wurden. Spontan fiel mir das Plakat ein, das mir Mutter irgendwann erklärt hatte. Es hing ganz vorn am Eingang: *Feind hört mit.*

Als es draußen zu brummen begann, wusste ich, dass jetzt die Bomber anflogen. Es mussten amerikanische sein, denn nur die, sagte Mutter, waren tagsüber zu Gange.

Ich sprang sofort von meinem Sitz, rannte mit Schwung vor an die inzwischen geschlossene Holztür und riss sie auf. Noch ehe mir jemand nachsetzen konnte, war ich oben, schoss den Flur entlang und donnerte gegen die Haustür. Klinke runter, Klinke rauf. Hier ging nichts. Der Eingang war verrammelt. Aber rechts durch das schräg stehende Fenster sah ich sie kommen – die grauen Ungetüme. Und eh ich mich versah, konnte ich auch die winzigen Punkte erkennen, die sich von ihnen ablösten.

»Junge, du bist wohl verrückt«, schrie Mutter, die mich verfolgt hatte und nun mit Gewalt vom Fenster wegriss.

»Du bist wohl verrückt. Die sind gleich hier, und dann bläst es uns alle weg ...!«

Ich ließ mich widerstandlos einsammeln, trottete an Mutters Hand zunächst zur Treppe, dann an der Lampe vorbei – zurück in den Luftschutzraum. Dort trafen mich sofort strafende Blicke. Ich wich ihnen aus, drückte meinen Kopf fest an Mutters Brust und schloss die Augen.

Dabei hätte ich gerne fragen und verstehen wollen. Warum die Flugzeuge, warum die Punkte, die abwärts stießen und Donner erzeugten? Aber selbst wenn es zu einer Antwort gekommen wäre, verstanden hätte ich vermutlich nichts. Nichts, was die Gaswagen-Fabrik betraf, nichts von den Forschungen für die deutsche Atombombe. Ich kannte keinen Heinkel-Flugplatz – und niemand erzählte von meinem u. k. gestellten Vater, der die Herstellung von Band für Patronenhülsen und Stahlhelme befehligte. Irgendwo stand er und gab Instruktionen, nur eben nicht hier in Zipplers Keller, wo wir ihn gebraucht hätten. Nein, er musste irgendwo zwischen Backsteinbögen und zertrümmertem Mauerwerk geistern, musste einem Tagewerk folgen, das dem Krieg Nahrung gab. So jedenfalls Mutter.

Als die Bombe einschlug, als sie unmittelbar neben dem Haus in den märkischen Sand fand, vibrierte alles. Zwei der leer stehenden Stühle sprangen auf, tanzten wie irre nach links, um dann auszuzittern. Es dröhnte und knirschte, Frau Zippler – ja, ich weiß nicht, ob sie es war – schrie auf. Glas fiel, und es splitterte. Sekundenschnell kam ein stickiger Geruch auf. Die elektrische Kellerlampe, eben noch Quell, eben noch Medium, das uns sehen und einander erkennen ließ, flackerte, blitzte noch einmal auf und verlosch. Der Angriff verging und ich rannte nach oben. Plötzlich schien das Fenster, jenes, von dem mich Mutter zuvor weggezerrt hatte, allein im Fokus. Ich sah, dass es zersplittert war, ich sah, woher das Glas gekommen, nicht aber, wo es hingefallen war. Die zwischen Kitt und Anstrich verblieben Splitter, die messerförmigen Überbleibsel stachen in mein Bewusstsein. Sie leuchteten in seltsamen Farben – von braunrosa bis grau.

Später, sehr viel später, als die Krater bereits leicht bewachsen waren, kamen die Befreier. Waren es zuerst Polen oder waren es Russen oder … überhaupt nur Russen? Ich weiß es nicht. Ich erinnere mich nur an Umrisse. An die Uniformen, an die abgerissene fremde Sprache, an meinen Vater, dem man vorwarf, einen Stahlhelm zu besitzen. An den mit breiten Schulterstücken bewehrten Offizier, der diesen, meinen Vater, rausschleppen und sofort exekutieren wollte. »Du – Soldat, Du – Faschist«, hatte er geschrien. Dann der Tritt, das grobe Seil um die Handgelenke.

Dicht dabei Onkel Erich. Die Hand sträflich nach oben geführt, eingekrallt am Gürtel des Russen.

»Nein«, rief mein Onkel, »dieser Mann nix faschisto – dieser Mann … tschisto ... tschisto, sauber ... sauber!«

Weiß der Teufel, woher dieses abgehängte Wort stammte, wo mein Onkel es aufgeschnappt haben mochte. Keine Ahnung, warum die Russen plötzlich lachten, meinen Onkel wegschoben und noch lachend zu Boden warfen. Der aber hörte nicht auf zu erklären, was es mit dem Helm auf sich hatte, diesem Unglücksding aus der Nullserie …

»Du lügggst«, brüllte der Offizier, brüllte, obwohl er im Grunde noch grinsen musste, raffte sein Gesicht auf ernsthaft, nahm schließlich die Papiere auf, die Vater auf dem Boden verstreut hatte.

»Heeeiintzzze & Blannnkeeerts? Tscho eto, was ist das?«

»Ja, Comandante, das ist … Fabrik für Material für Stahlhelm«, sagte mein Onkel, wies mit der Rechten auf den requirierten Helm und fügte mit Blick auf meinen Vater hinzu: »Spezialist … dieser Mann … Spezialist!«

Ich weiß, dass sie später noch oben in der Wohnung waren, nach meiner Mutter suchten, diese aber nicht fanden. Weil sie bei Drewes auf dem Dachboden lag. Eingehüllt in zwei Decken, versehen mit etwas Proviant, mit Wasser, das Vater ihr hoch geschafft hatte.

Ich sah, wie die Polen (oder waren es Russen?) die Unterwäsche aus dem gelbbraun gemusterten Schrank zerrten, sie weitum im Raum verstreuten und auf ihr herumtrampelten. Einer von ihnen warf Eierschalen in die leeren Fächer.

Ermordet haben sie niemanden, jedenfalls niemanden, den ich kannte. Einige allerdings mussten mit Handschellen vom Hof. Blockwart Schneider, so hörte ich später, sei dabei gewesen. Ihn hat es vermutlich nach Sibirien verschlagen.

Ich weiß nicht auf welche Weise, ich weiß nicht durch wen und überhaupt. Aber irgendwann müssen sie meine Mutter gefunden haben. Vielleicht, weil sie systematisch jedes Haus durchsuchten – so wie das die SS in Russland getan hatte. Irgendetwas war geschehen, über das niemand sprach. Von dem wir bis heute nicht wissen, wie es stattfinden konnte. Mein Vater jedenfalls war zeitlebens voller Hass, voll mit einem Gefühl, das er später nicht zeigen, geschweige denn diskutieren konnte.

Es ist absurd. Aber gerade er wurde ein paar Wochen später von den Sowjets berufen, an seinen alten Arbeitsplatz zurückzukehren. Er wurde technischer Leiter bei Heintze & Blanckertz und später dann im enteigneten Kaltwalzwerk. Dieser Job hielt bis neunzehnhundertundsechzig. Damals ging der kleine Betrieb im großen, gerade gegründeten Kombinat auf. Die neuen Herren aus Hennigsdorf waren politisch gefestigt und kompromisslos. Sie stellten schnell fest, dass Vater noch immer ohne »Bonbon« regierte. Und das auch fortzusetzen gedachte. Seine Demission war schließlich eine Frage von Tagen. Er wurde abgebügelt zum Investleiter.

Entscheidungen wie diese haben Folgen. Sie versetzen den Geschassten in Wut und Ärger. Diesem Ärger folgt der Krebs, und der wiederum schlägt auf den Ärger zurück. In genau diesem Circulus litt Vater und starb schließlich. Sein neues Büro hat er nie bezogen.

Ich bin ganz ehrlich: Ich kenne weder die Dünen von Mesquite und Uan Kaza, noch die Dune du Pilat. Und dennoch wusste ich bereits als Kind, wozu Sand da und in der Lage ist. Er liegt, er rieselt und brennt im Auge. Er ist weiß, grau, hellbraun, schwarz oder rot – je nach Beimischung und Befindlichkeit. Ja, auch Befindlichkeit, denn wenn sich Sand fühlt – ich meine: Wenn Sand sich gut fühlt, spüren wir das.
Wir nehmen ihn, werfen ihn, wir bauen Kleckerburgen oder schütteln ihn aus Sandalen. Sand ist grob oder fein. Zu Staub gemahlen ist er fast flüssig, und man mag nicht glauben, dass er mit seinem Steine-Vorleben etwas gemein hat.

Rodelberg

Ich habe ihn noch deutlich vor Augen, den Rodelberg, den großen Wall aus gelbweißem Sand – aus märkischem Sand. Er war – aus welchem Grunde auch immer – über die bewaldete Ebene und schließlich über sich selbst hinaus gewachsen. Wir Kinder erreichten ihn in fünf Minuten – wenn wir direkt durch die hintere Gartentür in den Kiefernwald liefen, den kleinen Waldweg überquerten und die zweite, sich anschließende Trasse nach links nahmen. Gleich unten am Fuß des Hügels zerfloss die Straße *Am Hag*, die sich irgendwo Richtung S-Bahn erneut mit ungepflasterten Wegen kreuzte. Die Gesamtheit muss man sich weiß bis gelb vorstellen, im Frühling übersät von kargem Unkraut und Butterblumen. Auf dem Berg selbst thronten die rot-braun-borkigen Kiefern, deren Wurzeln teilweise entblößt waren. Jede von ihnen war kerzengerade emporgewachsen. Doch diejenigen, die dem abfallenden Sand am nächsten standen, mussten um ihren Halt fürchten. Wir schaukelten am glatt geschliffenen Holz, höhlten aus, was wir in unserer Kurzarmigkeit untergraben konnten und staunten, dass die Bäume trotz dieser Löcher standhielten.

Im Winter, wenn Schnee lag, war der Rodelberg von Kindern und Schlitten bevölkert. Dann ging's abwärts – nicht nur bis an den Fuß des Hanges. Nein, weiter, weiter durch den schadhaften Zaun des darunter liegenden Grundstücks – hinab auf die breite Terrasse des Wochenendhauses. Die war ausgemachtes Ziel und natürlich sichtbar im blattlosen Winter.

Das Loch im Zaun entstand regelmäßig – immer, wenn es draußen weiß wurde und natürlich gegen den Willen des Gartenbesitzers, der fortlaufend reparieren musste. Keine Frage: Der Mann am Ende der Piste hatte jeden Grund, sich zu ärgern. Wenngleich außer den paar Zaunlatten nichts zu Schaden kam. Was Sträucher und Dauerblumen betraf, so hatte er sie ausgespart – dort, wo die Spur lief.

Ab Mai buddelten wir stundenlang, bauten Türme, die wir umgehend wieder stürzten, und hofften auf Regen, der endlose Kanäle mit Wasser füllen und auch wegschwemmen konnte. Immer dann, wenn es am Berg spannend wurde, nahmen wir Auszeiten, ließen die Harke, die uns Mutter in die Hand gedrückt hatte, Harke sein und flüchteten vor den Hausaufgaben. Immer, wenn es am Berg spannend wurde, verschwanden wir von der Bildfläche. Liefen, rannten oder stolperten zum großen Sand hin. Mutter kam uns fast immer auf die Schliche. Fluchte etwas, weil wir den Garten sich selbst überlassen hatten, ließ uns dann aber doch gewähren. Erst wenn es auf Mittag zuging, genauer gesagt: wenn ihr Wecker auf zwölf zeigte, musste sie – ganz gleich, welcher Tag anstand – nervös geworden sein. Ganz sicher streifte sie dann die Hände an ihrer Schürze ab, hielt Ausschau nach uns und rief quer durch den Wald. Mutters Stimme war unüberhörbar, schrill und eindringlich. Huuuaaahhh! Huuuaaahhh! drang es aus dem linken Fenster des noch unverputzten Hauses, das zweihundert Meter von uns entfernt am Havelkorso stand. Wenn sich Mutter so, sprich: auf diese unüberhörbare Weise bemerkbar machte, hieß das für mich und meistens auch für meinen Bruder, den Sand fallen zu lassen, ihn abzustreifen, ihn aus den Sachen zu schütteln oder im Heimwärts-Galopp rieseln zu lassen. Denn gewöhnlich war das Essen vor der akustischen Heimsuchung überreif oder bereits auf den Tellern präsent.

Abends, wenn die Dämmerung einbrach, wenn wir auch bei zunehmender Dunkelheit noch im Sand saßen, es also einfach verpasst hatten, nach Hause zu eilen, wiederholte sich alles. Mutter tönte erneut und der Wald bebte.

An Mutters dringliche Ausbrüche, an deren Tonlage und Intensität, musste sich die Nachbarschaft über Monate und Jahre hin gewöhnt haben. Dass niemand aufbegehrte, dass Mutter nie von jemandem imitiert wurde, hat mich immer gewundert. Denn das auffallende, bis zu fünf Mal wiederholte Rufen war meilenweit zu hören – und es nervte ziemlich.

Im Juli 1953 – ich hatte gerade die ersten Kapitel von Stuckens *Die weißen Götter* studiert – verschob sich das Ganze. Nicht, dass Mutter aufgehört hätte, zu rufen. Das nicht. Sie trötete weiter, zeigte sich jedoch, was Häufigkeit und Intensität der akustischen Signale anbelangte, geschmeidiger, kam uns schon mal entgegen oder gänzlich zum Berg, um mit uns zu reden. Blieb manchmal sogar – um den Preis des erkalteten Essens, ja lauschte zuweilen unseren Diskussionen, die das Rauschen des Windes und das Rieseln des Sandes mannigfaltig übertönten. Um es deutlich zu sagen: Der Rodelberg hatte in diesem Monat eine geradezu magische Anziehungskraft, ja mehr noch: eine sehr bestimmte Berühmtheit erlangt. Er war zu einer Art Bauplatz geworden. Zu einem Ort, der sein Äußeres ins Innerste kehrte und umgekehrt.

Ich hatte dort fast eine Woche lang intensiv gearbeitet, nicht auf die spielerisch buddlerische Art, nicht als der stupide Löcherbohrer und schon gar nicht als der, der auf bloße Tiefe aus war. Ich war dort – im wahrsten Sinne des Wortes – zunächst planerisch, dann geradezu baggermäßig aktiv. Hatte zunächst Achsen und Strukturen entworfen, diese am unteren Auslauf des Berges durch Linien und kleine Stöcke fixiert und war dann daran gegangen umzuverteilen. Indem ich – von oben kommend – den warmen Decksand zu Seite schob, um ein da-runter befindliches feuchteres Terrain freizulegen. Dies geschah zunächst für etwa einen Quadratmeter, für die Fläche, die ich unmittelbar – man könnte sagen: im Sinne eines ersten Bauabschnittes – gestalten wollte. Ich baute nach Stucken, ich baute, was mir Stucken über Mexiko erzählt hatte. Ich begann, die Stadt zu schaffen, ich hob Tenochtitlan aus der Taufe, jene Metropole, der die

Azteken, dann aber auch Stucken und ich, breite Straßen, ausladende Tempel, Wohngebäude, Amphitheater und Treppen zugedacht und dann auch verpasst hatten.

Werner Sitte, Siegfried Schullert, Renate Boesius und mein Bruder Bernd assistierten wechselweise, schoben – je nach Stunde und Anwesenheit – den Sand nach und holten Wasser, Wasser, das weit weg vom Berg irgendwo gezapft und dann hergeschleppt werden musste.

Nach drei Tagen gelang es mir, den sandigen, bergab wachsenden Formationen, die ständig befeuchtet werden mussten, so etwas wie *Montezuma light* einzuhauchen. Und es sprach sich herum, dass unter den Kiefern – unmittelbar am Berg – ein Verrückter zu Gange war, ein Zwölfjähriger, der eigenwillige Phantasien in Form brachte. Es dauerte nicht lange, und von überall strömten Kinder herbei, schließlich auch Erwachsene, denen man Beziehungen zu Mexiko, geschweige denn zum schnöden Sand nie zugetraut hätte. Ich selbst baute entschlossen weiter, hatte aber Siegfried und Werner gebeten, eine Art Flatterband zu ziehen, um den Einzugsbereich der Baustelle zu schützen. Überall und den ganzen Tag über wurden Fotos geschossen. Auch Mutter war mehrfach aufgekreuzt, und selbst Vater ließ es sich am darauf folgenden Samstag nicht nehmen, vorbei zu schauen. Viel fehlte nicht und die Presse wäre erschienen. Aber ich will ehrlich sein: In einem Kaff wie dem unseren gab es keine Presse. Dafür aber reichlich Gespräche zwischen den Anwesenden, vor allem über Monte und Zuma, vor allem über Menschenopfer und Blutrinnen, Rinnen, die ich dann auch – auf Wunsch und Hinweis hin – gestalten sollte. Immer an den Tempeln und von da ab auf allen abschüssigen Gehwegen.

Die Grausamkeit der Ureinwohner – so scheint es mir im Nachhinein – musste damals noch aufs Schärfste verurteilt worden sein, während Cortez und die Spanier eher ungeschoren davon kamen.

Nach genau sechs Tagen setzte heftiger Regen ein. Er bewirkte, dass zunächst die überkragenden filigranen Dächer, dann aber auch die schlanken Türme aufgaben und irgendwie abflossen. Ihnen folgten die voluminöseren Rund- und Rechteckbauten, die ich höher angelegt hatte und die deshalb den nieder fahrenden Schauern mehr ausgesetzt waren als andere

Bereiche. In den sandigen Rinnen, aber auch auf den ausgespülten Magistralen trieb der Regen schmutzigen Schaum auf. All das staute sich auf halber Höhe, um dann quasi im Schwall auf den darunter liegenden Rest abzustürzen. Knapp vier Stunden währte das feuchte Massaker. Es hatte vierzehn Tempel, zwei Paläste, siebenundzwanzig Treppen und Terrassen, fünf einander kreuzende Prunkstraßen und besagte Blutrinnen sukzessive zerlöchert, zum Einsturz gebracht und dann weggespült. Ich stand, meine durchsichtige Pelerine über Kopf und Körper gezogen, bis zum Abend dabei. Und war ziemlich allein, denn alle – nicht nur die vielen Besucher, auch die Freunde, die beim Bau behilflich gewesen waren, und mein Bruder Bernd waren längst in trockenen Tüchern.

Stuckens Buch habe ich erst sehr viel später zu Ende gelesen. Um dann festzustellen, dass mein Hügel die Historie zwar tangiert, in Teilen aber aber auch in den Sand gesetzt hatte.

Heute, dreiundsechzig Jahre später, ist der weiße Berg verschwunden. Er ist der Bodenversiegelung, einer dichten Bebauung vor Ort, zum Opfer gefallen. Die neuen Gebäude – es sind ausnahmslos hässliche Fertighäuser – haben mit ihrem Untergrund, der weiß-gelb geliebten Matrix gebrochen.

Auch von Mexiko spricht niemand mehr – es sei denn von ... dieser Mauer.

Toter Arm

Es war Mitte der fünfziger Jahre, als die Fischer noch Fische fingen, als winters die Havel so zufror, dass wir sie überschreiten, ja bis zum Lehnitzsee begehen konnten. Es war Mitte der fünfziger Jahre, als das Wasser noch klar war und unbeschwert vor sich hin floss – so, als wäre nichts Wichtiges passiert.

Ein von der Havel abgehender toter Arm, der in der Nähe des *Weißen Hauses* versandete, hat uns als Kinder schwer beschäftigt. War er doch ein Arm ohne Wasseraufgebot, ohne sichtbare Quelle – und doch leicht fließend und klar.

Wann immer es möglich war, das alte Paddelboot zu Wasser zu lassen, geschah es, um diesen Ort aufzusuchen. Das genaue Ziel war die Anglerinsel, die eigentlich eine Halbinsel ist. Wollte man auf dem Wasserwege zu ihr, dann musste man unweigerlich in die verhangene Sphäre eintauchen, die das kleine Fließ eröffnete. Verhangen deshalb, weil Hunderte von Weiden und Erlen die Ufer säumten, mit Zweigen, die ihre Blätter bis herunter ans Wasser reichten. Tatsächlich versprachen Teile des toten Arms so etwas wie Urwald – natürlich nur in dem Maße, wie wir uns Urwald damals vorstellen konnten.

Bereits die Einfahrt von Seiten der Havel war flach. Man konnte das Wasser problemlos durchschreiten, wobei nicht sicher war, ob sumpfige Stellen hier und da Einhalt geboten. Gewöhnlich kam Ulf-Peter vom gegenüberliegenden Havelufer, das auf hundert Meter eine große, von Sandbergen umsäumte Badestelle besaß. Die anderen, meist waren es Peter, Horst und Willi, liefen am hiesigen Gestade entlang oder ließen sich von einem der Havelkähne an jene Stelle bringen, wo der Arm seinen Anfang nahm. Meist war einer der Kahn-Zusteiger schwarz beschmiert, weil Planken und Reling der Schlepper geteert wurden – auch, um Mitfahrer abzuwehren. Zuweilen kam es vor, dass ein Vorwitziger gebissen wurde. Köter aller Couleur turnten regelmäßig an Deck. Auch sie waren gegen uns Kletterkinder programmiert. Doch das nur nebenbei.

Sobald alle im Boot saßen, ging's ab auf die Mitte des kleinen Flusses, der – wie schon angedeutet – nicht wirklich ein Fluss war, sondern mehr vor sich hin stand. Trotzdem war er stets mit frischem Havelwasser versorgt und dagegen gefeit, brackig zu werden und umzuschlagen.

Der tote Arm zog sich in mehreren Windungen in Richtung Insel. Man brauchte etwa eine halbe Stunde, um die kleine Brücke, die vom Festland aufs separierte Eiland führte, zu erreichen. Dabei musste man keineswegs hart paddeln, sondern konnte durchaus viele Blicke ins Wasser werfen. Und genau das hatten wir vor. Denn wie jedes Mal auf diesen Ausflügen wollten wir Jungfische beobachten. Die gab es fast immer reichlich. Sie wurden sichtbar, wenn die Paddel ins Seegras, in Schlick oder Seerosengeflechte niedergingen. In der Regel waren es kleine Uggel, Rotfedern oder Barsche. Eine silber-bunte Meute, die nur dann wegblieb, wenn das Holz abrutschte und schwarzen Schlamm aufrührte. Meist aber waren die Bilder einmalig, und es faszinierte, den toten Arm als Brutstätte der Havelfische zu erleben. Vor allem über den breitblättrigen Wasserpflanzen, über den Wasser- und Teichlinsen, über Wasserhahnenfuß und Froschbiss wurde die tiefer gelegte Welt klar wie im Aquarium. Da zogen auch Kaulquappen und Frösche quer, da blinkten Süßwassermuscheln und schnelle Reflexe, die von durchbrechender Sonne zeugten. Gern hätte jeder von uns ein paar Aquariumfische – vielleicht die Guppys, Schwertfische, Black Mollys oder Skalare – dazugegeben. Aber das scheiterte natürlich an der Wassertemperatur, die hier bei nur zwanzig Grad lag. Folglich schlussfolgerten wir umgekehrt – fragten uns, ob wir die Fische nicht nach Hause bringen und dort in ein Aquarium setzen konnten. Tatsächlich baute ich später im Garten ein kleines Betonbecken und setzte die Fische aus – in der naiven Annahme, dass dies ein geeignetes Refugium sein könnte. Das Gegenteil war der Fall. Trotz Pflanzenpracht und Belüftung starben sie alle schnell dahin.

Hier im Boot, hier im flirrenden Wechsel von Licht und Schatten faszinierten uns die Bilder des Augenblicks – eine Oberfläche, die vom Boot in zwei Hälften geteilt wurde, das leise, kaum hörbare Gurgeln des Wassers, das beim Eintauchen der Paddel aus dem Gleichmaß geriet und Wellen gebar. Kleine grauschwarze Hügel, die sich langsam und in stetem Takt am Uferschilf, an Entengrütze und umhertreibenden Ästen abarbeiteten. Und je mehr wir uns dem Ziel, jener kleinen Brücke, näherten, desto gespannter gingen unsere Blicke an die Ränder des Gewässers. Die gaben sich, sobald das letzte, nunmehr baumfreie Teilstück erreicht war, bis auf den Grund glasklar.

Würden sich Krebse in dieser Gegend aufhalten? Wäre es denkbar, einen von ihnen an Land zu ziehen? Tatsächlich waren Schalentiere wie diese überall zu finden. Man drehte einen in der Uferbefestigung liegenden Stein um und schon sah man sie. Wie sie langsam ihren angestammten Platz verließen oder ruckartig nach hinten schnellten. Meistens gelang es, sie mit der Krebsgabel zu fangen. Ganz Mutige fassten ihren Panzer, zogen sie aufwärts und warfen sie an Land. Nur selten sammelte jemand eine ganze Portion ein, um sie mit nach Hause zu nehmen. Wir hatten das nie vor, freuten uns, die Krebse aufzufinden, sie zu beäugen und am Ende wieder freizulassen.

Natürlich wollten wir immer auch auf die Anglerinsel. Hatten wir das zugehörige Ufer mal erklommen, dann dauerte es nicht lange, bis sie uns entdeckten.

Nein, willkommen waren wir nicht. Die Anlieger fürchteten, dass wir ihre Beete zertrampeln, Äpfel klauen oder in eine der verlassenen Hütten einsteigen würden. Sobald uns die Pächter sahen, schimpften sie, drohten, die Eltern zu verständigen und verboten uns, neuerlich anzulanden. Auf die Idee, dass wir Entdecker waren, dass wir die Natur liebten, ihre Einmaligkeit aus kindlichem Gemüt heraus begreifen, ja auch Freude empfinden wollten, kam niemand. Eigentlich schade.

Hier vom leise dahingleitenden Boot aus hatten wir die letzten Ufer-Meter gut im Blick. Oben wogte das frische Gras, ragten ganze Büschel von Sauerampfer und Butterblumen. Von der Insel her tönte ein einsamer Pfiff, irgendwo bellte ein Hund und links oben – dort wo es durch Wiesen und Äcker zum Drosselweg ging – mussten Schafe weiden, Schafe, die wir aus der Tiefe heraus nicht sehen, wohl aber hören konnten.

Im Winter – diese Erinnerung kam zwangsläufig, wenn wir diese Stelle erreichten – stand genau hier eine riesige Pfütze, die, sobald es kalt wurde, zufror. Wenn es schneite, schoben wir das stille Weiß mit unseren Besen und Schiebern beiseite. Und schnallten die Schlittschuhe an. Einfach, um los zu preschen, jenes Knirschen zu erzeugen und auszuleben. Hier und da gerieten wir auf dünnes Eis – aber anders als im übrigen Leben – war das

… völlig gefahrlos.

Schiskojenno

Es muss Mitte der fünfziger Jahre gewesen sein: Da steuerte die Familie mal wieder Richtung Norden, dem freundlichen Seewind entgegen. Irgendwann roch es salzig, und wir landeten in einem der goldgelb gestrichenen Ferienhäuser – es waren die FDGB-Heime in Kühlungsborn.

Alles machte den gewohnten, normalen Eindruck. Die Eltern griffen den Schlüssel, und wir Söhne zogen mit unseren Koffern ins nahegelegene Bettenhaus. Unser Zimmer lag in der zweiten Etage. Es war nett ausgestattet und relativ groß.

Wir beide, neun- und zwölfjährig, hatten tagsüber viele, abends aber nahezu keine Rechte. Vor allem an Sonnabenden, wenn im Hauptgebäude zum Tanz aufgespielt wurde, mussten wir im Bettenhaus bleiben und irgendwann das auf uns gestellte Einschlafen versuchen. Ausbrechen konnten wir nicht, denn Vater schloss immer dann, wenn die Eltern abends loszogen, das Zimmer von außen ab. Das war schlicht rücksichtslos. Denn eines hatte er nicht bedacht: Wie sollten wir – wenn's überraschend drückte – auf die außerhalb gelegene Toilette gelangen?

In genau diese Situation kamen wir natürlich. Und es war exakt die verschärfte Lage, bei der Flaschen oder Konservengläser keine wirkliche Lösung darstellen. Mein Bruder Bernd musste Groß! Groß aber ließ sich nicht in gläserne Behältnisse abfüllen, jedenfalls nicht in die, die im Zimmer umherstanden. Was also tun?

Wir kamen fast zeitgleich auf die Idee, anfallendes Braun in Zeitungspapier zu verpacken. Was angesichts herumliegender Gazetten nahelag, aber wenig Spaß verhieß. Doch wo sollten wir mit der Fracht hin? Sie einfach auf den Hof feuern? Diese Lösung schied aus. Denn man würde uns schnell als Übeltäter erkennen, die Eltern aufwiegeln und Theater machen. Vielleicht müssten wir sogar den Urlaubsort verlassen. So etwas wollten wir nicht riskieren. Also war weiteres Nachdenken angesagt.

Kurz und schlecht: Wir beschlossen, die Exkremente eingetütet, aber unverschnürt, auf das gegenüberliegende TeerpappeDach zu schleudern. Was eine besondere Wurftechnik und viel Schwung erforderte.

Und tatsächlich: Bei beiden Würfen gelang das Kunststück. Es glitschrappelte etwas, aber wir waren die Haufen elegant los. Und niemand sah sie.

Erst die Nachwende-Sanierer dürften auf die Hinternlassenschaft gestoßen sein … und sie wortlos mit neuem Teer verrollt haben.

Manchmal träume ich davon, ein berühmter Sammler zu sein. Ein Mensch, dem sich aus dem Nichts heraus Briefe über Briefe andienen. Und auf jedem dieser Umschläge ... eine blaue M.

Ab die Post ...!

... oder besser gesagt: her mit der Post! Und dann nichts wie abschneiden, ausschneiden oder ablösen. Wie es zu dieser plötzlichen Affinität, einkommende Karten und Briefe betreffend, gekommen ist, was mich darauf brachte, Briefmarken zu sammeln – ich weiß es nicht mehr. Sicher scheint, dass es mein Vater war, der mich mit den bunten Aufklebern bekannt machte, mir auch hin und wieder abgelöste oder mit Papierresten verquickte Stücke mitbrachte. Mal waren es gestempelte aus der eigenen Chaos-Edition, dann wieder ein paar klebrige, die in seinem Portemonnaie angebacken waren.

Gut möglich, dass mir hier und da ein altes Album in die Hände fiel, dass Freunde oder Mitschüler ihren Anfangsbestand oder Opas Erbstück gegen WestKaugummis oder Zigarettenbilder tauschen wollten. Irgendwann jedenfalls hatte ich einen ziemlichen Haufen der verschieden gezackten Exemplare beisammen und tütete sie – je nach Land und Erscheinungsjahr – in gesonderte Briefumschläge. Mein Vater, der dieses Tun mit Wohlwollen zur Kenntnis nahm, schenkte mir ein *Schaubek*, in das nun wieder umsortiert wurde: Altdeutschland, die verbotenen Nazi-Marken, DDR, West-Berlin, Westdeutschland und Ausland.

Später differenzierte ich weiter. Neben Briefmarken aus den drei Deutschlands wurden solche aus der Schweiz und Österreich zu meinen Lieblingsobjekten.

Später kamen noch die heroischen Stücke aus der Sowjetunion dazu. Dies, weil mein Vater mehrfach in Moskau weilte und mich mit Briefen und neuen Tütchen gut versorgte.

Während der Oberschulzeit ging ich regelmäßig zu Tauschtreffen, was meinen Vater neuerlich freute. Glaubte er doch, dass ich so anderen verderblichen Anfechtungen gar nicht erst begegnete. Ein Irrtum, wie sich später herausstellte.

Tatsache ist, dass ich durch die Briefmarken so etwas wie Jagdinstinkt entwickelte, auch ein wenig Neid auf die, die schon große und wertvolle Sammlungen hatten. Immer wieder kaufte ich vom Taschengeld, hier und da auch vom Ersparten, die Stücke, die in meinen Sätzen fehlten oder aber als Tauschobjekt hoch im Kurs standen. Einer der wenigen Briefmarkenhändler, die ich kannte, logierte damals in Oranienburg, in der Stralsunder Straße. Er trug eine dicke Brille und hatte in seinen Regalen Unmengen von Alben, die er – je nach Bedarf – nur umschwärmte oder aber ansteuerte, herauszog und dem Besucher öffnete. Seite für Seite waren sie dann aufgereiht, die schönsten zusammenhängenden Sätze, die teuersten Stücke, Motivmarken und die Schweiz pur. Ich war fasziniert und sogleich mit einer Art Bann belegt. Es musste schön sein, sich dieser Welt hinzugeben, sie aufzusaugen, ihr anheimzufallen. Ich starrte auf die bunte Vielfalt und mein Kopf dröhnte. Ich studierte die Preise und zog dann doch nur mit einem ausgeliehenen Katalog davon.

Zu Hause verglich ich, suchte die einzelnen Marken auf und schrieb die Preise daneben. Die Dinge hatten schließlich ihren Wert, wenn auch einen illusorischen, denn nur wenn man verkaufte, erlöste man etwas und dann auch nur einen Bruchteil des Katalogpreises. Die Zuordnung der Marken war nie einfach, weil auch verschiedene Zähnungen und Wasserzeichen zu beachten waren. Die zu identifizieren erforderte spezielle Werkzeuge und Substanzen, die ich unbedingt benötigte. Für meine Eltern war das praktisch, weil sie sich zu bevorstehenden Geburts- und Feiertagen kaum den Kopf machen mussten. Sie schenkten Alben, Pinzetten, Lupen und Zähnungsschlüssel. Das war wenig einfallsreich und traf doch den Punkt: Ich war rasend begeistert.

Wir Jugendliche waren meist klamm und deshalb immer auf Kohle aus. Die einen brauchten sie für Bier, Zigaretten und Kino, die anderen für Tanzabende mit den Mädels. Als Oberschüler waren wir denen, die schon arbeiteten, weit unterlegen. Denn die verdienten schon Bares und protzten damit. Von Briefmarken hatten die keine Ahnung. Ich hingegen brauchte jeden Pfennig, um genau die einzuheimsen. In der Schule begann ich meine Mitschüler zu löchern, fragte sie, ob sie Briefmarken hätten und diese verkaufen würden. Eberhard hatte welche. Es wären altdeutsche, sagte er, und die seien zweifellos wertvoll. Ob er diese Marken selbst gesammelt oder aber seinem Opa aus dem Album geklaut hatte, wusste ich nicht. Es war mir auch schnuppe. An einem der nächsten Tage jedenfalls kam Eberhard zu mir nach Hause. Meine Mutter geleitete ihn in mein Zimmer, stellte ein Glas Tee hin und verschwand dann. Sie wusste nicht, was jetzt ablief. Ich aber hatte sofort Witterung aufgenommen. Das Album, das Eberhard aus dem Beutel zog, sah alt und abgegriffen aus. Es war ein dickes Buch, das Marken beherbergte – die gestempelten direkt mit Falz, die ungestempelten in Einstecktaschen. Als dieser Mix sichtbar wurde, war mir klar, dass hier jemand systematisch gesammelt hatte und dass dieser Jemand – so er noch lebte – alt, ja vielleicht uralt sein musste.

»Das hast du wohl von deinem Großvater?«, fragte ich Eberhard und der nickte.

»Ja, Opa ist seit fünf Jahren tot. Er hat mir das dagelassen.«

Nun, ob das stimmte, wusste ich nicht, denn sicher gab es da einen Vater oder eine Mutter, die ein Auge auch auf vererbte Briefmarken werfen würden. Aber das ging mich nichts an.

Während Eberhard blätterte, ließ ich die einzelnen Motive durch meinen inneren Scanner sausen. Ich hatte mich natürlich vorbereitet und wusste ungefähr, worauf ich mich konzentrieren musste. Da waren zunächst die Inflationsmarken, die gigantische Zahlen und noch irrwitzigere Aufdrucke aufwiesen. Ungestempelt waren sie nur Pfennige wert, gestempelt aber etliche Märker. Vorausgesetzt, dass die Stempel echt, also keine billigen Nachahmungen ohne Datum waren. Dies festzustellen war schwierig, denn nur Experten konnten ausmachen, welcher Stempel damals an welchem Ausgabeort tatsächlich benutzt wurde. Bei anderen Marken ging es um Zähnungen, Wasserzeichen und Farbabweichungen. Nur einige Stücke waren zweifelsfrei zu identifizieren. Um die nun kümmerte ich mich. Ich hielt eine der Seiten fest und nahm die Lupe.

»Die hier«, sagte ich zu Eberhard, »und die hier!«

Eberhard nickte, und ich entfernte die Exemplare. Das ging eine halbe Stunde so. Der Berg der Begehrlichkeiten wuchs und nahm schließlich ein beachtliches Volumen an. Eberhard juckte das nicht. Ihn hatte der BriefmarkenTeufel offenbar nie geritten. Mich aber regte das Ganze zunehmend auf.

Ich hatte fast alle Stücke, die ich für wertvoll hielt, aus dem Album entnommen. An zwei, vermutlich extrem teure, traute ich mich nicht heran.

»Was willst du für den Haufen haben?«, fragte ich Eberhard.

»Keine Ahnung«, sagte der, »ich dachte, du wüsstest, was die Dinger wert sind.«

»Ich habe dazu keine Kataloge«, log ich, »aber ich denke mal, das macht so an die fünfzehn Mark. Plus minus zehn Prozent.«

Ich hatte an dieser Stelle zum ersten Mal versucht, ein schiefes Geschäft zu machen, eines, das mich bereicherte, den anderen aber über den Tisch zog. Denn der Wert der ausgesuchten Marken mochte den von mir angesagten um ein Mehrfaches übertreffen – selbst dann, wenn ich bei Optionen den jeweils niedrigsten Preis zu Grunde legte.

Soviel war sofort klar: Die Briefmarken hatten einen Sog verursacht, etwas, das mich sehr bald vergiftete und mein Augenmerk von dem, was das Sammeln ausmachte, völlig ablenkte. Ich hätte die Geschichte der Marken, den Anlass ihrer Ausgabe studieren, die künstlerische Leistung der Graphiker bewundern können. Ich tat das nur am Rande. Sicher fielen mir schöne Marken besonders auf, doch oft waren es die unansehnlichen, die wirklich Wert hatten.

Einige der Eberhardschen Marken waren ernsthaft beschädigt. Sie hatten entweder sogenannte Fenster, es fehlten Zähne oder sie waren postfrisch auf Papier geraten und daran festgeklebt. Diese Stücke überließ mir Eberhard, zu meiner Freude, kostenlos.

Bereits am folgenden Morgen machte ich mich daran, hier nachzubessern. Und widmete mich zuerst den verklebten postfrischen Marken. Ich baute ein kleines Eisengestell, füllte ein Einweckglas zur Hälfte mit Wasser, legte sodann die verquickten Stücke mit der papiernen Unterseite auf die Metallunterlage und schloss das Glas hermetisch ab. Innerhalb weniger Tage waren Briefmarken und Unterlagen so durchfeuchtet, dass ich beides voneinander trennen konnte. Die Marken, sorgfältig abgezogen, machten einen neuen, gut gummierten, postfrischen Eindruck. Die Unterlagen warf ich weg.

Was dann folgte, gehört ins Krimi-Archiv. Wenngleich es – auch nach damaligen Maßstäben – keine strafrechtliche Relevanz hatte. Ich war erst fünfzehn. Dennoch zeigen die folgenden Handlungen, wie infam ich damals vorging, sprich: in welchem Maße ich Opfer einer falschen Moral wurde.

Was geschah? Nun, ich machte mir Gedanken um die anderen beschädigten Marken. Hier – so schlussfolgerte ich – mussten Fenster beseitigt und Zähne angefügt werden. Beides ließ sich relativ einfach bewerkstelligen. Ich besorgte mir Talk und suchte einen unauffälligen, nicht durchschlagenden Kleber. Letzteren fand ich sofort auf billigen, postfrischen Marken, die ich anfeuchtete und mit dem Finger abrieb. Andere Exemplare mussten als Zähnespender herhalten. Ich entnahm diesen die Substanz nach dem Motto: Anzahl fehlender Zähne plus vier, trug Briefmarkenkleber auf und presste das Flickstück auf die zu heilende Fehlstelle. Einmal drücken, und die behandelte Marke sah wie neu aus. Auf Briefmarken mit Fenstern trug ich denselben Kleber auf, ließ den etwas antrocknen und presste dann Talg nach. Mein Fingernagel erwies sich dabei als perfektes Glättungsgerät.

Aus mir war also ein Fälscher geworden, einer, der das Briefmarkensammeln, -tauschen, -kaufen und -verkaufen, zumindest in Teilen, zum Betrugsmanöver machte. Klar: Ich war nie im Besitz wirklich wertvoller Stücke, und die Zahl meiner Präparationen hielt sich in Grenzen. Doch eines geschah schon: Mancher Sammler kam in den Besitz meiner reparierten Stücke, legte sie ab und fragte nicht weiter. Das warf keine Welten um, hatte aber doch den Geruch üblen Tuns. Dass ich insgeheim grinste, klingt verwerflich. Aber selbst die Erben der Geschädigten dürften die Fehlstellen nie entdeckt haben, denn Marken von geringem oder mittlerem Wert prüfte niemand – jedenfalls nicht so, wie man Mauritius & Co unter die Lupe nimmt.

Irgendwann war ich auf die Idee gekommen, die Marken – immer dann, wenn sie komplette Sätze bildeten – auf schwarze Seiten zu bringen. Dort fabrizierte ich mit weißer Ausziehtusche Rahmen um Rahmen, um verschönernde Effekte zu erzielen. Die Ergebnisse waren erfreulich. Wiederum belobigte mich mein Vater für den sinnvollen Zeitvertreib – doch insgeheim hatte ich bereits eine Freundin.

Irgendwann gerieten die Briefmarken, vor allem weil mich Eltern und Lehrer zunehmend auf die Schule festnagelten, in Vergessenheit. Ich klebte nur noch selten, weichte kaum noch ab und die Alben führten ein Schattendasein. Schließlich lagen sie wie eingemottet im Regal.

Viele Jahre vergingen briefmarkenlos, wenn man mal von den üblichen Postbegehrlichkeiten absah. Ich war mitten im Studium und meine Frau schickte sich an, zu mir nach F. zu ziehen. Konnte das aber erst, nachdem ich das nötige Geld für die Einrichtung eines Zimmers in der Studentenbaracke beisammen hatte. Doch woher die Knete? Mein Vater lebte nicht mehr und meine Mutter mochte das wenige Geld aus dem Erlös meines Elternhauses nicht aus der Hand geben. So blieb mir nichts anderes übrig, als meine geliebten Briefmarken zu verscherbeln. Damals fehlten mir ab Jahrgang neunundvierzig nur achtunddreißig Stücke – es waren natürlich die wertvollsten. Diese Abwägung schien schnell sinnlos, denn das Verkaufserlebnis war ernüchternd. Wer Briefmarken loswerden muss, wird beim Erlös erpresst. Und vielleicht war es so, dass ich um den gleichen Wert erleichtert wurde, den ich anderen abgetrickst hatte. Das hörte sich gut an, war aber zu moralischer Entlastung wenig geeignet. Um es kurz zu machen: Ich bekam viertausendeinhundertundfünfundzwanzig Mark und fünfzig Pfennige – gerade so viel Geld, dass ich davon ein Bett, zwei Regale, eine kleine Kommode, einen Fernseher und den großen Vorhang kaufen konnte, der unsere Kemenate in zwei Teile teilte.

Sammlermarken spielten für mich in den Folgejahren keine Rolle mehr. Zwar heulte ich wegen des Verlustes noch jahrelang in mein Kissen, doch eine Neuauflage des Zurückliegenden kam nicht in Frage.

Erst 1990, als die DDR dabei war, das Zeitliche zu segnen und die verbliebene Postverwaltung neue Briefmarken mit der Aufschrift *Deutsche Post* herausbrachte, kam so etwas wie ein Weckruf. Ich kaufte wieder Marken, sortierte sie in ein Album und wartete.

Was dann geschah, kann gut und gerne als eine Art Reinkarnation durchgehen. Zumindest aber als schnelle Wiedergeburt eines gewissen, briefmarkengesteuerten Geschäftsinteresses. Das man aber als eher harmlos einstufen konnte.

Mit der Wende hatte sich briefmarkenmäßig ein Zustand eingestellt, den es so sicher in keinem anderen Land der Welt je gegeben hat. An die Herausgabe von zwei Briefmarkenvarianten – die eine für die BRD, die andere für Westberlin, hatten sich Westdeutsche und Westberliner, aber auch die Sammler im Osten längst gewöhnt. Auch die seit 1955 mit sogenannten Sperrwerten versehenen Briefmarkensätze der DDR waren als gegeben hingenommen worden. Jetzt kam es zu neuen Seltsamkeiten. Die betrafen zunächst die Noch-DDR.

Die letzten, mit DDR-Signum versehenen Marken erschienen im ersten Halbjahr 1990. Mit Einführung der Währungs-, Wirtschafts- und Sozialunion, die für ganz Deutschland ab 1. Juli 1990 die D-Mark brachte, war Schluss damit. Jetzt gelangten neue Wertzeichen mit der Aufschrift *Deutsche Post* in Umlauf. Dass diese – trotz faktischen Fortbestehens der DDR – ab sofort mit harter Währung bezahlt werden mussten, war den Marken nicht anzusehen. Grotesk war es allemal – aber dennoch nur ein kleines Puzzle im Briefmarkenwirrwarr der damaligen Zeit.

Der undurchsichtige Briefmarkensalat wurde durch die gestaffelten Gültigkeiten weiter strapaziert. Schließlich wusste niemand, ob mit Ostgeld erworbene Marken auch nach dem 1. Juli in ganz Deutschland gültig waren.

Tatsächlich gab es dieses Fenster zwischen dem 1. Juli und dem 2. Oktober 1990. Da wurden dann sogar Briefe aus Westdeutschland mit alten DDR-Marken frankiert und in die Noch-DDR verschickt. Ein Zustand, der keine Logik kannte, und wie es hieß, nur deshalb toleriert wurde, weil man die Einheit und damit ein möglichst krawallloses Zusammenführen der Deutschen im Visier hatte. Eines war allerdings verboten: Das Frankieren mit einem Mix aus Marken, die sowohl für Ost- als auch für D-Mark erworben wurden. Kein Wunder, dass mich gerade diese Restriktion besonders reizte.

Auf diesem Feld freilich war ich nicht allein. Alle Leute, die ein kreatives BriefmarkenGen in sich hatten, versuchten jetzt, ihre Briefe mit den irresten Kombinationen auszustatten. Sie klebten also die gültigen, für

Westdeutschland und Westberlin konzipierten Marken mit alten DDR-Marken und solchen zusammen, die die Aufschrift *Deutsche Post* trugen. Stapelweise wurden solche Briefe und Päckchen erstellt und den meist überforderten Postbeamten – vor allem in OstBerlin – untergejubelt. Die glotzten auf die zum Teil unbekannten Motive und stempelten. Wenn es hoch kam, lagen den Beamten papierne Infos zu den parallel gültigen Ausgaben vor. Zum Draufschauen war dann meist keine Zeit. Um es kurz zu sagen: In diesen Wochen und Monaten wurde getrickst und entwertet, was das Zeug hielt. Und all diejenigen, denen es gelang, einen unzulässigen Mix unter den Stempel zu bringen, sprangen vor Freude in die Höhe. Sie hatten in dem ansonsten recht wertlosen Briefmarkenwald ein Unikum erzeugt. Nicht unbedingt ein Unikat, denn es war theoretisch möglich, dass ein anderer genau dieselbe Zusammenstellung von Marken entwerten ließ.

Auch ich lief in dieser Zeit zur Hochform auf. Ich will nicht übertreiben, aber es waren sicher dreißig Briefe, die ich an Freunde, an mich selbst oder meine Liebste abschickte – alle überfrankiert – und was die Motive und Ausgabeorte betraf: bunt gemischt. Die einzelnen Marken waren für sich genommen nur wenig wert. Sie waren in ungeheurer Menge auf den Markt gebracht und so von vornherein einem inflationären Verfall ausgesetzt worden – wenn man von der eigentlichen, der Brieffunktion, absah.

Der 3. Oktober 1990 schließlich markierte den Höhepunkt der philatelistischen Spekulation. An diesem Tag nämlich verloren alle mit Ostgeld erworbenen Marken ihre Gültigkeit. Wer es an diesem Tag schaffte, einen mit DDR-Marken versehenen Mix abstempeln zu lassen, überragte die anderen Spieler um Kopfgröße. Nicht nur, dass er das genaue Datum auf dem Brief hatte, er konnte auch Zeuge der berühmten Streichungen werden, die jetzt anbefohlen waren und jeder DDR-Marke den Kugelschreiber-Garaus machten. Immerhin war dieser Akt auf dem Brief dokumentiert. Zurückgewiesen wurden derart manipulierte Briefe nicht – niemand wäre in der ohnehin obskuren Situation der Proteste Herr geworden.

Ich erinnere mich noch genau, wie dieser 3. Oktober für mich persönlich ablief: Ich hatte natürlich einen großen Briefe- und Kartenstapel vorbereitet. Und jeden einzelnen Brief, jede Karte, mit besagtem wilden Mix aus den vier beschriebenen Briefmarken-Grundtypen beklebt. Und dabei nicht darauf geachtet, ob irgendetwas überfrankiert war. Im Gegenteil: Ich investierte richtig viel Geld, um auch Marken mit hohem Nennwert dabei zu haben. Weil ich glaubte, dass das den künftigen Wert der einzelnen Stücke maßgeblich beeinflussen würde. Es ging hier also um selbst verordneten Luxus. Zehnmal ins Kino gehen oder aber … wertvolle Marken generieren.

Die verschiedenen Marken zu besorgen, war in Berlin relativ einfach, weil hier die Beschaffungskanäle direkt aufeinander stießen. Anders im Land an der Oder. Die Leute, die dort kampierten, bekamen die Westberliner und westdeutschen Ausgaben natürlich nicht am Schalter. Wenn ihnen diese nicht irgendwie zugeschickt wurden, wenn sie nicht wenigstens zum Briefmarkenkauf nach Berlin fuhren, gingen ihre Chancen auf den großen Mix gegen Null. Für mich als Rand-Berliner war die Sache natürlich einfacher.

Man muss sich das vorstellen: diese graue, schmucklose Tür in rotem Backstein. Diese Tür – achtzig mal zweihundert Zentimeter als Eingang zum wichtigsten Postamt der DDR. Man schiebt diese Tür auf, durchläuft den abgewetzten Windfang und steht im Schalterraum – einem schlechtbelüfteten und mehrfach gegliederten rechteckigen Kasten. Hinter acht Schalterscheiben acht ausdrucklose Gesichter, Gesichter von Frauen, die nachtsüber um Hilfe geträumt haben mochten, um etwas, das ihnen an diesem Feiertag, diesem ersten Tag der Deutschen Einheit, verwehrt wurde. Während andere besinnungslos feierten, mussten die Beamtinnen einem Heer von Irren zu Diensten sein. Jawohl: Irren! Denn an diesem Mittwoch, der so ziemlich sang- und klanglos zum größten deutschen Feiertag mutiert war, trieb es keinen Normalsterblichen in diese Ecke – in dieses MonsterPostamt, von dem nur die Briefmarkenverrückten wussten, dass es auch an diesem Tag geöffnet war.

Nun, wer glaubte, dass er mit Eintritt in den Postbunker den schnellen Stempel schon sicher hatte, der sah sich getäuscht. An die Orte höherer Bestimmung – und als solche waren die Schalter durchaus anzusehen – gelangte man nicht direkt. Zwei Ordner verwiesen die Einkommenden zunächst auf die bereit gestellten Bänke. Von dort sah man es dann: Die Abfertigungsleistungen in den Positionen eins bis acht fielen sehr unterschiedlich aus.

War ein normaler Mensch in die Reihe geraten, einer, der tatsächlich nur einen Brief los werden wollte, dann ging es ruckartig vorwärts. Meist aber hatten die Kunden Berge von Briefen und Päckchen, in einigen Fällen sogar Pakete bei sich. Hier das konkrete, briefmarkenbezogene Monitoring zu wahren, schien unmöglich – es sei denn, man setzte auf lange Wartezeiten. Die aber waren alles andere als zumutbar – und man spürte sie förmlich, die Ungeduld der Stempelbittsteller. Immerhin konnten die auf eine Besonderheit verweisen: All ihre Briefe waren bereits frankiert, was den SchalterSklavinnen die Arbeit erleichterte.

Die Viererketten á zehn Personen bewegten sich – nur eben langsam. Von Zeit zu Zeit gab es heftige Wortwechsel, weil die Trickser ihre verbotenen Markenkombinationen durchbringen, die Frauen gegenüber aber gerade dies behindern wollten. Eine beispiellose Gereiztheit lag in der Luft. Sehr wahrscheinlich, dass die Diensttuenden echt sauer waren und in jedem briefstapelbepackten Gegenüber den Spekulanten vermuteten. Der ihnen zudem den Feiertag vermieste. Mit normalem briefmarkigem Verhalten jedenfalls hatte das, was hier hundert-, ja vielleicht tausendfach über die Bühne ging, nichts zu tun.

Am Nebenschalter stand ein Mann, der einen Koffer aufgeklappt hatte und diesem Koffer in Abständen Karten und Briefe entnahm. Die sich wiederholende Bewegung nahm kein Ende. Schließlich drohte die Schalterbeamtin damit, nichts mehr anzunehmen. Es sei unverschämt, stieß sie aus, dass ein einzelner Kunde den Verkehr derart aufhalte. Der Angesprochene hielt einen Moment inne. Dann keifte er los:

»Nu, das woll mer doch ma sehn. Mir lebn jetzt schließlisch innem frein Lond. Da iss nischt mehr mit stasiüberwachte Briefmachen-Ausgabe ...«

Der Dialog erregte sofort Aufsehen. Die Umstehenden reagierten unterschiedlich – die einen mit heftigem Kopfnicken, die anderen mit Gelächter. Auf jeden Fall kam richtig Unruhe auf, etwas, das quasi in der Luft hing und sich selbige jetzt machte.

Einer der Ordner war herbeigesprungen und hatte etwas unstet gegen den geöffneten Koffer geklopft.

»Das geht gar nicht!«, rief er

Der Kofferbesitzer knurrte: »Schigane!«

Ich hatte das Glück, dass es an meinem Schalter ruhig blieb. Als ich dran war, verlor ich das benachbarte Gewühl sofort aus Augen und Ohren.

Eine Dame musterte mich, ganz so, als ob sie meinem Gesicht eine gute oder böse Absicht zuordnen wollte. Natürlich böse, dachte ich und ließ die verbotenen Karten zunächst bedeckt. Leider nutzte das nichts, denn die Beamtin hatte die Lage längt sondiert. Nachdem sie fünf scheinbar unbedenkliche Briefe abgestempelt hatte, blieb sie am nachgeschobenen sechsten hängen.

»Sie wissen doch ganz genau«, sagte sie, »dass die DDR-Marken ab heute ungültig sind.«

»Wie?«, fragte ich und tat arglos.

Für Diskussionen war keine Zeit. Es folgte eine neue Stempelattacke. Rums und Strich: Die DDR-Marke wurde mit dem Kugelschreiber zweimal gekreuzigt.

»Sie haben alles mehrfach überfrankiert«, bemerkte die Dame.

»Ja«, gab ich zurück und schwieg dann.

Tatsächlich klebten auf allem, was ich bei mir hatte, ganze Markenteppiche. Auf die die kopfschüttelnde Beamtin dann mehrfach eindrosch.

Als meine zwanzig Karten und Briefe in der großen Sammelkiste verschwunden waren, hatte ich gut einhundertundsechzig Ostmark sowie siebzehn Westmark verbraten und einhundertundzehn Minuten im Postamt verbracht. Ein Grund zum Durchatmen.

Am Ausgang war mittlerweile eine beachtliche Menschentraube gewachsen. Alles Leute, die mit denen, die noch reinwollten, kollidierten. Man schimpfte, schob und drängelte. Doch niemand wollte nachgeben.

»Es ist achtzehn Uhr …«, brüllte der größere der beiden Ordner, »die Schalter werden geschlossen!«

Bereits zwei Tage später erreichten meine Sendungen nicht nur mich, sondern auch meine Frau, meine Söhne und meinen Bruder.

Als das Ganze retour war, stapelte ich es in eine braune Kiste, die die Aufschrift *Mix Tricks Deutsche Einheit* erhielt. Dort werden die gezähnten *Kombis* lange ausharren müssen.

Tante Herta

Ach ja, Tante Herta. Ich muss immer wieder an sie denken. Dabei liegt die Zeit weit zurück – fast sechzig Jahre ist es her, dass ich sie zum letzten Mal gesehen habe. Tante Herta war die jüngere Schwester meines Vaters und – zu bestimmten Anlässen – ein ebenso lustiges Haus wie mein Erzeuger. Nur schade, dass beide so früh gehen mussten. Doch lassen wir das Traurige beiseite.

Tante Herta ist mir als lebenslaute Dame mit rasanter Lockenpracht gut in Erinnerung. Wenn wir einmal monatlich die breite und ziemlich vornehme Toreinfahrt in der Niebuhrstraße 3 durchschritten, überkam uns – ich spreche hier vornehmlich von meinem Bruder und mir – eine heimliche, zuweilen auch überbordende Freude. Wir waren wieder hier – zwar nicht im teuer anmutenden Vorderhaus, dafür aber im blumigen Dahinter. Aus dem uns, kaum, dass wir die Wohnung im Parterre betraten, durchdringender Kaffeegeruch entgegen schlug.

Nun war Kaffee für mich noch nicht die Reizdroge, die er heute darstellt, geschweige denn ein Anmacher für meinen drei Jahre jüngeren Bruder. Und dennoch ist mir der Duft bis heute wie eingebrannt. Gut möglich, dass das mit dem immer gleichen Zeremoniell, den festen Abläufen beim Zubereiten zu tun hatte. Tante Herta brühte, und wenn sie das tat, nahm sie die Porzellankanne mit Tropfenfänger. Und sie sparte nicht. Ganz im Gegenteil. Sie gab zehn Löffel vom besten Tchibo ins Innere und tat – nachdem sie alle, die ihr zuschauten, gemustert hatte, einen elften hinzu.

Für die Kanne, pflegte sie dann zu sagen, wobei uns nie klar wurde, was sie damit meinte. Nun, egal, der Kessel mit kochendem Wasser kreiste bereits, und wo das brodelnde Nass einlief, erstarb die Frage. Es waren elf Löffel und das reichte, um der braunen Flüssigkeit den Stich ins Schwarze zu verpassen. Aufgetischt, duftete der Kanneninhalt weiter. Reizte schließlich die gesamte um den Tisch versammelte Familie, kräftig zuzugreifen – was Tassen und dann Kuchenteller heftig in Bewegung brachte. Makronen, Baisers und die damals noch biegsamen Schweineohren mochten wir Kinder am liebsten. Weil man daran schnüffeln, herumbeißen und demontieren konnte. Die Schweineohren lagen alsbald in Bahnen quer über dem Teller und die Baisers schmolzen zu bonbonartigen Klumpen, die uns die Backentaschen füllten und aufblähten.

Tante Herta machte eine Pause. Und bevor wir Umstehenden es bemerken konnten, musste sie in die Schürzentasche gegriffen und Bruder Bernd etwas zugesteckt haben – sechs Stuyvesant, wie er später zugab. Ich der Ältere, der scheinbar Gereiftere, ging leer aus. War ich Opfer einer ausgebliebenen Verteilung? Hatte ich mich als Nichtraucher geoutet? Keine Ahnung.

Tante Herta jedenfalls wollte Freude verbreiten. An Zigaretten musste man das nicht festmachen. Sie wollte gemocht und ein wenig bewundert werden. Denkbar auch, dass sie den *armen Verwandten aus dem Osten* ein Stück Westen vorführen und Vater, dem Gebildeteren, ein Schnäppchen schlagen wollte. Was auch immer: Tante Herta war eine einfache Hausfrau und ihr Mann, Onkel Hans, der U-Bahn-Führer. Beider Vorstellung von Freiheit mochten etwas diffus sein. Sicher schien aber, dass frühzeitig aktivierte Glimmstengel dazu gehörten. Offenbar machten die locker und vermittelten Kindern so etwas wie vorzeitiges Erwachsensein.

Dem Kaffeetrinken folgte der Abmarsch in die Kinderzimmer. Cousin Peter geleitete uns rechts um die Ecke, dann weiter in sein ungemachtes, umherliegendes Bett. Dort wussten wir sie bereits verwahrt – die Comic-Hefte: Tarzan, Akim, Prinz Eisenherz und … und … und …. Uns stockte der Atem. Im DDRischen bekamen wir derartiges nie zu Gesicht, und obwohl mir das heute platt vorkommt – damals begeisterte es uns.

Tom Mix, Tom Prox und die anderen, weniger bebilderten Revolverblättchen blieben dagegen abseits. Allenfalls Cousin Joachim, damals schon achtzehn, interessierte sich für sie. Unserem Im-Bett-Lesen allerdings blieb er weitgehend fern, denn er hatte bereits eine Freundin – Gisela.

Später, als nebenan das erste Bier verabreicht und der Wein entkorkt wurde, schlug etwas Lärm herüber. Vater, Tante Herta und Onkel Hans hatten beherzt zu singen begonnen, diskutierten dann wieder oder lauschten der Musik, die Ulla, unsere achtzehnjährige Cousine, aus dem Radio zog. Nur Mutter hielt sich zurück. Ihr fehlte es an Entschlossenheit, und es war nicht ihr Ding, so laut vor sich hin zu feiern.

Dessen ungeachtet schwoll der Zirkus. Tante Herta zitierte Karl Valentin, schob zwei Witze nach, die die Gürtellinie glatt unterliefen und dampfte dann ab. In der Küche standen bereits die Zutaten fürs Abendessen bereit: Knobeländer, Kasslerbraten und Kartoffelsalat, dazu saure Gurken und diverse Käse. Auf dem Herd brodelte das Wasser, angetan, eine wahre Kavalkade von Würstchen aufzunehmen, die kurz darauf im schwarzen, eisernen Kochtopf landeten.

Wir liebten Tantes Kartoffelsalat, und wenn sich dazu besagte Würstchen gesellten, ging so etwas wie Glückseligkeit auf. Wer allerdings mehr als drei von den Dingern vereinnahmen oder gar zwei gleichzeitig in den Mund schieben wollte, wurde verwarnt und auf die beiliegenden Brötchen vernagelt. Die waren zwar frisch und knusprig, aber eben nicht Bockwurst.

Später, als Ulla die von Senf- und Salatresten verkleckerten Teller, die verbliebenen Gurken und die mit Restsauce bedeckte Bratenplatte herausgetragen hatte, und das Tischtuch mit Bravour gerade gezogen war, wurde gequalmt. Schließlich öffnete Onkel Hans den obligatorischen Dujardin, stellte acht Schnapsgläser dazu und rief gut gelaunt:

»Dujar Brand muss gelöscht werden!«

Wir Kinder ließen die Szene links liegen und folgten Peter. Der hatte seit Monaten einen Job gleich um die Ecke – als Kino-Helfer im *Polarium.* Und es fiel ihm leicht, uns durch die Hintertür einzulassen. Wir landeten hinter der Leinwand – mitten im *Süßen Leben.* Die Ekberg war gerade dabei sich auszupellen. Unser Pech war, dass wir stehen und das Ganze von hinten ertragen mussten. Der Laden war proppevoll. Peter fand das blöd und zog uns – ausgerechnet im falschen Moment – auf die Straße zurück. Ich machte mich enttäuscht auf den Rückweg zu Tante Herta. Peter und Bruder Bernd beschlossen zu bleiben – vermutlich wegen der Lullen.

Als ich die Haustür aufschob, dröhnten mir heftige Geräusche entgegen: ein atonaler Singsang, gemischt mit lautem Stimmengewirr und dazu: Freddy, der Quinn. All das quoll aus den offenstehenden Fenstern, füllte den Raum zwischen Haus, Hof und Bahndamm und ließ die vorbei rauschenden S-Bahnzüge wie harmloses Beiwerk erscheinen. Hätte es freien Zugang gegeben, der Kreis der Feiernden hätte sich schnell vervielfacht. Aber da waren zwei Zwischentüren, die dafür sorgten, dass nur geladene Gäste Einlass fanden. Ullas Freund Baul (man nannte ihn tatsächlich Baul und nicht Paul) und Fred, ein Kumpel, stießen dazu und später auch Wilhelm, Wilhelm, der nach Bauls Abwahl um Ulla buhlte, sie später ehelichte und ein Schuhgeschäft einbrachte.

Alle fanden irgendwie Platz. Zwei setzten sich auf den Kohlenkasten, andere standen herum oder hockten voreinander.

Mit fortschreitendem Abend, mit steigendem Alk-Pegel, wurden die Gemüter hitzig. Baul griff Ulla von hinten an die Brüste und Gisela monierte, dass Achim diese Idee wieder mal nicht hatte.

Wie gesagt: Die Stimmung war prächtig und sie wuchs sich aus. Achim hatte den Plattenspieler oder besser gesagt: das Schränkchen, auf dem der stand, durch kleine Holzkeile befestigt. Wohl deshalb, weil jetzt mehr drohte als Freddy, nämlich Bill Haley.

Nun, wir schrieben das Jahr 1960. Und da war nur eines in: Rock'n',Roll. Der hatte mit Bill Haley, Chuck Berry, Fats Domino, Eddie Cochran und Johnny Ray seinen Siegeszug angetreten. Draußen zerlegten sie bereits Kinos. Die Waldbühne hatte ihre Bestuhlung eingebüßt. Und DDR-Gazetten titelten: Heulboje floh aus der Hintertür.

Hier, hier bei Tante Herta lief das glimpflicher ab, nicht eben zimperlich, aber doch so, dass niemand verletzt wurde. Oder?

Baul hatte inzwischen den Teppich aufgerollt, stellte ihn flugs ins Nebenzimmer, warf ein paar Blicke auf die Holzdielen und pfiff durch die Zähne: »Prima Boden!«

Ulla und Gisela, beide mächtig aufgeregt, gluckten erwartungsvoll. Vater verzog keine Miene und Mutter kauerte eher furchtsam denn neugierig an seiner Schulter. Rock'n'Roll – was das wohl anrichten würde.

Wir Kinder saßen längst inmitten dieses Geschehens, schubsten einander und überlegten, ob, und wenn ja: wann der Sturm losbrechen würde. Lange mussten wir nicht warten. Baul war wieder der erste, wieder der, der das Ding anpfiff. Er zog Ulla an sich – in die Mitte des Raumes, direkt unter die alte, mit beigefarbenen Porzellanschalen bestückte Lampe. Die begann kurz darauf bedrohlich zu schwingen, einfach, weil die Bodenbretter – zumindest aber ihr Vibrieren und Zittern – bis zur Decke reichten. Noch ging es nur um Gestiefel, ein zögerliches Getrampel. Noch rief Tante Herta ihr fröhliches Hallo dazwischen.

Dann aber der erste Ruck im Gebäude. Baul, der plötzlich zuckende Baul, warf sich nach rechts, wirbelte Ulla – kaum, dass die Luft holen konnte – im Kreis, stemmte sie unversehens und streckte die Arme. Schließlich dieser Überschlag und das Aufklatschen. Urplötzlich war ein bestialisches Knallen im Raum, etwas, das spontan zulegte, als Achim und Gisela das Ganze nachäfften – nur eben phasenverschoben. Die Dielen, eben noch blank und still, sie knarrten nicht nur, sie ächzten. Auf ihnen die vier, um sich schlagend und zwar so, dass einem schlecht werden konnte. Nun, uns wurde nicht schlecht, denn die Musik hatte es in sich und uns Umstehende längst vereinnahmt. Schließlich klatschten alle in die Hände. Peter sang sogar mit, echt in Englisch – was die Akteure weiter anstachelte. Sie stoben wie irre umher, versessen auf immer neue Stakkatos. Das aber konnte nicht gut, ja es musste … schief gehen. Achim, plötzlich außer Kontrolle und mit falschem Drive, geriet aus der Mitte. Bog sich und zerrte Gisela vor an die Fensterfront, knallte dort gegen die bisher nicht erwähnte Stehlampe und schlug zu Boden. Es schepperte stark, zwei Glühbirnen gingen zu Bruch. Der Lampenschirm lag halbiert in der Ecke.

»Die Lampe, du Blödian!«, schrie Tante Herta.

Nun, das Ding war nicht mehr zu retten. Achim – sichtlich verwirrt und vom Schnaps gezeichnet – hatte Mühe, die Maßregelung zu ertragen. Erbittert schaute er auf Muttern und knurrte: »Spielverderber!«

Gisela, die abseits stand, scheute sich, Partei zu ergreifen. Sie druckste komisch herum und es schien, als wolle sie beiden – sowohl dem besoffenen Achim, als auch der erzürnten Tante Recht geben. Das wiederum versetzte den Liegenden in Wut. Er erhob sich, drehte bei und ging auf den Plattenspieler zu, auf das Ding, das eben noch harsch gedröhnt hatte. Blieb kurz davor stehen, riss die Platte vom Teller und brach sie, ja, tatsächlich: Er brach das kostbare Stück mitten durch – Bill auf der einen und Haley auf der anderen.

Als wir dann gingen, die Raucherhöhle um zwei Uhr in der Nacht verließen, hing Trauer in der Wohnung. Tante Herta heulte, Onkel Hans glotzte auf die Trümmer, Vater knurrte und Mutter schwieg neuerlich.

»Macht's gut!«, flötete Achim von drinnen. Er hatte gekramt und den anderen, noch unverletzten Haley aufgelegt: *See you later alligator…*

Abitur eins!

Nicht, dass Paul Ehrhardt ein typischer Streber gewesen wäre. Sein Vater hatte das vielleicht gewollt und schob ab und zu nach. Dabei blieb es aber auch, weil der Erzeuger kaum präsent war. Paul nahm sich durchaus Zeit rumzugammeln, mit seinen Kumpels auf den Havelwiesen herumzuliegen, AFN zu hören und mit B. zu poussieren. Er schnitzte Flöten, präsentierte den Zehenhang an ankernden Kähnen und war beim Skat ein gesuchter Mitspieler. Ähnliches galt für B.. Auch sie hielt sich da auf, wo Paul war. Und spielte den besseren Skat. Sie hatte es – mal mehr, mal weniger – auf Paul abgesehen. Er aber auch auf sie.

So betrachtet, war Paul Ehrhardt ein völlig normaler Mensch – einer, der Ende der fünfziger Jahre die zwölfte Klasse besuchte, auf ein Mädchen scharf war und … schon mal büffelte. Schließlich kam es darauf an, das Abi mit guter Note zu beenden. Das mussten ihm weder sein Vater noch irgendwelche Lehrer beibiegen. Dennoch war völlig unklar, wohin die Reise nach Abschluss der Schule gehen sollte. Paul war mehrfach geneigt. Ihm ein außergewöhnliches Talent zu bescheinigen, ginge zu weit. Zumindest hatte er keines, das von irgendwem erkannt und gefördert worden wäre.

Er liebte die Fächer Sport, Deutsch, Latein und Geschichte, in denen er ausnahmslos gute und sehr gute Noten hatte. Und er tat sich schwer in den Naturwissenschaften. Mathematik, oh je! und Physik schon gar nicht. Für Biologie allerdings hatte er eine Schwäche, die er nicht erklären konnte. Sicher schien, dass er gern farbige Zeichnungen von Raupen, Blutkreisläufen und Fleisch fressenden Pflanzen anfertigte, Dinge, die der Lehrer fast wöchentlich abforderte, die ausnahmslos gut gerieten und Bestnoten einbrachten. Oder es lag daran, dass der Stoff leicht einging. Pauls Denkfähigkeit genügte an dieser Stelle, während sie bei den Naturwissenschaften schnell an ihre Grenzen geriet. Kein MatheGen, würde man heute sagen und sich doch täuschen.

Paul spielte auch Cello – im Schulorchester. Das allerdings ohne rechte Motivation. Zwar hatte er Grundwissen vom Klavierunterricht her, konnte das aber soviel später kaum umsetzen. Folglich schwieg sein Cello bei großen Auftritten – immer dort, wo es schwierig wurde. All das fiel nicht auf, Paul jedenfalls kam damit durch.

Im Dezember achtundfünfzig begann der Stress mit dem Abi. Jeder Schüler wurde Fach für Fach auf eine Vorzensur getrimmt. Er musste dabei Kurzdiktate und Klassenarbeiten, darüber hinaus aber auch mündliche Prüfungen über sich ergehen lassen. Für Paul war klar, dass er diese Runde nur dann erfolgreich bestehen konnte, wenn er in Mathe, Physik und Chemie wie ein Tier büffelte. Gleichzeitig begriff er, dass Auswendiglernen allein nicht weiter half. Er trainierte logische Verbindungen, stellte Zusammenhänge her und gelangte doch nur zu Ergebnissen, die wenig befriedigten. Immer wieder scheiterte er an den eingekleideten Aufgaben, bei denen die Verbindung zwischen Texten, Zahlen und Gesetzmäßigkeiten regelmäßig verloren ging. Er konnte nicht schlussfolgern, ihm fehlte die Verknüpfung, der Sinn hinter der Nebelwand. Dass ihn diese Unfähigkeit schockierte, lag auf der Hand. Er wagte nicht sich auszumalen, was solch Defizit für seine Berufswahl, ja für die Zukunft insgesamt anrichten konnte.

Keine Ahnung, ob ihm das Schicksal trotz dieser Schieflagen gewogen war, ob er per Zufall die richtigen Aufgaben gestellt bekam oder das Gefragte zufällig beantworten konnte. Die Vorzensuren, die sich nach und nach einstellten, stimmten jedenfalls. Er hatte es in Mathe auf zwei Komma drei und damit auf zwei, in Chemie auf eins Komma acht und damit auf zwei und selbst in Physik auf eins Komma neun, also ebenfalls zwei, gebracht.

Wer die Vorgeschichte kannte, musste das anzweifeln oder Pauls Selbsteinschätzung als Jammern auf hohem Niveau zurückweisen. Aber anscheinend entwickelten die Dinge ihre Eigendynamik – und brachten Wunder hervor.

Bevor es zu den schriftlichen Prüfungen kam, lud Klassenlehrer Harzer die ganze Bande zu einem einwöchigen Segeltörn ein. Genauer gesagt: Er fragte die Jungen. Wobei er davon ausging, dass die weder seinen FKK-Fimmel noch die schwarze Bettwäsche in seinem Haus monieren würden. Harzer war eingefleischter Junggeselle und lebte das aus. Bekannt war, dass er häufig auf nackt machte, jeweils davor aber Anzughose, Jacke, Schlips und Unterhose sorgfältig auf dem Stuhl platzierte. Ein beachtlicher Ordnungssinn, der von allen – die Zugang hatten – belächelt wurde. Die braungestreifte Jacke nebst Parteiabzeichen galt als Unikat. Holzer trug sie täglich, brachte sie offenbar nie zur Reinigung und hatte es dennoch drauf, sie faltenlos abzutragen. Paul Ehrhardt, der Holzer bei einem der Kleiderappelle ertappte, grinste etwas. Was den Überraschten sichtlich aufbrachte.

»Was ist los, Ehrhardt?«

»Nichts, Herr Holzer!«

Ganz stimmte das nicht. Denn Paul fühlte sich komisch, spürte etwas peinlich Unbestimmtes. Ob er es benennen wollte, wusste er nicht. Harzer war schließlich sein Klassenlehrer und als solcher der Schnittpunkt für alles, was sich bis Juli abspielen sollte. Nein, Paul hatte keinerlei Anhaltspunkte für eine Unkorrektheit. FKK war ihm zuwider, nun ja, und auf den Kahn wollte er auch nicht. Dieses schiffsjungenmäßige Ausgeliefertsein, eine Woche im Blickfeld des Paukers – er konnte sich etwas Besseres vorstellen.

Die schriftlichen Prüfungen kamen schneller näher als erwartet. Paul selbst musste drei Fächer belegen, zwei Pflichtfächer und ein Wahlfach. Um Deutsch und Mathe kam niemand herum. Der Rest wurde nach Lust und Neigung bestimmt. Paul wählte Bio, weil er glaubte, dort richtig punkten zu können. Doch er hatte ohne den Wirt gewählt. Ohne N., der seine Falschheit, seine Vorbehalte gegen Paul bis zu diesem Moment verborgen hatte. N. war Biolehrer in der Klasse – gleichzeitig aber auch Direktor der Schule. Nun ja, ein HundertfünfzigProzentiger, ein Eiferer, der es mit der FDJ, der Partei und dem Sozialismus überernst nahm. Im Schulalltag war das allerdings kaum spürbar gewesen.

Was Paul Erhardt betraf, so gab es zwischen ihm und N. keinerlei persönliche Beziehung. Gleiches traf auf Pauls Vater zu. Zwar hatte der mal Zelte und eine komplette Angelausrüstung für die Schule gespendet. Dabei aber weder N.'s Wohlwollen noch die denkbare Begünstigung Pauls im Auge gehabt.

Was Paul dennoch inmitten der schriftlichen Abi-Prüfung spürte, war eine deutliche Abneigung, eine von N. ausgehende Verachtung und die unausgesprochene Zurechtweisung: Du, Paul Erhardt, wirst dieses Abi nicht mit Bestnoten abschließen, schon gar nicht in Bio.

So erschreckend dieses Gefühl ausfiel, so positiv gab sich das, was in den Pflichtfächern anrollte. Deutsch eins, und, Paul mochte es nicht glauben, Mathe: zwei.

Mitten in die gute Stimmung platzte Vater Oskar. Nicht, dass er sich ins Abi eingemischt hätte. Dafür lag wahrhaftig kein Grund vor. Nein, das war es nicht. Es ging um B., Pauls Mädchen, das demnächst in die Zehnte kam. Es ging um die Havel-Wiesen-Bekanntschaft, die es auf Paul abgesehen, ihn dann aber doch genarrt hatte. Die mit Heiner K. durchbrennen wollte oder zumindest damit drohte. Hier musste Paul nachlegen. Hier musste er Zeichen setzen, obwohl ihm der Sinn prüfungsgemäß anders stand.

In dieser Zwangslage nun fuhr ihm der Vater dazwischen, verwarnte ihn, drängte ihn, von der Liaison abzulassen. Meinte, dass die Sache nur Zeit koste und völlig zu früh …

Abends im Wald verfolgte er Paul und B. mit dem alten Opel. Kurvte, wendete und blendete. Bis es peinlich wurde, bis das Paar auf die unzugängliche Kiefernschonung auswich.

Paul war trotz der offenen Bio-Frage für die mündlichen Prüfungen gut gewappnet. So richtig schiefgehen konnte nichts mehr. Die Zwei war wohl sicher. Dennoch hatte sich etwas zusammengebraut, etwas, dass Paul erst im Nachhinein und auch dann nur sehr vage deuten konnte: Unter den Lehrern mussten sich zwei Lager gebildet haben – eines aus Anhängern des Direktors, ein anderes, das dem RotPauker die Stirn bieten wollte. Sicher war das allerdings nicht. Doch vieles, was sich in den folgenden Wochen ereignen sollte, wies auf eine Art Verschwörung hin. Eine Zelle des Widerstandes, die am Beispiel von Paul durchsetzen wollte, dass ein wenig aktiver FDJler, zudem Sohn eines parteilosen Vaters, das Abi mit eins machte. Paul wusste nicht, ob es auch einen zweiten oder dritten Kandidaten gegeben hatte, der aus den Vorzensuren heraus gepasst hätte. Er konnte es nicht wissen. Denn die Übersicht über die Noten oblag den Lehrern und die taten einen Teufel, etwas auszuplaudern.

Alles, was sich im Juli ereignete, schien arglos. Die Schüler gingen in die mündlichen Prüfungen und Paul Gerhardt war mitten unter ihnen. Dass er die freien Tage dazwischen nutzte, um fachlich aufzurüsten, verstand sich von selbst. Ja, er paukte. Aber das sollte an den entscheidenden Wegmarken nicht nur erlaubt sein. Paul wusste, dass es seine Pflicht war. Und die Möglichkeit, dass er bei seinesgleichen in Verruf geriet, juckte ihn nicht. Die Schule war schließlich zu Ende.

Paul traf es in Geschichte, Paul musste bei H. ins Lateinische, und was überhaupt nicht zu erwarten war: Paul Erhardt wurde in Physik und Chemie geprüft. Sapperlot!

Die beiden Lehrer, K. und G., hatten ihn in Prüfungen gezerrt, die ihm unsinnig erschienen. Wollten sie ihn abschießen?

Es dauerte Tage, bis Paul begriff: Die wollten ihn auf *eins* prüfen. Die wollten aus ihm etwas machen, was er nicht war, einen Physiker, einen Chemiker ….

Wohin sollte das führen?

Immerhin: Niemand hatte getrickst, niemand hatte ihm Joker zugesteckt oder Zettel mit Prüfungsfragen. Paul war sauber, K. und G. waren es auch, und niemand wollte eine beschissene Unkorrektheit. Und die gab es auch nicht. Paul kam in die Prüfungen und hatte Glück. Ja, tatsächlich: Nicht nur, dass er fast alle Fragen richtig beantwortete. Er räucherte auch korrekt mit dem Bunsenbrenner, befunkte die Induktionsmaschine und rotierte lichtfreudig um die optische Achse. So eine Häufung von Beantwortung, so eine schlüssige Beweisführung hatte es bei ihm, bei Paul Ehrhardt, nie gegeben. Er flog quasi durch die Versuchseinrichtungen, lächelte sogar und warf den Prüfenden freundliche Blicke zu.

Mein Junge, hätten beide, hätten K. und G., durchaus zu ihm sagen können, *du warst prima, Paul, du hast es geschafft.* Oder: *Wir haben es geschafft, wir haben dich auf ›eins‹ gebracht und dem Schwein* … nein, das hätten sie vermutlich unterdrückt … *und dem N. eins ausgewischt. Der hat dir zwar eine drei in Bio verpassen, aber sonst nichts ausrichten können.*

Paul war glücklich, sein Vater, seine Mutter waren glücklich – und B., die sich zur Abschlussfeier eingeschlichen hatte, lächelte. Lächelte weit in den Raum hinein, dorthin, wo Paul die Landschaft – zumindest etwas davon – verändert hatte. Wo es plötzlich hellgrünte und sich gut, genauer gesagt: sehr gut anfühlte.

P. S.: Vielleicht war es aber auch ganz anders. Vielleicht wollten die Lehrer, dass wenigstens einer unter den Schülern das Abitur mit eins machte. Um dieses Ziel zu erreichen, könnten sie schlicht um den Kandidaten gewürfelt haben.

Katalyth

Es ist Juni und wir stehen zum ersten Mal vor dem Eckgrundstück, das fünfundvierzig mal sechsunddreißig Meter misst. Es ist von einem schwarzen Maschendrahtzaun umgeben und beherbergt in seiner Mitte ein altes Häuschen aus den dreißiger Jahren. Der Zaun ist zwei Mal durchbrochen – jeweils durch eine Doppeltür, bestehend aus einer schmalen Pforte und einem breiten Einlass mit Stützstange. Offenbar hat der Vormieter das Stück Land von beiden Seiten befahren wollen. Warum auch immer.

Auf der Schmalseite, die an einen alten, abgetakelten Sportplatz grenzt, wachsen ein paar Bäume, die – stark beschnitten – wie Krüppelkiefern in die Landschaft ragen. Die Breitseite ist von einer dichten SpierenHecke belagert, die drei Meter tief auf die Wandlitzer Straße ragt. Letztere ist nicht mehr als ein Sandweg, unerschlossen und immer mal von Pfützen durchsetzt. Das Abgezäunte selbst ist von Unkraut und anspruchslosem Gras bewachsen, und nur dicht am Haus wird die Ödnis von ein paar Steinbrocken – vielleicht den Überresten einer kleinen Terrasse – überragt. Das Häuschen selbst – es ist von einem Satteldach bedeckt – wirkt winzig. Es besteht aus zwei kleinen Zimmern, einer Küche und dem angeflanschten PlumpsKlo. Besucher fallen quasi ins Haus, so sich denn die Eingangstür öffnet. Einen Flur gibt es nicht. Die bemühte Sparsamkeit mochte für ein Wochenendhaus reichen. Gut möglich, dass der Bau genau diesen Zweck erfüllt hatte.

Für mich und meine Familie, die wir ständig, also auch im Winter, hier wohnen möchten, ist das Gebäude eher ungeeignet, ja im Grunde ein Graus. Denn sieht man von der Burgfelder Einöde, diesem ohnehin dörflichen Leerstand einmal ab, bleibt neben dem Kern nicht mehr als ein Rest-Nichts. Es gibt keine Rückzugsgebiete, kein sanitäres Geordnet-Sein, ja nicht einmal den zweiten Wasserhahn. Was, wenn der eine im Winter – so mirnichtsdirnichts – zufrieren würde?

Um es kurz zu sagen: Wir sind so verwegen, die keineswegs attraktive, aber doch wesentlich größere und komfortablere Wohnung in O. gegen das schale Gehöft zu tauschen. Freilich mit dem Hintergedanken, hier großzügig und modern an- und auszubauen. Vorerst aber heißt es, mit den Unzulänglichkeiten zurecht zu kommen: Möbel und Hausstand einzuquetschen, die Morgenwäsche vor den bauchigen Ausguss am Küchentisch zu verlegen, auf die Wasserspülung im Klo zu verzichten und bei jedem Gang in eines der Zimmer, das jeweils andere mit zu betrampeln. Im Winter – ich meine bei Schnee und Kälte – wäre es zu einer derartigen eher emotionalen Hausbesetzung vermutlich nicht gekommen. Erst später wurde mir klar, dass morgendliche Gänge zur Mülltonne, die Abfütterung des Hundes und der mühsame Vorgang des Heizens diese Entscheidung im Nachhinein umfärbten. Nur gut, dass die Erkenntnisse nicht aufeinandertrafen, nur gut, dass es Juni war und die Sonne so einladend auf uns niederbrannte.

Draußen vor dem Haus ist Frank seit Tagen mit den Wespen beschäftigt. Er lockt sie in Limonadenflaschen und macht dann zu. Er tut das, obwohl er erst fünf ist, völlig furchtlos. Leere SaftFlasche mit etwas Wasser füllen, Wespe einkriechen lassen und Kienappel drauf. Im Laufe der Zeit entsteht so die Batterie von GlasGefängnissen, und Frank freut sich, wenn Papa ihn lobt: Er habe die Insektenplage schnell in den Griff bekommen.

Bruder Stephan ist zurückhaltender, um nicht zu sagen: Er hält sich total abseits. Nicht ohne Grund: Erst kürzlich hatten ihn zwei Wespen angegriffen. Mindestens eine muss ihn dabei in den Kopf gestochen haben. Die Auswirkungen, man kann es bereits vermuten, kneifen lebenslang: geschwollene Birne, Respekt, Panik und … Rückzug.

Aber es geht auch vorwärts. Immer wieder sucht Stephan den Käfig auf, umkreist die Hütte, deren Vorgarten streng umzäunt und damit nur für Bello begehbar ist. Bello fletscht vorläufig die Zähne, wenn er uns begegnet. Und er knurrt bedrohlich. Beides soll sich irgendwann geben, sagt sein Vorbesitzer. Und zieht die Lippen breit.

Unterm Strich ist es wärmer in diesem Jahr. Selbst im September liegen die Tagestemperaturen um die zwanzig Grad und niemand ahnt, wie sich das Blatt wenden würde.

Oktober, November. Es wird kühler und es regnet, am zwölften Elften steigt der erste Nebel. Die Nachbarn ackern in ihren Gärten. Irgendwer – man riecht es – karrt Mist umher. Ansonsten herrscht Ruhe.

Dann der Dezember. Wir haben uns eingewöhnt, wissen, welche Tür klemmt und wo die Presskohlen hinkommen. Nimmt man es genau, so ist die Zeit ohne sichtbare Veränderungen ins Land gegangen. Zwar habe ich die Zeichnungen für den Umbau des Hauses in Auftrag gegeben und erste Stücklisten für Materialien erstellt. Doch weiter ist nichts passiert. Nach wie vor behelfen wir uns mit einer Wasserstelle im Haus, kacken mit freiem Fall und schleppen Dreck von draußen direkt ins Allerheiligste. Meine Frau steht mit Besen, Handfeger und Scheuerlappen, schreit die Kinder an, wenn sie ihre Botten nicht ausziehen wollen und schlägt die Hände zusammen. Diese hausgemachte, nun schon sechs Monate währende Niederkunft in die Einöde ist schwer zu ertragen – um nicht zu sagen: sie nervt. Aber wir haben es so gewollt, den Acker selbst ausgesucht und uns eigenmächtig, ja vielleicht auch eigensinnig, dafür entschieden. Da half kein Heulen und beim Zähneknirschen war – schon wegen des Hundes – Vorsicht geboten.

Was in der Hütte gar nicht geht, ist das gestaffelte Einschlafen – die Kinder zuerst, dann wir. Spätestens als wir die Schlafplätze verteilten, wurde das deutlich. Die vier Betten passten zwar von den Quadratmetern, nicht aber von der Form her in den kleineren der beiden Räume. Anfangs hatte ich an den Längsseiten zu sägen begonnen – mit dem Ergebnis, dass einiges zu kurz wurde. Das verteilte, zeitgleiche Einschlafen funktionierte auch nicht. Wir wollten natürlich länger aufbleiben, hin und wieder mal intim sein oder feiern. Die Lösung, die ich schließlich fand, war abgefahren. Ich glaube nicht, dass je einer auf diese Idee gekommen wäre.

Angelehnt an die Rückseite des Hauses, steht die vier Meter lange Leiter. Ich habe Frank auf die zweite Sprosse gestellt und schiebe ein wenig.

»Los geht's, ich bin hinter dir!«

Frank knautscht ein wenig, fasst dann aber Mut und steigt aufwärts. Oben, am Ende der Leiter, ist der Einstieg ins Dach. Die Luke ist bereits weit geöffnet.

»Oooch!«, sagt Frank erstaunt. Er steht auf der obersten Sprosse der Leiter und starrt ins Dunkel.

»Da staunst du …«, sage ich und steige hinterher, »der perfekte Abenteuerspielplatz …«

»Nee!«, sagt Frank und macht Anstalten, zurück zu klettern.

»Vorsicht, Junge, meine Hände ...!«

»Was ist das – ein Abenteuerspielplatz?«, fragt mein Sohn und dreht den Kopf seitwärts.

»Da erlebt man die tollsten Dinge, läuft auf Seilbrücken von Baum zu Baum, versteckt sich in getarnten Hütten, badet in Höhlen und isst tagelang Butterblumen …«

»Iiieehh!«

»Nu komm, das ist doch spannend, nicht so langweilig wie im Kindergarten! Mädchen und Jungen bewegen sich völlig frei, beobachten einander und stellen plötzlich fest, was sie alles können. Die Eltern sind einfach draußen …«

Frank hat sich besonnen und ist plötzlich in die Öffnung gekrochen. Er steht etwas wackelig auf den Bohlen, die ins Innere des Daches führen.

»Mach mal das Licht an!«, rufe ich und zeige auf den rechts am Balken befindlichen Schalter.

»Meinst du das hier?«, fragt Frank und fummelt herum.

Plötzlich sind die Dachkammern – nun: von Kammern kann nicht wirklich die Rede sein – hell erleuchtet. Auch die zwei Feldbetten, die ich längsseits untergebracht habe, stehen im Licht. Gut, denke ich, das mit den einhundertfünfzig Watt war richtig.

Inzwischen ist uns Stephan nachgestiegen. Er folgt unmittelbar und steht jetzt auch dort, wo wir Halt gemacht haben – unter dem kleinen Dachfenster, dem Ausstieg für den Schornsteinfeger. Von draußen fällt fahles Licht ein.

»Hier sollen wir schlafen?«, fragt Stephan und blickt unschlüssig in die Gegend.

»Da, da, Towarisch, ja, ja, Kamerad!«, antworte ich und schlage die braune Wolldecke auf einem der Betten zurück. »Das ist super bequem, das ist super pioniermäßig und auch jetzt – mitten im Winter – echt warm.«

»Kann ich nicht finden«, sagt Stephan und Frank nickt heftig:

»Nix warm, Papa!«

Ich bücke mich nach der anderen Liege und ziehe die Überraschung hervor – ein graugrünes, rundes Behältnis, das wie Thermosflasche aussieht.

»Das hier«, sage ich, »ist echt scharf. Es quietscht nicht, es rauscht nicht und wärmt sagenhaft.«

»Ne Wärmflasche …?«

»Nein, das ist wie ein richtiger Ofen – eine KatalythHeizung.«

»Kata… was?«, fragt Frank, und Stephan nimmt das Ding in die Hand.

»Da drinnen«, fahre ich fort, »wird etwas verbrannt, ohne dass die Flammen außen sichtbar werden … Es ist also völlig ungefährlich.«

Nun, ich zählte auf die unzähligen kleinen Öffnungen zwischen den Dachpfannen. Der Gesamtraum war, ganz gleich, ob es windstill war oder stürmte, gut durchlüftet. Die Abgase würden jederzeit schnell abziehen können – aber auch die Wärme.

Vier Stunden später ist es Abend und vollkommen dunkel. Wir gehen mit der Taschenlampe nach draußen. Die Kinder klettern nacheinander die Leiter hoch. Ich folge ihnen, stolziere die drei, vier Meter auf den Bohlen entlang und greife nach dem Heizgerät. Es sind null Grad.

Wie sie schließlich so daliegen, meine Sprösslinge, wie sie ihre Wolldecken über die Gesichter ziehen, wie sie lachend ihre Arme zu mir emporstrecken, sind sie tatsächlich die Abenteurer, die Ausgeflippten – nun ja: solche von Papas Gnaden. Sie werden noch lange nicht das Licht löschen. Das weiß ich, und sie werden schlafen wie Kinder in Flüchtlingslagern. Nur eben sicher und warm. Trotzdem überkommt mich ein übles Gefühl. Es wird – das weiß ich bereits – bis in den Juni reichen, bis unten der erste Raum angebaut ist.

Vilnius

Hätte ich nicht irgendwann seine Tochter geheiratet, ich wäre ihm nie begegnet. So aber traf ich ihn ab und zu – bei Familienfeiern oder an Wochenenden, die er jenseits von Boot und Wasser im Plattenbau aussaß. Karel war Binnenschiffer. Auf den ihm anvertrauten Bohlen waren die Kinder – zunächst Lore und dann Doris – auf sehr eigenwillige, eben binnenschifferliche Weise erzogen und bis über die Grundschule gebracht worden. Karels Frau, damals eine gestandene Mittfünfzigerin, war ihrem Mann viele Jahre fleißig zur Hand gegangen. Mit dem Ergebnis, dass alle Sprösslinge sowohl wasserfest als auch frech wurden, dennoch die Oberschule besuchen und später studieren durften. Ich habe diese Leistung immer bewundert. Ständig auf den Schiffen und dennoch trocken hinter den Ohren.

Vater Karel war ein einfacher Mann. Neben dem, was er auf seinen Pötten erlebte, gab es kaum etwas Wichtiges. Er schiffte, verschiffte, schleuste und ging vor Anker. Und doch sollte sich um ihn, um diese eher schlichte Person, etwas ganz Besonderes ereignen. Es passierte spät – zugegeben. Doch vielleicht bedurfte es einer gewissen Freiheit, eines plötzlichen Loslassens, einer Situation, die Karel bislang nie erlebt hatte. Auch ich konnte es kaum fassen: Mit fünfundsechzig drehte sich alles. Der gute Mann war mit einem Mal von Unruhe gepackt, etwas, das man so nicht kannte. Er war aufgeregt und es schien, dass er jenseits des schnöde gewordenen Alltags etwas ganz Bestimmtem nachspüren wollte. Als ich ihn eines Tages fragte, warum er so nervös sei, gab er keine Antwort. Rannte stattdessen in der kleinen Wohnung umher, rannte und gab Zeichen, Zeichen, die so gar nicht an früher und Wasser erinnerten. Irgendwann hielt er inne und starrte mich an – ganz der Steuermann … ohne Ruder.

Dann – zwei Tage später – die komplette Kehrtwendung: Karel wurde die Ruhe selbst. Er tat plötzlich alles, um das Hin und Her der zurückliegenden Wochen zu erklären. Mehr noch: Er versprach, ein Geheimnis zu lüften.

Sehr bald wurden wir aufgefordert, bei ihm aufzutauchen. Aber nicht nur wir, die Mitglieder der Familie, waren gemeint. Auch Freunde und – wie sich später herausstellte – sogar völlig Fremde. Karel wollte es einfach loswerden und da konnte der Kreis nicht groß genug sein. Sein Drang sich mitzuteilen, hatte aus dem Nichts heraus seltsame Formen angenommen. Er schrieb Briefe und verfasste Flugblätter, entwarf und verschickte.

Irgendwann glaubte jeder, dass der Mann nicht bei Trost sei, dass er alle und alles verrückt machen wollte. Später gestand man ein, dass die Sache, um die es ging, die Aufregung wert war. Und tatsächlich griff sie weit über das banale Tagesgeschehen hinaus, sprengte manch knappes Vorstellungsvermögen und stellte Grenzen in Frage. Sogar Ländergrenzen.

Wir hatten es – kurz gesagt – mit einem Schatz zu tun, mit einer Sammlung von Kostbarkeiten. Von denen es hieß, dass sie irgendwo im Litauischen zurückgelassen wurden – in finsteren Zeiten, von keinem Geringeren als Napoleon.

Die Information ging, so ließ uns Karel wissen, auf ein Dossier zurück, auf eine Depesche in französischer Sprache plus Zeichnung. Ein ehemaliger Kumpel habe beides im Schornsteinputz eines alten Hauses entdeckt. Alle, die Karel zuhörten, fanden die Erzählung spannend und der Protagonist grinste bedeutungsvoll. Dieses Dokument sei echt gewesen, beteuerte er – er, Karel, habe es nicht nur gesehen, sondern auch befühlt. Beide – sowohl Karel als auch Kumpel Harry (aber bei Gott: niemand anderes) hatten Schrift und Plan studiert. Was allerdings nicht mehr bedeutete, als dass sie einzelne Worte auf ein separates Papier geschrieben und der ortsansässigen Lehrerin zum Übersetzen gegeben hatten. Besagte Frau sei misstrauisch geworden, sagte Karel. Bis man ihren Argwohn mit zehn Mark stillsetzte.

Wenig später, so Karel weiter, habe man die Aussagekraft des Papiers prüfen wollen, dummerweise zu einem denkbar ungünstigen Zeitpunkt. Denn der zweite Weltkrieg stand vor der Tür. Dennoch, so beteuerte Karel, hatten sich beide aufgemacht, um den Platz, an dem der Schatz lagern würde, aufzusuchen. Er sollte sich – nahe Vilnius – am Ufer eines Flüsschens befinden. Eine große Eiche, ein Fabrikschornstein und eine in Richtung Wasser verlaufende Friedhofsmauer gaben die Koordinaten, die überkreuz dividiert und tiefer gelegt, den Fundort bestimmten, oder besser gesagt: bestimmen sollten.

Will man den Ausführungen des Pensionärs folgen, so waren die Schatzsucher zunächst mit einer zwei Meter langen Eisenstange zu Gange. Die, versicherte Karel, sei in der Tiefe auf massiven Widerstand gestoßen. Dumm nur, dass es bei diesen ersten Befühlungen bleiben musste. Ein paar Tage später nämlich brach in Gleiwitz die Hölle los. Der Kumpel musste quasi aus dem Stand heraus einrücken – natürlich mit der Schatzkarte in der Rocktasche. Dabei blieb es, oder genauer gesagt, der Kumpel fiel in einem der ersten Scharmützel, irgendwo im Nirgendwo. Dass die Karte mit ihm fiel, sprich: nie wirklich geborgen wurde, scheint sicher.

Karel, der mit der Zeichnung seine Fälle wegschwimmen sah, gab dennoch nicht auf. Während der zurückliegenden Jahre hatte ihn der Gedanke, den Schatz doch noch aufspüren zu können, immer wieder beschäftigt. Vor allem dann, wenn er an seichten Flussarmen ankerte, überkam ihn eine Art Rausch. Jetzt war der zu einer gigantischen Blase geschwollen und … drohte zu platzen.

Gleichzeitig schärfte sich die Erinnerung. Irgendwer, irgendwas stieß los, was die Skizze im Kopf hergab – den Baum, den Schornstein, die Friedhofsmauer. Die Vorstellung, das Ganze nach so langer Zeit rekonstruieren zu müssen, raubte Karel den Schlaf. Nicht ohne Ergebnis. Denn die Details rückten näher – ganz gleich, ob dies durch das ständige Aufrufen der Bilder, die bloße Phantasie oder durch einen Mix aus beidem zustande kam. Dennoch dauerte es vier Wochen, bis alles Brauchbare sortiert, bis ein Lageplan erstellt war – mit Punkten, Kreuzen und Strichen, die es in sich hatten.

Es gab mich, doch es war vorauszusehen, dass sich Karel nicht mit mir, sondern mit seinem Sohn Heinz besprechen würde. Dieser Heinz war achtundzwanzig Jahre alt und äußerst pfiffig. Immer wieder hörte ich, wie er Einzelheiten abklopfte und Ergänzungen anbrachte. Irgendwann aber müssen Vater und Sohn den Schlussstrich gezogen haben. Karels Aussagen wurden präziser, während Heinz sich ausschwieg. Kein Wunder, dass die Spannung anhielt. Gab es so etwas wie Aufbruch?

In der Tat.

Anfang März machten sich Vater und Sohn auf den Weg – ihr Ziel: die sowjetische Botschaft in Berlin. Ich sah sie eines Morgens davoneilen mit fliegenden Rockschößen. Karel mit der Ledermappe unterm Arm, Heinz barhändig.

Was sich in Berlin, was sich in der Folge weitab von Berlin, genauer gesagt: sehr weit ostwärts ereignete, weiß ich nicht, oder besser gesagt: Ich kenne es nur vom Hörensagen. Folgt man dem, so müssen die beiden Schatzverdächtigen schnell Einlass gefunden haben. Vermutlich deshalb, weil Heinz in eigener Angelegenheit diese und jene Sonderbeziehung unterhielt – zu Leuten, die in der Botschaft ein- und ausgingen. Vermutlich war auch das Tempo, mit dem sich die Dinge weiter entwickelten, dieser Verbindung geschuldet – oder aber Karels Geschick, Schatz & Co. überzeugend darzustellen. Wie auch immer: Der verantwortliche Genosse musste den Sachverhalt notiert, reges Interesse bekundet und eine schnelle Rückantwort in Aussicht gestellt haben.

Warum dennoch zwei Monate ohne Nachricht vergingen, ist unbekannt. Erst im Mai achtundsiebzig kam ein Telegramm. Karel und Heinz wurden quasi aus dem Stand heraus in die UdSSR befohlen. Ich glaubte, dass es um Moskau ging. Doch da irrte ich mich. Ihr Ziel lag sehr nahe an dem Ort, wo Karel den Schatz vermutete: in Vilnius.

Kaum dort gelandet, müssen beide in ein Auto verfrachtet, eine halbe Stunde über Land geschippert und dann in schlichtem Grün auf das vermutete Ziel angesetzt worden sein. Vieles sprach später für eine gewisse Hektik, nichts hingegen für Pessimismus. Dabei war Letzterer bereits zu diesem Zeitpunkt mehr als angebracht. Denn Karel und Heinz hatten sofort feststellen müssen, dass ihre Vorausempfindungen mit den sichtbaren örtlichen Gegebenheiten nichts zu tun hatten. Die Landschaft war eine komplett andere. Ob das an den Jahren, den Kriegseinwirkungen oder Karels erhitztem Gemüt lag, ließ sich später nicht ausmachen. In Heinz‘ Gedächtnisprotokoll hieß es: Alles schwirrte im Unbestimmten. Der bezeichnete Fundort konnte nicht wirklich als Ort der Versenkung verifiziert werden.

Im Gegenteil: Fast alle Orientierungspunkte schienen – wenn nicht ausgelöscht – so doch merkwürdig verändert. Der bewusste Schornstein existierte nicht mehr, die Friedhofsmauer war zum Teil eingefallen. Von Wiedererkennen also keine Spur. Allenfalls eine Gruppe Eichen ließ die

Vermutung zu, dass eine von ihnen (nämlich die mächtigste) bereits damals ihre Wurzeln in den Sand grub.

Zwar verwies eine alte, von den Sowjets beigebrachte Karte auf die Ziegelei *Bulwis*. Doch niemand konnte Schlüsse daraus ziehen. Gewiss, man fand Steine, Beton und Asphalt, doch das Gemenge war zerrieben und grasüberwuchert. Nichts davon ließ den Schornstein vermuten, nichts verbot, ihn gerade hier zu verorten.

Mit gemischten Gefühlen müssen sich nicht nur Karel und Heinz, sondern auch drei Rotarmisten daran gemacht haben, neue Lageskizzen zu entwerfen. Es sollten – so hieß es im einschlägigen Protokoll – insgesamt neunzehn werden, jede ausgehend von jeweils neun unterschiedlich definierten und miteinander kombinierten Fixpunkten. Die Friedhofsmauer wurde in Varianten virtuell verlängert, sechs Eichen wurden – die eine natürlich im besonderen – für alternative Fluchtpunkte aufbereitet. Ein ebenso greifbarer wie angreifbarer Schornstein an sechs unterschiedliche Punkte der besagten Trümmerreste verschoben. Insgesamt ergab das mehr als dreihundertundfünfzig Varianten eines möglichen Fundortes, die zusammen genommen mit einer Fläche von mehr als zwölftausend Quadratmetern korrespondierten. Jedes der entstandenen Quadrate, Rechtecke, Sechsecke und Oktaeder (niemand weiß, welche Form letztendlich dominierte) erregte Aufsehen. Doch selbst die kleineren genau abzugrasen, schien für Karel und Heinz unmöglich. Ganz anders Iwan Iwanow. Dieser Mann, dieser Archäologe, von dem niemand wusste, für welches Zeitalter er stand, war aus anderem Holz. Und er hatte es trotz der Wirrnis auf Taten abgesehen. Im Protokoll heißt es:

Es dauerte keine zwölf Stunden, und alles, was die DDRischen Schatzvermuter in Sachen Fundort importiert hatten, war zum Schürfen verdammt. Iwanow hatte sechs Panzer mit Schiebeschildern und weiteres, beeindruckendes Räumgerät in Stellung, ja schließlich auch in Bewegung gebracht. In unvorstellbarem Tempo wurde so das Unterste nach oben und das Obere an die Seite gekehrt. Alles, was die Gegend hergab – Grasnarbe, Findlinge, Sand, grober Kiesel und Gebüsch – fanden sich umgedreht oder entwurzelt wieder. Doch außer einer rostigen Grabegabel, zwei abgebrochenen Spaten und einem Fahrradrahmen war nichts Greifbares zu finden.

Auch eilends herbeigeschaffte Metalldetektoren konnten diesen Sachverhalt nur bestätigen.

Ein solcher Befund muss Karel und Heinz aufs Tiefste erschüttert haben. Und sicher war die Niederlage der Grund dafür, dass Karel am Abend nach der letzten Grabung plötzlich zusammenbrach – an einem festlich gedeckten Tisch, die Genossen zur Seite. Karel starb. Er starb, obwohl ihm niemand einen Vorwurf gemacht, ihm niemand gedroht hatte.

Hätte man die Suche angesichts der mageren Fakten gar nicht erst angehen dürfen? Hatte man die sowjetischen Genossen zum Narren gehalten? Gut möglich, dass solche Fragen irgendwo geisterten, dass sie auch die Hirne von Karel und Heinz heimsuchten. Wichtig war das nicht mehr. Denn Karels Herzinfarkt und sein folgender Tod dürften die Furcht vor missliebigen Konsequenzen schnell gedämpft haben. Immerhin hatten alle mit Fleiß und bestem Gewissen gesucht – wenn auch auf brüchigem Fundament. Immerhin war Karel aus Scham und Enttäuschung gestorben – als Mensch, der diesen Tod nicht herbeirief, wohl aber bis zum Schluss in Kauf nahm.

Ich bin sicher: Alle, die in Vilnius mit dabei waren, waren betroffen. Ob aus Mitgefühl oder bloßem Anstand – wer wollte das feststellen?

Heinz kam zwei Tage später mit dem Zinksarg nach Hause. Womit ein aufregendes, gleichzeitig aber auch obskures Kapitel aus dem Lebens seines Vaters, eines stinknormalen DDR-Bürgers, beendet wurde. Mit Karel ging schließlich auch die Nachdichtung der alten Schatzkarte ins Erdreich, ein Dokument, von dem man nie wissen würde, ob es dem Original ähnlich oder ein Hirngespinst war.

Heinz wurde in Sachen Schatz nie wieder angesprochen. Niemand von uns weiß, ob die zerwühlte Landschaft bei Vilnius rekultiviert wurde oder unverändert vor sich hin liegt. Unbekannt ist auch, ob die Suche irgendwann fortgesetzt wurde, ob irgendwer irgendwo doch fündig wurde.

Denn Napoleon ließ dieses Gold, ließ es auf seiner Flucht im Schnee, natürlich ganz in der Nähe des vermuteten Fundortes vergraben, oder?

Frauentag '85

Östlich der Elbe wird am achten März viel Wind gemacht. Das schwache Geschlecht betont, gleichberechtigt zu sein, und die Männer laufen mit Schürzen herum. Verrückter geht's nicht. Dennoch wird die Chose stets neu beatmet und betulich eingefärbt. Die Frauen ertragen und die Kerle sind auf charmant getrimmt.

Trotz dieser Zugewandtheit, vielleicht auch, weil genau das nicht ankommt, ist Gerda Blauwald schlecht gelaunt. Heute läuft der Frau, die Mottke, Kufland und Gilfred schon mal anbrüllt, auf jeden Fall aber duzt – die Laus über die Leber. Was dann heißt, dass wir – die Akademiker – sie aufheitern müssen. Mottkes erster Versuch ist bereits gescheitert. Er hat ihr Pralinen gebracht und sie dann zum Abtippen seines Textes bewegen wollen.

»Heute wird gar nichts!«, posaunt die Dicke und springt vom Stuhl auf.

»Aber, liebe Gerdi«, raspelt Mottke.

»Nix, Gerdi, heute ist mein Feiertag.«

Mit diesen Worten nähert sie sich Mottke bis auf dreißig Zentimeter, schaut ihm frech ins Gesicht und hebt ihr Bein. Ohne dass der ausweichen kann, stellt sie ihre neunzig Kilos auf Mottkes Fuß.

»Jetzt mach, dass du Land gewinnst!«

Am Nachmittag beginnen die Vorbereitungen für die Party. Gläser, Teller, Besteck und ein Buffet werden aufgebaut – alles sehr gediegen, geschmackvoll. Etwas später, gegen siebzehn Uhr tauchen die ersten Damen auf – knapp bekleidet und angemalt.

Wolfgang Benzin – die meisten nennen ihn einfach Bulli – ist mit der Musikanlage zugange. Mittelpunkt ist sein *Stern*-Rekorder, den er tunen und auf bombigen Sound trimmen will. Lieber wäre er mit dem *Sony* aufgetaucht, den er bei der letzten Westreise abstauben konnte. Aber das sähe schlecht aus. Für Angebereien wäre heute Abend niemand zu haben.

Jetzt kreischt es, knurrt und spuckt laute Töne. Etwas abgeregelt, gibt auch der *Stern* passable Musik von sich. Einige Damen sind sogleich inspiriert, beginnen lauthals zu gackern und mit den Füßen zu wippen.

»Gut so«, ruft Angelika Lippert, »hast Du auch *Maffay* drauf?«
Benzin hebt den Kopf und dreht die Kiste voll auf. Dazu schreit er:
»Klar, hab ich Maffay …«

Zur Feier des Tages ist auch Benno Ewertz, der stellvertretende Minister, geladen. Er gilt als umgänglich. Und erweckt fast immer den Eindruck, ein Mann des Volkes zu sein. Ob er das ist und wenn ja: warum, weiß niemand. Benno, so nennen und duzen ihn (fast) alle, lächelt permanent – selbst auf Kontrollberatungen, wo es eigentlich straff zugehen müsste. Freundlichkeit ist etwas Positives. Sie schafft Vertrauen und soll, so lehrt es die Partei, den siegvollen Kontrast herauskehren – im Vergleich zum westlichen Ellenbogengehabe. Benno ist folglich auch der, der für gute Stimmung sorgt – sorgen sollte. Vor allem heute, da die Damen so aufgeregt und weichgespült scheinen.

Auch Hannelore, die Sekretärin aus der sechsten Etage, ist da. Die macht seit Monaten mit unserem Ex-Chef rum. Kein Wunder, dass der Überstunden vorschiebt und kaum noch nach Hause fährt. Wie sich das ordnet? Nun, die Kleine ist scharf und knallhart zugleich. Sie wird Herbert schassen, wenn der nicht endlich die Scheidung anschiebt. Heute Abend passiert da natürlich nichts. Herbert wird nicht kommen und Hanni wird deshalb mit Berni flirten.

Ach ja: Jetzt kommt die lange Kocher, ebenfalls aus der sechsten. Die hat noch immer keinen Lover. Dabei sieht sie gut aus – wenn nicht diese einsfünfundachtzig wären.

In der Nische werden die ersten Biere befreit. Berliner Pilsner, die Marke, die gut nachdröhnt – vor allem, wenn Brandys dazukommen. An der Schmalseite des Raumes hat Elly Berghold das Buffet abgedeckt. Salamibrötchen, Schnittkäse auf Pumpernickel, Bierschinkenbrote und Teewurstschnittchen, dazu Sprotten in Öl, saure Gurken, Zwiebeln und rote Beete. Viele Farben, anheimelnde Gerüche und gute Aussichten auf einen Abend, der stark abgehen könnte.

Jetzt lässt sich auch Robert Gellert blicken. Er hat das helle Jackett an, ein Teil, das er regelmäßig schleppt, seit er oben in der siebenten sitzt. Sein

Schlips ist gelockert, was irgendwie lässig aussieht. Ja klar: Er will diesmal völlig entspannt sein und das scheint hinzuhauen. Wie er jetzt an Rosemarie herantritt, ist schon verblüffend. Er legt seinen Arm um sie, obwohl das tatsächlich zu weit gehen könnte.

Macht nichts! Robert schiebt jetzt auch die andere Hand nach. Sie trifft gleichfalls auf Rosi. Ob die doch miteinander? Nix da! Vertraulichkeit im Dienst ist schließlich kein Makel. Und das hier hat ganz und gar nichts mit Erotik zu tun.

Gleichwie: Rosi hat diesen Robert im nächsten Moment abgeschüttelt. Sie geht vor ans Buffet und bewundert die Aufreihung.

»Da können ja die Herrn richtig reinhauen«, sagt sie spöttisch und übersieht, dass Max neben ihr steht.

Max Stiebler hat diese Schürze umgelegt. Offenbar, um das Klischee doppelt zu befestigen. Dass da nicht Mamas Liebling reingestanzt ist, bleibt reiner Zufall. Stiebler suggeriert Bereitschaft: den Stuhl ziehen, Dame drauf und nachschieben, dann: »Darf ich ihnen ein Glas Wein einschenken?«

Jetzt, da Rosi an ihm vorbei schiebt, wirkt er bedrückt.

»Natürlich ist das euer Tag«, sagt er und zieht frisches Grau ins Gesicht. »Danke, mein Lieber«, kichert Rosi und entflieht zügig. Drüben am Fenster trifft sie auf Marion. Die schaut ständig zu Benno rüber, als ob der Lust hätte, rüberzuwinken.

»Nun lass mal die Obrigkeit«, sagt Rosi und schaut der dahin Träumenden aufdringlich ins Gesicht: »Der hat schon!«

Marion, so angestoßen, platzt ungeniert heraus, nimmt Rosi das Weinglas aus der Hand und prostet sich selbst zu.

»Auf Dich, Mauerblümchen!«

Rosi lacht ebenfalls los:

»Du bist echt witzig!«

Bulli hat die Tontechnik jetzt ausgetestet. Er gibt den Saphir in die Rille und los geht's. Die Platte eiert ein wenig, kommt dann aber doch gut in Fahrt. Drauf sind aktuelle Hits, die drüben in den Charts laufen. Bulli hat die Scheibe erst gestern erstanden – an der Liebknechtstraße. *Bückware* – wie er jetzt schwärmerisch verkündet.

Plötzlich läuft Maffay. Das treibt die Lippert, die sich einen Drink verpasst hat, spontan in die Musikecke.

»Duuu…«, flötet sie, »duuu!« und zieht Bulli vor auf die freie Fläche, dahin, wo erst später getanzt werden soll.

»Nee«, zaudert der, »nee … nicht jetzt, Angie. Komm mal später vorbei!«

Angelika ist enttäuscht und schiebt ihren Zeigefinger in den Mundwinkel. »Frauentag«, seufzt sie und kehrt Bulli spontan den Rücken zu.

Zehn Minuten später kommt Blese, Abteilungsleiter in der sechsten, Anfang sechzig und fidel, wo immer das hinpasst. Jeder kennt ihn, jeder duzt ihn. Trauerklöße und Schüchterlinge sind nicht sein Ding. Weh tut das niemandem.

Blese tönt, Blese umarmt und wird laut, wenn das Bier fließt. Noch aber hat er keins in der Hand, noch begrüßt er Robert, feixt Burkhard an und geht auf Hanni zu:

»Die VD muss noch fertig werden …«

Hanni ist Ansagen dieser Art gewohnt – ganz gleich, ob es Tag oder Nacht ist. Oben in der sechsten wird nicht diskutiert, oben wird ausgeführt, und selbst jetzt, da frauentäglicher Zirkus angesagt ist, macht sie den Haken.

»Ist okay, bin morgen schon um sieben da.«

Blese lacht, freut sich über seine Hanni, bei und mit der alles so flutschig ins Ziel geht.

»Bist ein Schatz!«

In die Szene platzt Horst Dammrich. Er nickt kurz in die Runde, entdeckt den Bierstand und zückt die Brieftasche. Wie immer stecken die Hunderter vorn.

»Hast ja wieder tüchtig gebunkert«, sagt Robert.

»Wie …?«, fragt Dammrich, schaut kurz aus dem Fenster und staunt: »Bin ich blind, oder hat Linda die Ballonbluse an?«

Robert feixt:

»Hast wohl deine Alte nicht mit …«

Zwischen Marion, Jutta und Monika aus der dritten schleicht Gender ein. Er entdeckt Robert, beschleunigt seine Schritte und taumelt etwas. Sein Gesicht wirkt müde und zerfurcht.

»Hey, alter Junge«, ruft Robert, »bist wohl auf'm Strich gewesen?«

»Ach, hör auf«, erwidert Gender, »der Alte hat wieder durchgedreht. Ich hatte fünf Minuten, dann bin ich rausgeflogen.«

»Die Silikat-Vorlage?«

»Genau …, die Scheiße ist nicht aufgegangen, er hat mich zu Benno geschickt.«

Robert legt ihm die Hand auf die Schulter:

»Lass erst mal sacken und … besauf dich!«

Obwohl das Buffet noch zu ist, klaut Benno eines der Käsebrötchen.

»Weg da«, schreit er auf sich selbst ein und beißt zu. Sofort will Robert ihm nacheifern. Doch Benno fällt ihm in den Arm:

»Quod licet iovi …«

»Wie, du kannst Latein?«

»Na sag mal!«, ruft Benno und zieht Hanni an seine Seite, »der denkt, ich bin blöd!«

»Nö, nö, das habe ich nicht gesagt.«

Robert ist eine Sekunde verunsichert, merkt dann aber, dass Benno blödelt und sich selbst feiert.

»Ich denk mal, du gibst jetzt Befehl, dass alle …«

Benno schaut sich um und unterdrückt einen Rülpser.

»Warum ich wieder? Wo ist Mangold, Mangold soll doch eröffnen.« Und zu Robert gewandt: »Los, hol noch 'ne Pulle Pilsner!«

Robert tigert los, doch bis ans Bier kommt er nicht. Weil, ja weil in der Tür Raspe auftaucht. Der ist Roberts Boss und will eingestimmt sein.

»Wo sind denn die Mädels?«

Robert weist auf Hanni und Rosi.

»Die ersten sind schon auf Sturm gebürstet. Aber die Schärfsten – die kommen noch …«

Raspe grinst, geht vor in die Ecke und zieht sich ein Pilsner.

»Kostet das was?«

»Nix«, sagte Robert, »heute zahlt der FDGBums«.

»Da komm ich öfter vorbei …«

Inzwischen ist Mangold da. Er schiebt die Mädels beiseite und sich selbst ans Bufett.

»Bulli, mach leise«, ruft er quer durch den Raum, doch Bulli hört nichts. *Roland Kaiser* dödelt, und Mangold muss zweimal auf den Tisch hauen, um sich verständlich zu machen. Schließlich klappt es und die Musik geht aus. Benno stößt dem weiter quatschenden Raspe in die Rippen und zischt: »Ruhe!«

Der Gewerkschaftssekretär faltet einen Zettel auseinander und beginnt zu lesen:

»Liebe Genossen, liebe Kollegen, wir begehen diesen Tag wie immer in großer Dankbarkeit, Dankbarkeit für die Leistungen unserer Frauen ...«

Bravorufe, Klatschen.

»Jeder von uns weiß, was wir ohne die fleißigen Mitarbeiterinnen wären, nämlich nichts. Alle Vorlagen würden ungeschrieben in der Luft hängen und jedes Protokoll würde mit Bleistift abgefasst. Ja, und was die Feuerfestgeschichten angeht. Ohne dich, liebe Linda, wäre das Feuer glatt aus.«

Alles grient. Linda, die sich gerade hinzugesellt hat, errötet etwas. Sie nickt Mangold zu und lacht.

Bis Mangold ausgesülzt hat, vergeht eine Ewigkeit. Dann aber greift er in seine Tasche, die seitlich am Sims steht.

»Jetzt wollen wir Angelika und Jutta ehren, die sich den Titel ›Aktivist der sozialistischen Arbeit‹ verdient haben. Kommt doch mal bitte!«

Die jungen Frauen schieben sich langsam durch die Versammlung. Dann stehen sie unmittelbar vor Mangold. Der macht kurzen Prozess und nagelt beiden das nette Abzeichen an die Blusen, die, brustvoll gespannt, sofort mehr hermachen. Anschließend wechseln auch die Urkunden ihre Besitzer. Alle bis auf Bulli klatschen heftig. Benno schüttelt beiden Frauen die Hände. Dann folgen Glückwünsche reihum, bis sich jeder irgendwie befingert hat. Natürlich bestehen die dekorierten Frauenzimmer sofort auf Damenwahl. Bulli lässt den *Kaiser* erneut aufleben, und dann drehen sich Benno mit Sabine und Raspe mit Jutta. Das Linoleum muss es hinnehmen.

Kufland und Gilfred kommen wie immer zu spät. Sie wirken genervt. Man sieht sofort, dass sie das Ganze anödet. Gut möglich, dass sie einfach wegbleiben wollten, dann aber nicht die Traute hatten. Immerhin war Bennos Kommen angesagt.

Kufland knurrt kurz, kommt dann aber schnell zur Sache:

»Gibt's hier auch Schnaps?«

Robert zeigt auf die Pullen, die hinten stehen: Wodka und Pliska.

»Aber misch das nicht!«

Gilfred grinst. Und nach kurzer Pause:

»Gib mal zwei Gläser, Erwin!«

Kaschunke greift ins Regal:

»Hier Jungs, Prost!«

Bulli hat mittlerweile die Platte gewechselt. Nur Westmusik geht nicht. Jetzt ist *Schöbel* fällig.

»Wie ein Stern in einer Sommernacht«, trällern die Damen und Monika prustet:

»Wenn ich den zwischen die Finger kriege …«

Vorn am Buffet sind die ersten Löcher entstanden. Die Schinkenbrötchen sind zuerst aus. Dann fehlt der Salzunger Emmentaler. Die Jungs wissen einfach, was gut ist. Benno fragt Elly, ob noch Nachschub kommt.

»Ja, ich hab noch Brote mit Schmierkäse.«

»Okay, her damit!«

Bier, Wein und Schnaps sind reichlicher vorhanden. Die halten noch, als gegen elf Rudi Pfeffer, der Fahrer von Benno, aufschlägt.

»Nee«, ruft Robert, kaum, dass er Rudis gewahr wird, »nee, nee, den kriegst du jetzt nicht. Der muss noch Pflichten erfüllen.«

Tatsächlich steht der Alte mit Uwe Mottke und diskutiert über die Finanzierung des Bandwalzwerks. Nebenbei schlucken sie kräftig und kommen so dem Knackpunkt des Themas kaum näher. Ihr Gerede labert sozusagen, bleibt in Allgemeinplätzen hängen und versiegt schließlich. »Scheiß Valuta«, grunzt Mottke und schiebt einen Wodka nach.

Auch zwischen Raspe und Blese geht's ums Tagesgeschäft. Sie hängen an Kompensationsvorhaben, die nicht passen wollen.

»Wir helfen beim Stahlwerk etwas nach«, sagt Blese, »auf die normale Tour wird das nichts. Wir nehmen mehr von dem preiswerten Sojus-Erz!«

Respe schüttelt den Kopf:
»Die Menge kriegst du nicht auf Verrechnung …«

Robert, der die letzten Fetzen aufschnappt, ist bedient. Nicht heute und schon gar nicht an diesem Abend. Er hat die Schnauze voll vom RefinanzierungsMist.

Kufland und Rosi tanzen. Mangold und Hanni ebenfalls. Die lange Kochert hängt irgendwie allein rum, schiebt dann aber in Richtung Raspe ab. Alle anderen quatschten, zischen ihre Biere weg und gehen dann pissen.

Benno, der wenig verträgt, aber dennoch scharf zugelangt hat, bekommt Farbe ins Gesicht. Nicht dass er platt ist, aber er redet, was im Grunde nicht raus soll, schlägt sich auf die Schenkel und macht Hanni an.

»Hör mal, Baby«, beginnt er, »wie wär's denn?«

Hanni behält, wie immer, die Übersicht. Sie weiß genau, was sie tun muss.

»Nee, nee«, ruft sie, »geh mal zu Rudi, der wartet schon!«

»Der Rudi, der kann mir mal«, quakt Benno und langt nach dem vorletzten Brötchen. Robert merkt, dass die Sache aus dem Ruder läuft.

»Besser, Benno, wir machten jetzt Schluss ...!«

»Wie: Schluss«, knurrt Benno, »du bist wohl voll?«

Robert schüttelt den Kopf: »Ich denke, du …«

»Wie … ich?«

Benno ist schlagartig aggressiv. Er knautscht sein FleischsalatBrötchen, knautscht es und wirft. Das Ding landet mit der Salatseite auf Roberts Jackett. Der zuckt zusammen, während Benno bedrohlich schwankt.

»Geh mir bloß nicht uff'n Senkel!«

»Scheiße«, sagt Robert und wischt sich frei. Der Fleischsalat zeigt Wirkung. Doch statt einzuknicken, springt Robert vor, greift seinerseits zu und schleudert – jetzt eines der nachgerückten SchmierkäseBrötchen. Benno schwingt zur Seite, doch es hilft nicht. Auch er ist getroffen und sein Revers flattert.

»Scheiß Käse«, ruft Benno, lacht dann wie irre und geht auf Robert zu:

»Es lebe die …«

Robert hat keine Lust, die Floskel proletarisch fortzusetzen. Er grinst breit und gibt Benno die verschmierte Rechte. Der hält enttäuscht inne:

»Jetzt drückst du dich aber, Freundchen!«

Bei diesen Worten nähert sich Rudi. Er scheint entschlossen, den Chef rauszuziehen und ins Auto zu schleppen. Doch Benno denkt nicht daran, das Feld zu räumen. Im Gegenteil: Er kippt einen weiteren Schnaps ab, nimmt einen Zug aus der PilsnerPulle und springt – großer Gott, ja er springt plötzlich, hüpft im Schlusssprung, also völlig ohne Anlauf und Rückendeckung … auf die Reste des kalten Buffets. Das knallt wie verrückt, stiebt und bröselt. Die Bestecke schellen, die Teller brechen. Alles, was leicht und spröde ist, wird zu Stückwerk zermalmt. Rechts hinten fließen Saucen, die Sardinen kommen ins Schwimmen, die Roten Rüben – sie färben. Hundert Servietten flattern, und die Salzstreuer fliegen aufs Fruchteis. Alles landet irgendwo – zwischen den Füßen der Umstehenden, in den Ecken und vorn beim DJ. Bulli jodelt:

»Alle Neune!«

Jetzt geht es um Schadensbegrenzung. Benno wird zur Seite gehoben und Rudi auf die Schulter gehängt.

»Ey, Scheiße«, kräht der Vize-Minister. Seine Hose ist weinrot geädert und tropft.

Jutta schiebt die Reste des Buffets zusammen, Robert fegt und Stiebler sortiert. Raspe zückt den Sicherheitsschlüssel und verdrückt sich mit der Kocher ins Nebenzimmer. Dort ist es dunkel, doch Flachlegen geht auch ohne Funzel. Die Kocher wispert ein wenig, verliert ihren Slip und schiebt die Akten vom Schreibtisch. Beide – die Kocher so, wie sie liegt und er, Raspe, so wie er schiebt – stöhnen gehemmt. Zweimal quietschen die Tischbeine, doch niemand hört das.

Hinterm Buffet himmelt Ruth Bulli an, doch der will nicht. Blese versucht es bei Monika. Die springt drauf an, steuert in die nächste Nische und unterwirft sich. Ansonsten Auflösung, die Räumlichkeit fällt in die alte Tristesse zurück. Kaschunke und Elly Berghold raffen das Leergut zusammen, Robert holt die Kästen.

Unter der Stableuchte rechts steht Linda, von *feuerfest* keine Spur. Sie gackert ihr typisches Gackern, schiebt die Brüste zurecht und glotzt. Gender, eben noch taub und gemaßregelt, ist fasziniert. Er geifert und greift schon.

»Pfoten weg!«, schreit Linda.
»Alles Luft!«, prustet Gender, »Alles Luft!«

Bulli schiebt Plattenspieler und Radio auf den Flur, schultert den Verstärker und verschwindet im Fahrstuhl. Kufland, Mottke und Mangold haben das letzte Bier gefasst und turnen im Flur rum.

Robert ist jetzt auch platt. Er schiebt Hanni, Ruth und die verbliebenen Männer Richtung Tür.

»Ich muss jetzt abschleifen.«

Lautes Lachen ….

»Watt heißt hier abschleifen, alter Schleifbock?«

Robert schüttelt den Kopf:

»Ja, ...verdammt … Ab-Schließen!«

Dreißig Minuten später sind Mottke, Mangold und Dammrich im U-Bahntunnel. Es geht in die gleiche Richtung, aber Mottke ist angeschlagen. Für ihn heißt es: drei Stationen und umsteigen. Umsteigen in die S-Bahn. Noch weiß er es nicht, wie das geh'n soll. Später stellt sich heraus: Er hatte noch vier Stunden Fahrt vor sich: jeweils von Endstation zu Endstation. Dazwischen Kotzen, Aufrichten und wieder Kotzen. Gegen vier gelingt es ihm, wach zu bleiben. Er zieht sich vor an die Tür und stiert in die Finsternis. In Burgfeld schlurft er aus dem Waggon, torkelt zwanzig Minuten durch die Kälte, findet die Haustür und fällt ins Bett.

Um sieben – keiner weiß so recht, wie das geht – sitzt Mottke wieder am Schreibtisch. Er hat noch reichlich Promille und das BreiGesicht. Vor ihm ist der Tee aufgebaut, eine Kanne, aus der er ständig abkippt. Später, gegen zehn, ist das Schlimmste vorbei. Ja, mehr noch: Mottke fühlt sich besser. Was auch sein muss, denn er soll zu Ewertz. Der ist jetzt wieder im Amt und kann stinkig werden, wenn der, den er ruft, nicht auftaucht. Nun, Mottke ist pünktlich. Die lange Kocher meldet ihn an, und schon steht er drinnen, drinnen in dem schmucklosen Arbeitszimmer und vor ihm Ewertz. Benno im Jackett vom Vorabend mit Fettfleck.

»Tag, Benno!«, sagt Mottke und setzt sich auf einen der acht Stühle.

»Tag, Uwe!«, erwidert Ewertz.

Auf dem großen, rechteckigen Tisch ist viel Platz. Mottke breitet seine Papiere aus und legt die Kalkulation vor.

»Die Walzstraße«, sagt er, »wird echt teuer, vor allem im ValutaTeil.«

Ewertz nimmt das Papier, wirft einen Blick darauf und grunzt:

»Geht nicht, Uwe! Am besten, du setzt dich jetzt hin und rechnest das richtig!«

»Danke, Benno«, sagt Mottke, »ich hab's nicht anderes erwartet.«

Celica

Am 24. Juli 1990 bin ich mit Frank nach Köln unterwegs. Es ist unsere erste größere Reise westwärts – eine Tour, wie sie Ostdeutsche eher selten unternehmen. Sie zieht es eher in Richtung Süden – Schweiz, Österreich, Mallorca und so. Ausflüge nach Westen, glauben viele, lohnten nicht. Denn das hinter dem Rhein gelegene Ausland wirke sperrig. Was mit der schulischen Ausbildung der Ossis zu tun hat. Kaum einer von ihnen spricht gut französisch, von flämisch und holländisch ganz zu schweigen.

Wir aber sind dennoch nach Köln unterwegs. Freilich nicht, weil wir sprachlich besser disponiert wären oder exotische Reiselüste verspürten. Nein! Vielmehr deshalb, weil ein entfernter Verwandter von Nelly einen preiswerten Wagen beschafft hat. Dieser Wagen, so heißt es, stehe abholbereit in einer der Köln-Deutzer Nebenstraßen.

Die Fahrt im Liegewagen ist alles andere als bequem. Der Zug braucht mehr als neun Stunden und komfortabel ist das Abteil nirgendwo. Als wir schließlich verspannt aus dem Waggon klettern, scheint am Dom die Sonne. Es ist ein prächtiger Tag und nach Kurzaufenthalten in Westberlin eine weitere Gelegenheit, bundesdeutschen Boden zu betreten.

Irgendwie schlagen wir uns in die Benderstraße durch. Die Fahrt mit der Straßenbahn kostet sofort Westgeld – die ersten einsachtzig aus dem eins zu fünf umgetauschten Packen Ostgeld.

Als wir etwas später vor dem unscheinbaren Mietshaus stehen, klingeln wir nicht. Vielmehr umrunden wir den Ort, ziehen so etwas wie konzentrische Kreise – wenngleich die eher rechteckig, quadratisch oder schiefwinklig ausfallen. Sechs Mal um die Ecke, und wir stoßen auf den weißen Toyota-Celica. Er parkt etwa hundert Meter entfernt und steht einfach so da. Frank springt nach vorn. Ich ahne, was in ihn gefahren ist. Er springt, läuft und schleicht zugleich – vereint quasi alles, was ihm an Fortbewegung zu Gebote steht – bis er unmittelbar dran ist, dicht dran. Er geht herum um den Schlitten, um dieses Wahnsinnsauto, das majestätisch und wie es scheint: völlig unberührt auf uns wartet. Nein, ganz makellos ist es nicht.

Rechts vorn ist die Jungfräulichkeit gebrochen. Dort ist die angesagte Beule. Ja, Nelly sprach davon. Der Wagen sehe wie neu aus, hatte sie gemeint, nur eben vorne rechts …

Es hat uns die Sprache verschlagen. Das mit der Beule ist schnell verwunden, denn der Rest, die verbleibenden vierundneunzig Prozent, sind umwerfend. Weiß, tiefer gelegt und märchenhaft designed. Damals, das weiß doch jeder, war der Celica noch schön. Doppelt schön, und zehnfach so schön für solche wie uns, für Trabbifahrer, die am Lenkrad Gänge einlegen mussten und nicht ahnen konnten, dass Automatik auch geht.

Nun, wir entkoppeln das, lassen ab von Vergleichen und schlendern zurück, dorthin, wo Mechmet und Ingrid wohnen – der Türke mit der kleinen Firma und sie, die JapanExpertin. Beide sind umtriebige Typen und noch immer ineinander verliebt. So zumindest unser Eindruck, und der sollte nicht täuschen.

»Ja, achthundert D-Mark«, sagt Mechmet und wir trauen unseren Ohren nicht. Ein fahrbereiter weißer Celica für weniger als tausend D-Mark.

Quasi übergangslos macht sich heftige Euphorie breit. Frank grinst unablässig und ich weiß, dass er damit nicht aufhören kann. Wie würde das sein, wie würden wir diesen Umstieg von Blaudunst-Zweitakt auf Sechszylinder, vom Krummkreuz-Schemel auf Arschhöhe fünfzig über Asphalt überhaupt hinkriegen?

Es fällt uns schwer, den dargereichten Kaffee bis auf den Grund auszutrinken, den liebevoll sortierten Kuchen überhaupt wahrzunehmen. Alle Gedanken kreisen nur um eines, um den Wahnsinns-Japaner. Mechmet und Ingrid sind etwas verwirrt. Sie begreifen nicht ganz, was mit uns vorgeht. Haben Mühe zu verstehen, was ein Auto, ja sogar ein gebrauchtes, in uns anrichtet.

Gleichwie. Das deutsch-deutsche Aufeinandertreffen fällt anders aus als gedacht – auch und vor allem automäßig. Für Mechmet & Co. ist der Celica nicht mehr und nicht weniger als ein gebrauchter Schlitten, eher unattraktiv, weil aus Japan, eher problematisch wegen der Pannenstatistik und der teuren Ersatzteile.

Uns kümmert das nicht. Wir sehen nur, dass der weiße Traum trefflich aufgepumpt herumsteht und nur darauf wartet, bewegt zu werden.

»Ihr könnt das Ding auf dem Stadiongelände probieren«, sagt Mechmet, »dort trainieren auch die Fahranfänger, bevor sie ihren Schein machen.«

»Prima«, sagte Frank, »fährst du uns mal hin?«

Tatsächlich wollen wir noch am gleichen Tage zurück nach Berlin. Weder Frank noch ich haben Viertakter-Praxis, geschweige denn je in einem Westwagen gesessen. Als wir dann abwechselnd auf der nassen Piste umherkriechen, ist das eher blamabel – irgendetwas zwischen untertourig und abgewürgt. Was uns von Anfang an irritiert, ist das Fahrgeräusch. Wir sind es knatterich deftig gewohnt. Hier aber rührt sich nichts, oder sagen wir besser, so gut wie nichts. Im Leerlauf, ja selbst im dritten Gang deutet nichts auf Motor.

Nach dreistündigem Umherkurven haben wir ein scheinbares Gefühl, eine eher blasse Ahnung von dem, was uns auf der Fahrt nach Berlin erwarten würde. Sechshundert Kilometer sind kein Pappenstil, doch sie schrecken uns nicht. Wir beschließen zu schleichen, einander abzulösen und nicht zu dösen.

Der Abschied von Mechmet und Ingrid ist unspektakulär. Frank dankt überschwänglich – denn es soll sein Auto werden. Ich nicke unschlüssig, stehe noch immer betroffen, weil der PS-Schub, dieser Mix von elegant und Kracher, nicht in den Schädel passt. Irgendwann steigen wir ein und fahren. Irgendwann zieht Frank den Wagen auf hundertsechzig, aber nur kurz, einfach, um zu sehen, … ob.

Der Koffer

Was blieb, war der braune, zerknautschte Koffer. Ein Ding, das scheußlich aussah, in den fünfziger Jahren aber durchaus in die Welt gepasst hatte.

Was übrig blieb von meiner Mutter, war dieser Koffer, ein Behältnis mit goldfarbenen Schubverschlüssen, etwas, das wir Söhne klaglos tragen, aber nicht wirklich öffnen mochten. Folglich stand es noch Monate nach dem Tode unberührt.

Irgendwann als wir glaubten, dass Mutters Habseligkeiten ein besserer Platz gebühre, sind wir doch an die Schlösser gegangen. Wir haben den Koffer abgeklappt und einen Blick ins Innere geworfen – in das, was so willkürlich nebeneinander gestellt und gelegt war. Da gab es Tagebücher, alte Briefe, sogar die Kinderzeichnungen, Schulhefte und Urkunden von uns Söhnen, Karten von den Enkeln, die Reste eines Manuskriptes *(Das war mein Leben)*, ein Bericht über die Hochzeitsreise 1937, Unterlagen zum Verkauf des Elternhauses und eine Tüte mit alten Bestecken – teils verrostet, teils versilbert. Was blieb, war diese Sammlung, etwas, das mein Bruder in Teilen an sich nahm, dessen zweite Hälfte ich von Berlin nach Ratingen schleppte und dann in meiner Kombüse vergrub.

Als ich vor sechs Monaten zwei Mäusen auf der Spur war und so auch meine Abseite entrümpelte, fiel er mir wieder auf, der Koffer. Ich hatte Zeit, ihn anzuschauen und intensiver als sonst über ihn nachzudenken. Ja, ich erwog sogar, etwas aufzuschreiben. Schob das aber lange auf, weil, wenn ich das Ding öffnen würde, auch die Tagebücher berührt werden müssten, und davor hatte ich stille Angst.

Vorgestern habe ich den Koffer geöffnet, seinen Inhalt auf dem Boden ausgebreitet: Wieder die Briefe, wieder die Messer und Gabeln. Dann aber ein Bild, dass mich nachdenklich stimmte: Bruder Bernd im Paddelboot – irgendwo auf dem toten Arm. Dicht daneben und doch wenig zugehörig: die Sütterlin-Stickerei von Großmutter. Dazwischen Tagebücher, drei an der Zahl – eines mit der Aufschrift *nach meinem Tode vernichten.* Ich erinnerte mich an die Worte. Mutter hatte sie von Hand auf den Zettel geschrieben und dann aufgeklebt. Erinnerte mich ohne zu wissen, was diese Worte in mir bewirken würden. Unbewusst spürte ich, dass ich ein Tabu brechen – diese Bitte meiner Mutter in den Wind schlagen könnte. Und ich fühlte mich schlecht dabei. Durfte ich in das Tagebuch meiner Mutter einbrechen, ihr die Worte nehmen, die nur für sie bestimmt waren?

Mein Bruder – zur Lage befragt – verhielt sich indifferent. Gut möglich, dass er nacheilende Schelte fürchtete, etwas, dass Mutter in Papier gebrannt haben könnte – verzweifelt, wütend oder sonstwie (das Gegenteil traf zu!). Auf jeden Fall wollte er keines der Tagebücher lesen, bestand aber auch nicht darauf, sie zu verbrennen. So war es an mir zu entscheiden. Und ich entschied. Nicht aus Voyeurismus, wohl aber, weil ich mehr wissen wollte – über meine Mutter, über uns alle. Sollte es mutterinterne Botschaften geben, ich würde sie zurück verschließen. Das zumindest versprach ich mir. In einem Brief, den ich an mich selbst adressierte.

Vor uns, besser gesagt: vor mir, liegt berührt aber ungeöffnet ein Brief unseres Vaters. Mutter hat den Umschlag mit dem Wort *Abschied* versehen. Ich vermute, dass es der letzte Brief ist. Die Nachricht aus einer der Kliniken. Es muss ein bitterer Brief sein – wahrscheinlich einer, der jeglichen Trost ausschlägt, einer, der den Tod zeichnet oder, was wir immer fürchteten: den Selbstmord. Ich habe die Zeilen des Briefes nicht vor mir. Und obwohl ich nichts weiß, einfach nur traurig bin und in dieser Traurigkeit vor mich hinstarre, spüre ich Hass aufsteigen. Eine zu spät kommende Empörung, eine, die den Tod wiederbelebt, eine, die den Tätern an Geist und Körper meines Vaters Konturen verleiht. Oh nein! Nicht die Weißkittel sind gemeint, nicht die Ärzte, Schwestern und Pfleger, die ihn operierten, ihn umherfuhren und irgendwo betteten. Nein. Ich stelle mir anderes vor: Menschen, die Vater ruiniert, seine Kräfte ausgelaugt hatten – die falschen Genossen, Leute, die ihm ans Zeug wollten, ihn irgendwann degradierten und wegstießen. Nur, weil er nicht einer der ihren, ein Bonbon-Träger, ein Gleichgeschalteter werden wollte – den Kotau im Anschlag.

Ich habe phantasiert, ich habe vermutet. Etwas ins Papier interpretiert, etwas in den Umschlag geschoben. Worte, die ich Weiß wollte und doch dem Vergilben preis gab. Vaters vorletzte Verzweiflung, das Hinwerfen von Hoffnung, jene kaum formulierbare Botschaft an uns, die Zurückbleibenden. Hier und da Tränen, die Ränder erzeugt haben mochten. Ach, was sag ich ...

Diese Niedergeschlagenheit zu ertragen, diesen Brief zu öffnen, wage ich nicht. Vielleicht wagen es meine Söhne.

Was übrig bleibt, ist ein Koffer, ist der Geruch von Zeit. Ein Odem, der den Dingen anhaftet, ihnen entströmt und ihr Dasein zu erklären vermag. Etwas, das sich heute, tausend Jahre danach, dürftig ausnimmt, dennoch aber Anspruch darauf hat, geliebt zu werden.

Ich werde Teile der Bestecke meinen Kindern übereignen – in der Hoffnung, dass sie sie annehmen und ihr Kopfschütteln verbergen. Ich werde alles, was im Koffer bleibt, einfach da lassen. Da lassen für den, der es fertig bringt, dieses Stück Restleben zu entsorgen. Das allerdings könnte dauern. Vielleicht ... bis ich selbst auf Kiste und Koffer reduziert bin.

Gleich, wenn ich das ausgebeutete Etwas zurückschiebe, ihm das letzte Liegen verordne, werde ich heulen. Das Licht löschen und mich leise davonschleichen. Eine nochmalige Nähe wird es nicht geben.

Ganz bestimmt nicht.

Heute morgen

Im Traum bin ich EnkelSitter. Und – ob ich das nun will oder nicht – es trifft genau auf den Punkt. Es spielt sich ab und es gleicht haarklein dem, was in Kürze passieren könnte: Natürlich ist es spät und Leo hat am PC gezockt. Und natürlich konnte er dann nicht einschlafen. So, wie er vehement jedes Gemüse am Mittagstisch verweigert und stattdessen Schnitzel einfordert, so strikt belegt er Stunden, die nur ihm und dem Computer gehören. Im Traum sehe ich ihn: Er treibt es auf SpielePlattformen, macht Punkte und lässt Leichen auf virtuellen Schlachtfeldern zurück. Leo spielt, er kämpft. Ich sehe, wie er durch Huntington zieht, wo es pausenlos knallt, wo er mit angreifenden und auf Abwehr getrimmten Supermonstern die Vernichtung der jeweils Schwächeren probt. Und er schreit *hurra*, wenn er seine Gegner – vermutlich seine mitspielenden Freunde aus Bayern – aufs Kreuz legt.

Im Halbschlaf, beim Wachwerden wird nichts besser:

Heute ist so ein Morgen, heute ist so ein Tag. Er beginnt anstrengend – mit dem Wecker meines Smartphones. Dieser Wecker beendet fünf schlecht durchträumte Stunden – löst ein Gähnen aus, das den Bauchraum anspannt und schiefe Töne frei gibt. Ich richte mich auf, stoße an die Bettkante und wanke aufs GästeKlo. Zwei Schippen Wasser, die eine ins Gesicht, die andere in die Haare. Schon steht mein mühsames Etwas: sichtlich verpennt und gefaltet. Von Leo ist nichts zu hören.

Ich steige die Treppe hinauf – es ist sieben Uhr zehn.

Ich stehe vor dem Zimmer meines Enkels. Die Tür ist offen. Aber der Bursche ist nicht aufzufinden. Sein Bett liegt zerwühlt, irgendwo hängen T-Shirt und Socken herum. Ein Teller mit Pommes-Frites-Resten steht vor dem Rechner. Ich rufe – nicht durchdringend, aber so, dass es der Sprössling hören müsste: »Leeooo!«

Keine Reaktion. Ich gehe wieder hinunter, laufe in die Küche und schaue aus dem Fenster. Gegenüber am PennyMarkt sind erste Kunden unterwegs. Ob er dort ist und Brötchen holt?

Sehr wahrscheinlich ist das nicht, aber immerhin möglich. Ich sitze ein paar Minuten regungslos. Jetzt geht oben ein Wecker. Ich springe auf und steige die Treppe empor. Das Ding klingelt in Leos Zimmer. Ich streife durch die Türöffnung und bin am Nachttisch. Augenblicklich herrscht Stille, eine, die mir wohl tut und gleichzeitig aufs Gemüt geht. Ich entferne mich, etwa so schnell wie ich gekommen bin, tanze die Treppe wieder hinunter und suche den alten Platz auf – den am Küchenfenster. Leute stürmen zu Penny, Leute trödeln zu Penny, Leute fahren die Einkaufswagen rein und wieder hinaus. Leo ist nicht dabei.

Noch zwei Minuten, dann drehe ich mich, gehe in den Flur zurück. Versuche es erneut mit einem, diesmal sehr eindringlichen *Leeooo!*

Nichts rührt sich.

Wenn der Junge jetzt weg ist, denke ich, wenn er – genervt oder irgendwie sauer auf mich – einfach abgehauen ist?

Wir hätten vielleicht doch zu McDonalds gehen sollen. Ich hätte einfach mitmachen und den Abend ihm überlassen müssen.

Scheiße, er ist immer noch nicht aufgetaucht. Und wieder geht oben der Wecker. Verdammt, warum dröhnt der zweimal.

Erneut rase ich nach oben, wieder töte ich das fiepende Geräusch.

Auf dem neuerlichen Weg nach unten wird mir klar, was so sein könnte: Leo weg, Leo spurlos verschwunden, Leo vielleicht … entführt.

In diesem Haus hört man nichts. Ich hätte nachts die Tür zu meinem Schlafraum nicht verschließen sollen. Sicher wüsste ich dann, was sich davor, nachts oder in aller Frühe, abgespielt hat.

Ich gehe zurück ans Küchenfenster, trommle nervös gegen die Scheibe. Er müsste bei Penny längst raus sein, wenn er denn … So viele Leute gibt es gar nicht, die um diese Zeit …

Jetzt fiept der Wecker zum dritten Mal. Die Nervensäge muss auf drei oder mehr Alarme programmiert sein. Wieder jage ich in Leos Zimmer, diesmal mit dem Vorsatz, das Ding ein für alle Mal …

Am Nachttisch angekommen, zerre ich die Batterien heraus, lege sie vor den Wecker und drehe mich um. Wie zufällig fällt mein Blick aus dem Zimmer hinaus, über den Flur hinweg ins ElternSchlafzimmer. Durch die offene Tür, besser gesagt: hinter ihr ragt der ockerfarbene Bettenberg, ein Relikt schnellen Aufstehens. Ich starre auf das Doppelbett, das eigentlich aufgeräumt sein müsste, diesmal aber ungemacht vor sich hin liegt. Und verdammt noch mal: In diesem knautschigen Etwas, zwischen zwei Kissen und Betten, halb ins Laken gewühlt, liegt er, liegt Leo. Völlig atem- und regungslos. Ich bin schockiert.

Wenn der Wecker meinen Enkel nicht ans Licht bringt, vermag es auch die leichte Berührung nicht. Erst als ich handfest werde, erst als ich kräftig zupacke und ziehe, reagiert mein Goldstück. Nicht mit dem *Guten Morgen, Opa,* das niemand im Ernst erwarten konnte, aber auch nicht mit einem *Wie spät ist es?* oder *Wo bin ich?* Stattdessen mit einem aufmaulenden Knurren, das wieder zerbröselt.

»Leo«, sage ich und versuche meiner Stimme etwas zwischen liebevoll und energisch zu geben:

»Es ist zwanzig nach sieben, du musst schnellstens raus!«

Leo hebt den Oberkörper und blinzelt.

»Okay.«

»Hast du Brötchen im Haus ... und Milch?«, frage ich.

Leo schüttelt den Kopf.

»Dann laufe ich mal schnell rüber zu Penny … aber du stehst sofort auf!«

»Okay.«

Zwei Minuten und ich bin auf der anderen Straßenseite. Genau an der Stelle, die ich kurz nach sieben ziemlich eingehend fixiert hatte. Auch jetzt hält sich der Betrieb in Grenzen. Im Supermarkt greife ich schnell um mich: drei Croissants, zwei Brötchen, ein Päckchen Salami, einmal Gouda und die Milchtüte.

Mit dem Hinunter, dem Herübereilen, dem Einkauf und dem Luftschnappen ist die Lage bereinigt. Die Ängste sind wie weggeblasen. Ich bin, was McDonalds angeht, sehr plötzlich wieder dort, wo ich immer bin und beschließe, auch den Nachmittag und die darauf folgende Nacht hier zu verbringen – hier in diesem Hause, gegen den ganz ausdrücklichen Willen meines Lieblings.

Dieser Rücksprung auf mich selbst ist wohltuend. Dann aber kommen mir Zweifel. Muss ich davon ausgehen, dass Leo – sobald ich weg bin – wieder herumzockt? Klare Antwort: Ja. Muss ich annehmen, dass er wieder zu spät ins Bett kommt? Klare Antwort: Ja. Muss ich aber auch damit rechnen, dass er morgen früh erneut durchpennt? Ambivalente Antwort: Jein! Er könnte verschlafen, muss es aber nicht. Wahrscheinlicher ist, dass er abends übermüdet ins Bett fällt, acht Stunden durchschläft und dann auch aufwacht. Zumal er mir jetzt, genau in einer Minute, versprechen wird, zwei Wecker zu stellen, nicht nur die DreifachKrücke seiner Mutter, sondern auch das Smartphone.

Ich bin zurück vom Supermarkt, lege den Einkauf auf die Tischplatte und starre auf den Kaffeeautomaten. Den kann ich nicht bedienen und Leo hat keine Zeit mehr. Dafür meldet sich mein Sohn aus Porto. Seine Stimme klingt gut befrühstückt und entspannt. Man spürt die Sonne in ihren Vokalen: »Alles klar, Papa?«

»Klar wie Kloßbrühe, mein Sohn. Nur: Leo will die kommende Nacht allein verbringen …. quasi ….opa-los.«

»Ist okay, Papa, der kommt um vier aus der Schule und will dann ein bisschen mit seinen Kumpeln rumswitchen. Also ... let him!«

Ich trage Leos Schultasche ins Auto, zuckele mit dem Wagen die Straße hinunter und setze ihn vor der Schule ab – es ist fünf vor acht.

»Tschüss Opi!«, sagt Leo und gähnt herzhaft.

»Tschüss Leo!«, sage ich und ….

... let him.

Rolle rückwärts

Einem Spaziergänger, einem Menschen, der mir folgt, wird es merkwürdig erscheinen. Aber immer, wenn ich um das Anwesen schleiche, wenn ich mich an dieses Haus, das mal mir gehörte, heranpirsche, ducke ich mich ein wenig. Sicher in der Hoffnung, nicht entdeckt zu werden.

Wenn ich am Gartentor Ausschau halte, bleibe ich im Schatten der Thuja-Hecke. Was mich etwas schützt und zugleich die Neugier anfacht. Wie immer will ich wissen, was im Gegenüber noch nachlebt. Ob das wichtig war, was ich jenseits der Gartentür verbracht und vertan habe.

Es ist ewig her. Aber irgendwann war ich Grundstückbesitzer, war Mitglied einer Brigade, die dieses Haus zauberte – aus dem maroden Nichts so ein Mini à la DDR. Das geschah in den Siebzigern und der Vorgang – nun, ich weiß nicht, ob ich hier von Vorgang sprechen sollte – ist heute so meilenweit entfernt wie sonst nichts. Dennoch spüre ich Verlangen, die noch vorhandenen Puzzleteile auf das Bild von gestern hoch zu rechnen.

Wenn ich das Haus mit dem kleinen Nebengebäude betrachte, freue ich mich, dass es noch immer die alte Architektur gibt. Dass mein Entwurf überdauert, siebenundvierzig Jahre dem Zahn der Zeit getrotzt hat und – was viel schwerer wiegt – auch den Umbrüchen Paroli bot: den politischen, den geschmacklichen und sogar den handfest mauerspechtigen.

Ich schaue auf ein zweigeteiltes Dach, ein Dach mit Stufe, ein Dach mit diesem Absatz für zwei Breiten oder Tiefen, wie es heißt. Denn das Ursprüngliche – jenes marode Nichts – war schmal, und wir wollten es dort, wo das Wohnzimmer angedacht war, breit und gefällig. Ja, das Wohnzimmer – es sollte diesen Hauch Großzügigkeit spiegeln. Wenigstens das, denn Luxus war etwas, das wir entweder nicht kannten oder nicht bezahlen konnten.

Ja, ja, dieses Etwasgrößer war wichtig. Denn es gab der Phantasie Spielraum. Wenn ich schon die Freiheit zu gestalten nicht ausleben konnte, dann sollte es zumindest ein paar Extras auf mehr Fläche geben.

Mein Ehrgeiz trieb mich damals, etwas Augenfälliges, genauer gesagt: so ein Stück Kunstfertigkeit aus eigener Hand einzubringen. Das freilich setzte Geschmack voraus, der – ich gebe es zu – nicht voll entwickelt war oder immer mal ausstieg.

Gaben Ostseesteine dem Sockel des Hauses ein besonderes Gepräge? Ich meinte ja. Konnte eine sechs Meter lange Platte aus MarmorImitat dem Wohnzimmer schlichte Generosität verleihen? Natürlich! Dass sie zu hoch angelegt war, dass das darüber liegende Fenster zu klein geriet, fiel im Taumel der Begeisterung nicht auf. Dafür wuchs das unter der Platte verkeilte hölzernes Kunstgitter auf imposante Höhe. Na und?

Ja, und dann der Kamin. Ich brauchte diese Auffälligkeit im Eck. Dieses anheimelnde Beieinander von Holzwand und Flammen. Keiner irgendwie Holzwand wohlgemerkt – es war eine, die aus Baumscheiben gefügt, jahresringte. Holla, das gefiel uns damals, das euphorisierte und gab doppelte Freude.

Im StandardKuchen Ost war und blieb der Kamin etwas, das über Unscheinbarkeit hinausreichte. Heute sprächen wir von einem Alleinstellungsmerkmal, damals hatten wir wärmere Worte dafür: vielleicht … Besonderheit.

Keine Frage: Der beschränkte Raum, diese neunzig Quadratmeter Grundfläche passten nicht zu dem, was drin war. Zusammengerückte Raumteiler, komprimierte Accessoires machten noch keine Villa. Nun ja, das mit der Villa war Märchenland. Villen konnten sich nur die leisten, die als Chefs von Autowerkstätten, als Vorzeigekünstler, Ärzte oder Bonzen ein paar Hunderter mehr bezogen. Villen waren sicher komfortabler gestaltet und ausgestattet als mein Häusle. Ich kannte keine.

Flackerfeuer im eigenen Kamin, die eher lustvolle Groteske des Villen-Wollens-und-Nichtkönnens – sie gaben die Dramaturgie für das Machbare, auch für ein schlichtes Scheinsein. Immer mal davor sitzen, immer mal davor stehen oder runter aufs PolymerFell. Immer mal so feuerbeschienen herumhängen wie die Briten, und dann die Aristokraten verachten – die verdammten Hunde.

Gefühl und Reglement. Etwas Selbstbetrug war schon angesagt. Die Fakten allerdings gaben schnell Bodenhaftung. Das GroßkotzSchlösschen, den Geruch falscher Herrschaftlichkeit brauchten wir nicht. Das lag nicht im Blickfeld und auch außerhalb des Budgets. Wir kamen mit den neunzig Quadratmetern gut zurecht. Und wussten, dass dieses selbst gestrickte Etwas, abseits von Wohnklo und Platte, riesig war, dass man ihm weder Würde, noch Einfallsreichtum absprechen konnte.

Ich vergaß die steinerne, schwarz lackierte Schildkröte, das schmiedeeiserne Sichtschutzgitter im Schornsteineck. Ich vergaß die Möbel, vor allem die beige-braun-grüne Couchgarnitur. Sie, die es nach fünf Schlangesteh-Anläufen aus der Spandauer Straße, Berlin, nach Burgfeld geschafft hatte, sie, deren Teilstücke noch immer existieren, jetzt aber wohl verteilt sind in alle Himmel.

Wie stolz hatte ich die schmiedeeiserne Tür im Flur eingefügt. Unbewegt stand sie wie ein Kunstwerk. Doch sobald man sie schloss, schepperte sie heftig. Ich habe diesen Ton noch im Kopf – und sehe das Dahinter: die Nische, gefüllt mit Etagenheizung.

Wenn ich durch die schwarzen Speichen des Tors gucke, fällt mein Blick auf das Küchenfenster. Ich weiß nicht, ob das noch immer ... Damals jedenfalls war es das NachdraußenFenster, ein plastikbeschichteter Doppelflügel mit Küche dahinter. Letztere ein eher unscheinbares Gelass, zweieinhalb mal vier, ein Räumchen, das man vom Flur her erreichte. Ein Räumchen, in das der mit Holz verblendete Durchgang einlud – eine Tür gab es nicht. Rechts dann der winzige Küchenschrank, dahinter Tisch und Klappbank mit dem Abgang nach unten. Gegenüber schließlich dieses eng an eng, unser Herd mit Doppelspüle.

Mein Gott, diese Spüle, emailliert mit verchromtem Schwenkhahn. Ein Zweimalbehältnis mit Plastikablauf. Ich sehe sie noch: die grobkörnigen Gewässer, ihr Wegschlürfen ins gestückelte Rohr – einmal rechts durch die Wand und fort. Wenn das mal stotterte, wenn das mal nicht ablief, wurde draußen gebuddelt und Spirale gedreht.

Was sich mir verschließt, ist die Rückfront. Auf ihr gab es Fenster für Toilette und Bad. Die Räume selbst waren eigenständig. Ich hatte ihn mir leisten wollen – diesen Abstand der Umstände, dieses geruchliche Auseinander. Klar, dass die Teile dann klein ausfallen mussten – einmal drei, einmal sieben Quadratmeter. Nicht dass wir mit KinderKellen, Zollstöcklein und KurzWasserwaagen hantieren mussten, aber viel Freizügigkeit gab es wirklich nicht. Die winzigen Flächen waren und blieben winzig. Sie raumzuteilen und aufzulockern – das stieß einfach nur … an. Dennoch packten wir es: farbig, hölzern und mit Fliesen dazwischen. Mit dem Delfin an der Querwand – dem anbetonierten, dem aufmosaikten, dem zwei Meter erhaben und sprungbereit.

Ihn, ja ihn, vermisse ich ziemlich!

Fliesen, Holz und Rauhfaser waren damals in. Selbst wenn es nur Fliesen waren, die es gerade gab, selbst wenn das Holz Astholz war und die Rauhfaser eine Spur zu glatt – alles wurde gnadenlos überall hin gepflastert.

Wir liebten unser kleines Bad mit Wanne und Duschecke, wir liebten die Holzdecken in den Zimmern, und wir waren scharf auf die hellen Rundbögen mit Schiebetür. Ja, Holz gab es mehr als genug. Und so steckte es auch in Kasten und Kisten, diente in Regalen der Aufbewahrung von Dingen, die verstauben durften.

Ach, wie hatte ich geschnitten, gebohrt und versenkt und dann doch manches zu kurz, zu tief, zu rauh belassen. Ach, wie hatte ich Späne und Holzmehl erzeugt und den Staub in die Lungen gesogen. Hundertfach, tausendfach – bis die Kraft, die Lust, das Wollen auf Eleganz ausgingen.

Sieben Jahre hatte das gekostet – Jahre ohne Urlaub und Freizeit. Etwas zu heftig für Körper und Synapsen – etwas zu fies für posaunte Sozialstaatlichkeit. Da rissen Fäden, Geduld und Willen. Manches wurde mit Kitt verbrämt. Manches, was der Gärungslade, eines Miteinanders von Nut und Feder bedurft hätte, dem Rohschnitt überlassen.

Dennoch hielt sich ein Gefühl von Großartigkeit. Niemand glaubte, einer Kleinbürgerei aufgesessen zu sein. Wir folgten dem Charme der SpezialSiebziger, der DDR-Siebziger, und wir taten es ohne Scheu.

Halblinks im Blickfeld die Garage, dahinter unser MiniZimmer, parallel dazu ein kleiner Verschlag für Brennholz und Kohlen. Das Ganze – ein Nebengebäude mit verblendetem GiebelSchick: Die ZiegelTreppe als

Symbol des BauErfolges. Einfach über die Tür gehoben und aufgesetzt. Drunter und drinnen der große Mehrzweckraum. Ein kleiner Tanzsaal. Rechteckig und von mir verkabelt – alles bis dreihundertachtzig Volt und in Kupfer.

Dann links vorn die Werkbank, daneben der rollengelagerte Metallschrank aus den Dreißigern. Dicht an der Einfahrt sogar die Grube, die Einsfünfzig-Senke – für Inspektionen. Ich grub sie für Trabbis plus ein Meter, wollte drunter gucken, ölen, abschmieren, reparieren – vor allem aber ein Spiel spielen. Ganz so, als ob der Plastik irgendwann das längere Blechauto folgen würde.

Alles Traumtänze.

Die Grube selbst sicher bodenständig … unterbodenständig, fast immer mit Bohlen bedeckt und dann doch selten benutzt …

Im Anschluss rechts der holzgetäfelte Raum – ein Fauxpas der Auslagerung. Sohn Stephan, eben noch beim Verblenden dabei, ist dort eingezogen. Saß dort, schlief dort, weil ich das so vorsah. Hatte er eingewilligt? Nahm er die Hütte als Ich-muss-es, oder war sie sein Separee – sein kleines Terrain, auf dem er tat, was ihm gut tat? Keine Ahnung von der Stimmung damals, keine Erinnerung an die Gefühle diesseits und jenseits. Schade!

Zurück zum Gebäude, zurück zur Baulichkeit. Hinter dem Zimmer hatten wir die Betonplatte angeordnet – zum Teil überdacht und angebunden an den Gehweg. Eine Platte, die meist vor sich hin lag – fast immer ein Depot für Leergut. Ich sehe sie noch – die Gothano-Wermut-Pullen. Auf ihren Böden die gelblichen Neigen, an ihren Wandungen die verfärbten Etiketten – halb abgelöst oder frei im Glasberg. Verschämtes Klirren, wenn Flasche für Flasche – gestellt, gelegt oder schief vergraben – zum Berg verbaut wurde. Bis der versackte, bis der fiel und auffiel. Bis sich jemand fand, der auf Pfand scharf war, das alles aufsammelte, den Leiterwagen belud und abdüste zum Sero-Stützpunkt.

Soweit die Flaschen, soweit das, was jährlich der Abtragung und Einschmelzung bedurfte. Ein – ich gebe es zu – triviales Geschehen.

Ganz anders das mit der Tonne. Einer Tonne, die seit Jahren verschwunden ist. Was nicht heißt, dass sie ihren Ewigkeitswert eingebüßt hat. Im Gegenteil: Sie steckt noch immer in meinem Kopf.

Ich hatte das Fass vierundachtzig aufgebockt – links neben der Garage. Es stammte von Leo und der hatte es bei den Russen besorgt. Über Jahre lag dieses Fass – mal warm, mal kalt, mal mehr, mal weniger gefüllt – mit Waschbenzin. Immer mal betankt, wenn Frau Holz den Fünfer annahm und das Zeug üppiger fließen ließ. Immer mal entleert, wenn die großen Fahrten anstanden, die mit Kindern und vier Kanistern im Heck. Verdammte Kanister – blecherne Zeugen einer Zeit, die PreiswertEffekte mit Fahrlässigkeit erkaufte – meiner Verantwortungslosigkeit. Fraglos waren das meine Tonne und meine Kanister – Behälter, die Gefahren verhießen, Bomben im Sonderstatus, etwas, das gespürt und vergessen wurde und … ausgesessen. Niemand von uns hat das nachhalten wollen. Wer preiswert unterwegs sein wollte, durfte nicht feige sein.

Ach ja, dort hinten – dort hinten, zwischen den Gebäuden, habe ich Gemüse gepflanzt. Links schon mal die Zucchini und im Holz die heftig grauen, geschmacklosen Austernpilze. In der Mitte Möhren, Tomaten und Bohnen. Und ganz rechts Spargel. Gelohnt hat sich das nur bei den Bohnen. Alles andere blieb Spielerei. Die Tomaten faulten, die Mohrrüben blieben klein wie Stecknadeln und der Spargel sperrte sich gegen sein Schattendasein. Meist war der Sand schuld. Überall lugte er weißblond wie ein böser Vernichter, fraß Humus, Wasser und Dünger im Zeitraffer. Auf ihn zu bauen, geschweige denn: auf ihm anzubauen, war immerfort Unsinn.

Wenn ich anders, also rechts herum schleiche, wenn ich die Schmalseite begehe und den Essigbaum, diesen zum Riesen mutierten Strauch, links liegen lasse, dann trifft mein Blick auf das Fenster. Es ist das Wohnzimmerfenster, das bereits erwähnte, zu klein geratene. Es ist ein Fenster, das wir bewusst – um genau zu sein: modebewusst – schräg nach außen gestellt hatten. Trotz seiner mäßigen Höhe … schräg nach außen.

Damals – glaube ich – wurden die Oberkanten aller bedeutenden Fenster nach vorn geschoben. So etwas forsch-angeberisch. Auf die frei bleibenden Dreiecksflächen des Vorbaus knallte man Riemchen. Auch ich hatte sie von außen – sehr graublau-basta! – dagegen gesetzt. Hinter der Scheibe ragte dann grünzackig der Philodendron, ein Gewächs mit Oberweite.

Etwas weiter, vielleicht fünf Meter rechtswärts, steckt noch immer das plastikbeschichtete Fenster. Dahinter ein Gelass, das nie hell wurde, das sich der großen, lichtfressenden Tanne erst erwehrte, als diese abstarb, als sie, braun und störrisch, dem Abholzer anheim fiel. Das war spät, im Grunde zu spät. Denn das Zimmer war zu diesem Zeitpunkt schon leer – schon ausgefraut, von der Ex-Dame des Hause geräumt.

Apropos geräumt. Erst dieses Zimmer, dann Haus und Hof in ihrer Gesamtheit. Das sah nicht nur nach Zäsur aus – das war sie!

Als ich den Schnitt machte, als ich abwanderte und im Ausgewandertsein die Bindung verlor, ging auch dieses Anwesen. Wechselte die Fronten, gab sich dem hin, der bezahlen konnte, verschrieb sich westlicher Inbesitznahme. Nichts Unredliches, nichts Anrüchiges, wohlgemerkt. Der neue Anwohner, mein Nachfolger im Wohnen, mochte jung sein – ein gepäppelter FuhrgeschäftsSohn, hieß es. Einer der studierte, mir aber nie unter die Augen kam. Jemand aus Westberlin.

Ja, ja – diese Stadt, diese Halb- bis DreiviertelStadt – sie war im Sturzflug nahe gekommen. Gestern noch vom Todesstreifen auf Abstand gehalten, war sie plötzlich da, etwas unwirklich. Fast ragte sie auf mein Grundstück.

Nichts für ungut. Des neuen Hausherrn Mütterchen bezahlte pünktlich. Für Haus, Nebengebäude und den riesigen Garten, für diese unbekannte Vertrautheit, die niemand vermitteln kann.

Geld hin und gut!

Ja, des neuen Hausherrn Mütterchen bezahlte schnell und hatte doch kein Schnäppchen gemacht. Denn der Preis fürs Land verfiel. Soviel Unerschlossenheit hatte ihren Preis.

Wende hin, Wende her, die Wände blieben, das Dach wurde ein … Schindeldach, runter mit dem Wellasbest, rauf mit den Plastik-Dingern. Und drinnen, nun ich weiß nicht: Die Forsterheizung mag's zuerst erwischt haben, dann die Billigarmaturen, die wir aus Ungarn herangeschleppt hatten. Einfache Saudinger, die noch vor neunundachtzig porös wurden. Ich seh sie noch, die fiesen Springbrunnen, die immer hochfuhren, wenn wir die Mischbatterie aufdrehten.

Nun, der Westberliner hat sich gemüht. Manches ist von außen erkennbar. Einiges ist auf die große Terrasse gewachsen – auf die Weintraubenterrasse. Dorthin, wo der Pflanzgraben verlief, teerversiegelt und abgeschottet gegen das Wohnzimmer. Und es ist gewachsen – bis vor an die alte PlateauKante. Graben und Kieselsteg – sind jetzt verschwunden. Sind überrollt von einem Anbau, einem Wintergarten, der Gemütlichkeit ausstrahlt.

Jawohl, der Westberliner war rege. Er hat den Garten ganz liebevoll, ganz zauberhaft gestaltet – immer herum um Bäume und Sträucher, die einmal uns gehörten. Uns vor vierzig Jahren, und die Wurzelorte: locker verteilt, einen Meter tief in Walderde.

Ja, ja, die schlanken Setzlinge, eingebracht in geklautem Humus, in Erde, die wir aus dem Wald herangekarrt hatten. Oft wurde die mit schwarz waberndem Schlamm verschnitten. Einem Zeug, das vom Pfuhl hoch kam – in einem Wagen, der Meter für Meter das Wasser abließ.

Ach ja, der Pfuhl, der Schmagadutschen-Umstandene, dieses Sumpf- und Angelparadies der Sprösslinge, das Karauschen- und Schleie-Revier, das die Ruten zum Auswerfen einlud. So munter die Fische, so munter die Butter, wenn abends die Pfanne …

Fünfundsiebzig, achtzig, fünfundachtzig. So viele Jahre nur Frohsinn, Im Sommer das Geschrei der Orgelpfeifen, der eigenen, der Blanko- und Riese-Kinder, ihr MöchtegernBootsbau, das Einsinken ihrer Füße im Morast, die Lust am Libellengesumm, das Rumhängen im Ufergestrüpp.

Und dann überraschend … das Aus.

Plötzlich hieß es, Bohrleute hätten die große Lehmlinse durchstochen. Man habe das Stauwasser abgeleitet, um die Keller trocken zu legen. Glück für die Keller, Pech für Umwelt und Kinder. Denn mit dem Stau war auch der Pfuhl am Ende. Sein Wasser floss in ein großes Loch am Sportplatz. Schleie und Schlamm gingen den Bach runter.

Wenn ich so am Zaun entlang blicke, fällt mir die Hecke ein – die verdammte Spierenhecke. Drei Meter breit, zwanzig Meter lang und irre verwurzelt. Stephan hat sie damals ausgegraben – nicht ganz freiwillig, wie er noch heute im Zweijahresabstand betont (und finanziell gelohnt habe es sich auch nicht). Nun gut: Nicht immer zahlt sich aus, was sein muss. Hier und da müssen Jugendliche schon mal gratis ran.

Trotz Schweiß und Dumpinglohn – die Grabung geriet, und sie fand ein Ende. Die Hecke schrumpfte, Äste und Wurzeln landeten im Herbstfeuer. Was blieb, waren Löcher, Löcher, die verfüllt werden mussten. Ich war auf eine jungfräulich-ebene Fläche aus, auf ein Terrain, das man neu bepflanzen konnte. Aber es fehlte das Füllmaterial.

Was mir spontan einfiel, wirkt heute beklemmend. Ich beschloss, Mülltonnen zu leeren: nicht ein Mal, nicht zwei Mal, wahrscheinlich fünf Mal. Das Zeug in die Löcher und sofort Sand drüber. Ich seh sie noch, die AbfallKaskade: die Flaschen, Fischgräten, Kartoffelschalen und blauen Milchtüten. Schon schlimm, dass mir das problemlos durchrutschte. Ich, der plötzliche Umwelt-Schreck, ich der Rowdy, der Müll beerdigte. Ich, der Schluss-Planierer, der Alles-schön-glatt-Harker, der NachfolgePflanzer, ich der Mann, der Ebereschen liebte.

Ja, ja, ich pflanzte tatsächlich Vogelbeerbäume, grub Löcher neben die blauen Tüten, füllte sie mit Walderde und schlämmte das Ganze – bis alles stramm stand.

Niemand wird das je zurückdrehen, meine ich. Es sei denn, man verlegt die neue Wasser- und Abwasserleitung blöd-dicht am Zaun. Es sei denn, die Bäume fielen dieser miesen Spätfolge zum Opfer. Vorstellen will ich mir das nicht: die Wurzeln meiner Bäume samt Müll im Freien … wie übel bestückte Bratspieße.

Ja, der Neue hat den Garten nicht nur bunt gemacht, er hat ihn auch sinnvoll begrenzt. Bunt nach außen, unbeackert und finster nach hinten. Dort, wo einst der Tisch stand, ist alles auf Urwald gebürstet. Auf beherzte Abschottung gegen Spektakel und Sportplatz.

Ja, ja, die gekippte Kabeltrommel! Nichts deutet mehr auf die edel beplankte, kerzenwachsüberflossene Schöne. Nichts auf die Stämme im Rund, auf die Sitze aus Baumscheiben – alles perfekt vernagelt, verkittet und farblos lackiert. Verschwunden ist der klebrige Kadarka, verschwunden das Lachen der Trunkenen und die *Probleme des Weldes* (Zitat H.) – sie wichen dem Wildwuchs. Tatsächlich sind die Bäume im Eck riesig, dabei verstümmelt und auf Abgang frisiert. Was dort blieb, schluckt die Erinnerung, ist stumpf und graugenadelt.

Ich war dort, ich bin dort, und ich werde erneut dort sein. Ich sehe, wie sie grün-weiß umherflitzen, die Burgfelder HilfsKicker. Sie haben etwas von Wiedertäufern: von Leuten, die siebenunddreißig vergeblich die dritte Liga beschworen. Nichtsahnend toben sie am verrammelten Zaun und die Fans schnitzen Schlitzaugen in die Kiefern.

Meine Geschichte – sie wird diesem wie jenem fremd bleiben. Denn heute ist so verdammt anders als damals. Niemand kann glauben, dass es diese Geräusche – diesen Bolzton vom Rasen, dieses lästige Geblech vom Berliner Ring nie gab. Niemand wird ahnen, dass wir die Türen nie zuschlossen, dass die Fensterflügel vor meinem Bett weit aufstanden, dass die Nacht ohne Laut war – so leise, dass man Flieder und Jasmin einander zuflüstern hörte:

Kein schöner Land.

Wende und Abgesang

schulterbreit

Sie hatte dieses rote Kleid an, etwas, dass sie ihr Fetzenkleid nannte – einen furiosen, selbst geschneiderten Fummel. Sie trug es, obwohl sie wusste, dass dieses Kleid, einmal ins Café M. versetzt, Tumulte auslösen würde. Das verdammte Rot, dann diese Entsprechung auf ihren Lippen, und darüber die Augen, Augen, die alles, vor allem aber … nichts sagten.

Während sie oben noch tanzte, hatten sie unten die Möbel geschultert. Zwei Sofas und dreizehn Sessel. Sie hatten das einfach nach draußen gestellt, vor die Stufen, die aufs Trottoir führten.

Es waren zwei Algerier, es war dieser Mann aus Ghana. Warum die hier waren und Möbel rückten, wusste ich nicht. Ich fand es untypisch für diesen Ort. Es sei denn, dass sie, es sei denn, dass Simone dahinter steckte – sie und ihre herausfordernde, leise Stimme: Jungs, raus mit den Dingern!

Nicht zu glauben: Sie hatten die Möbel gepackt und nach draußen ins Mondlicht geholt. In einer Nacht, die mild war, die dazu einlud, verrückt zu spielen. Es war Dienstag in Ostberlin.

Wenig später war sie dann selbst aufgetaucht. Natürlich mit dem schwarzen Schal und ganz klar: mit diesem Lächeln, das jedem unter die Haut ging.

Sie flirtete mit den Algeriern und warf billige Sprüche um sich. Fragte schließlich, warum sie – diese zwei plus eins Typen – überhaupt hier seien und nicht, wie sich das gehöre, in Afrika steckten. Warf sich wenig später in einen der Sessel und federte, federte, bis ihr Kleid Schenkel freigab, dieses übliche Drittel, das ausreicht, um Männer verrückt zu machen.

Verdammtes Miststück, dachte ich und versuchte, mich einzumischen. Knurrte und gab unbestimmte Zeichen von mir. Mein schlapper Einwand *immerhin haben die gemöbelt, während du* … blieb unbemerkt oder … bewusst unkommentiert. Ich schien nicht da zu sein. Simone jedenfalls hielt den Kopf abgewandt und lästerte weiter in die andere Richtung. Erst als ich ihr zu bunt, sprich: irgendwie zu laut wurde, drehte sie sich, fauchte gereizt und spreizte die Finger gegen mich: Kusch!

Unverschämtheit, dass sie mich so abtat. Da schlug Ärger hoch. War sie verrückt, eine mit Sesseln jonglierende Agentin der Stasi?

So etwas gab es schließlich, so etwas tanzte hier auf den Nasen und drückte sie breit – so denn Glas da war. So etwas bespitzelte Ausländer und notierte Auffälligkeiten.

War sie es? War Simone zuständig für die Billigficker, die Abend für Abend aus dem Westen herübersuppten? Um dann – mit Nylonstrümpfen im Gepäck – das abzusahnen, was am Zoo hundert Mark kostete. Keine Ahnung.

Aber so geschah es: Einmal gegen sechzehn Uhr Richtung Alex und dann Punkt Mitternacht zurück. Der Checkpoint wusste um die Begehrlichkeiten, meldete Staus und die Druckpunkte. Was da pendelte, war immer auch triebgesteuert, ansonsten wohl bunt situiert, was Job, Geld, Familie und Sonstiges jenseits der Grenze betraf.

Noch plauderte Simone, noch winkte sie lässig mit der Rechten, um Ali Ben Ali – dies mochte sein Name sein – auf Distanz zu halten.

Dabei war Ali der Glückspilz, hatte dreimal mit ihr getanzt und ihren Kopf auf seine Schulter gebettet. Dieser Mann war blitzschnell.

Ich hingegen eher unschlüssig, etwas zu langsam, wohl der Dumme, der sehend hinnehmen musste. Denn vorbestellte Tänze gab es nicht bei Simone. Sie nahm immer den, der zuerst kam, und es machte ihr Spaß, aus fremder Umarmung in die Runde zu blicken, mit den Augen zu klimpern und die Lippen zu spitzen.

Niemand sah ihr an, dass ihr Vater tot war, niemand wusste, dass ihr Stiefvater seltsam geerbt hatte. Nicht nur die flatterhafte, leichtlebige Witwe, die auf billigen Tand stand, sondern auch die Stieftochter, die nicht ins bürgerliche Korsett passte. Niemand sah dem Mädchen an, dass ihr Vater ein eifersüchtiger Irrer gewesen war, einer, der Mutter wie Tochter schon mal einsprerrte oder die Tür hinter ihnen zunagelte. Tür gegen Rahmen, Rahmen gegen Tür – in einer Küche ohne Fenster. Mit einem Hammer, der dröhnte und doch nirgendwo wach rief. Sie und ihre Mutter hinter dieser Tür, die – schlüsselenthoben – zu war und nirgendwo nachgab.

Keine Frage, dieses Thema stand nicht, dieses Tief-im-Innern-Geheimnis taugte nicht für diesen Abend – für eine Begegnung mit Sofas und dreizehn Sesseln, mit geschniegelten Begehrern, die einfach abfischen und sich eine aus dem Osten nackt machen wollten.

Simone – so viel war klar – würde das nicht sein. Ihr war mit D-Mark nicht beizukommen. Zumindest schien mir das so, zumindest hoffte ich, damit Recht zu haben. Oder war ich erotisch verblödet?

Sie redeten über Krieg. Simone fragte nach den Menschen, die die OAS in Algerien ermordet hatte. Fragte und schaute naiv in die Gegend. Ali aber ballte seine Faust, gestikulierte wild und rief etwas. Zwei Millionen, konnte das heißen, oder: Sie würden nie durchkommen, die verdammten Franzosen, oder einfach nur: Halt endlich die Schnauze, du Schlampe!

Simone stutzte. Sie wollte nicht gemeint sein, ihr fehlte ganz plötzlich der Text und Ali mauerte. Als das anhielt, war sie schnell sauer. Sie sprang aus dem Sessel, rief dem Algerier zu, dass er sie vergessen könne und stolzierte zurück ins Café.

Mich hatte sie keines Blicks gewürdigt.

Spätestens jetzt wusste ich, dass ihr bloßes Anstarren, durchsichtige Gesten und politisches Gelaber keinen Eindruck machten. Alles schien schnell als Mittel zur Teilhabe entlarvt und weg geblasen. Und selbst die Bewegungen meiner Hände. Sie waren nur einem aufgefallen – diesem Mann aus Ghana.

»What's your problem?« hatte er mehrmals geflüstert. »What do you want?«

»This girl«, sagte ich schließlich, »this darn girl!«

»Everyone wants her… each Thursday and Friday!«

»Shit!«, erwiderte ich.

Doch das blieb unter uns – zwischen schwarz und weiß und sonst gar nichts.

Simone indes war längst oben, tanzte schon wieder und wieder lag ihr Kopf schulterbreit – diesmal auf dem Sakko des Franzosen.

Verdammt ja, ganz plötzlich dieser Franzose! Der, der immer barfuß aufs Parkett stürzte.

Ich sag's ja: ein verfickter SauLaden!

Zwei Tage im November

Seltsam. Es war mir in all den Jahren nicht gelungen, Lissy wirklich kennen zu lernen. Während ich wie ein offenes Buch vor ihr lag, gab sie sich verschlossen, verbarg sich und zeigte nur das, was ihr zweckvoll schien. Eine Liason wie diese war nichts Ungewöhnliches. Es gab und gibt sie tausendfach: die hemmungslos Verliebten auf der einen, die allenfalls Mögenden, die lieblos Lauernden und Profiteure auf der anderen Seite. Unterwasser und Oberwasser – soweit die Flut reicht.

Ich versuchte, die Unausgewogenheit zwischen uns zu ignorieren, gab mich selbstbewusst und hatte doch Mühe zu erklären, warum diese Frau bei mir lebte, wohnte, schlief und aß – warum ich diese für mich so unerquickliche, fast unterwürfige Haltung akzeptierte. Jeder, der mich kannte, war irritiert. Meine Freunde rieten mir ständig, die Schieflage zu korrigieren, und sie fragten mich, wie ich das aushielte – jahrelang.

Hatte ich im Sommer eine Party angesetzt, dann stieß das auf Lissys Unwillen. Sie konnte meine Freunde nicht ausstehen, offenbar, weil sie Intrigen vermutete, etwas, das ihre Position gefährden konnte.

Die Frau war ein Magnet. Sachlich begründen ließ sich das nicht. Ich hatte sie gesehen und mich einfach verknallt. Sie war groß und ich fand, dass sie verdammt gut aussah. Sie nähte selbst entworfene Kleider und tanzte, wann immer sie wollte – in denen und mir auf der Nase herum. Oft geschah es, dass sie unsere Treffs mit Freunden einfach absagte, die Gartentür zuknallte und mit der S-Bahn nach Berlin fuhr. Dort suchte sie – wie ich des Öfteren feststellte – ein stadtbekanntes Café auf, um die von Westberlinern durchsetzten Mannschaften dort aufzumischen. Sie habe nie die Absicht verfolgt, mich zu betrügen, versicherte sie jedes Mal, und ich, der ich devot lauerte, musste das glauben. Oder die Konsequnzen ziehen – sie einfach rausschmeißen.

Doch dazu kam es nicht. Denn immer wieder gab es auch Tage der Anschmiegsamkeit. Dann erfuhr ich Lissy als sanfte, anlehnungsbedürftige, ja hingebungsvolle Schöne, und ich log mir vor, dass sie normal ticke. Es lag in der Natur der Sache, dass ich diese – ich möchte sagen: eher sonnigen Tage – unaufhörlich zum Eigentlichen erklären und Lissys Entgleisungen zu Ausrutschern verzwergen wollte – zu Ausfällen, die sich mit der Zeit geben würden. Aber im Grunde gab sich nie etwas. Im Gegenteil. Die Unwägbarkeiten nahmen mit den Jahren zu. Schließlich konnte ich die Treffen mit meinen Freunden separat planen. Lissys Einbeziehung schien sinnlos. Sie warf sowieso das Handtuch.

In stabilen Zeiten – so es sie denn gab – fuhren wir nach G., wo ihre Mutter mit ihrem zweiten Mann lebte. Unter Verhältnissen, die ich so nicht kannte. Ich schickte mich dennoch in die jeweilige Situation, spielte den Angepassten und lauschte den immer gleichen Erzählungen des Stiefvaters – eines Menschen, der sein zivilverteidigtes Leben x-mal ausbreiten und dabei glücklich ins Nichts glotzte musste. Nun gut: Lissys Stiefvater war ein einfacher Mann, dem man fehlende Bildung vorwerfen konnte oder auch nicht. Unter dem Strich gab es da nichts Unredliches. Im Gegenteil: Er kochte DDR-weit die beste Kartoffelsuppe, war im Sommer emsig auf der gepachteten Parzelle unterwegs und ging nur dann auf den Nerv, wenn er schwer getankt hatte. Das geschah regelmäßig am zweiten Tag unseres Aufenthalts, brachte einigen Streit mit Lissys Mutter und leitete gewöhnlich unseren Rückzug ein – auf die wacklige Ausziehcouch nebenan.

Nichts für ungut. G. hatte auch so viel zu bieten. Meist waren wir auf dem großen Friedhof unterwegs, einem Geviert, dass mehr dem Verfall als dem wirklichen Tod gewidmet schien. Wir wanderten dort, ließen uns auf uralte Grabstellen und Kapellen ein, staunten ein wenig und saßen – Geschichten versessen – mal auf dieser, mal auf jener Bank.

Ja, Friedhöfe, Burgen und Schlösser mochte Lissy, und tatsächlich trafen nur hier unsere Interessen und Befindlichkeiten voll aufeinander. Nur hier war geistiger Austausch angesagt. Im kläglichen Rest ging es Lissy um ihre Klamotten, ihren Job und die Spielchen, die nach wie vor angesagt waren.

All das – Ge- wie auch Widerspenstiges – währte viele Sommer, nahm weitaus mehr Zeit in Anspruch, als Mensch und Hund (wir hatten einen) ahnen konnten. Irgendwann aber spürten wir den Donner. Zeiten der Ruhe und Lieblichkeit wechselten immer häufiger ins Gegenteil, wuchsen sich aus zu Attacken, die endlos anhielten. Wechselbäder von Schreien und Schweigen mündeten in fühlloses Beieinander, das jeden von uns in die Flucht trieb. Wir hatten einander beleidigt, um Distanzen zu schaffen. Wir waren uns nahe gekommen, um den Abstand als überbrückbar zu empfinden. Er war es nicht.

Neunundachzig hatten wir neun Jahre miteinander gelebt. Oder besser gesagt: Wir waren neun Jahre lang ineinander verstrickt gewesen. Am Ende gaben sich meine Gefühle fühllos. Ich war ausgelaugt und sie, Lissy, das Problem von ehedem. So weiter zu machen, schien plötzlich sinnlos. Irgendwann nachts fuhr ich auf, schrie in mich hinein und zog, was die Bremse hergab. Der Anker riss einfach.

Bei all den Unwägbarkeiten: Die Beziehung zu Lissy einfach aufzugeben, war mir nie in den Sinn gekommen. Jetzt aber schlug die Stunde.

Ich war es dann auch, der den Takt vorgab, vorgeben musste. Lissy willigte ein, machte schließlich eine Schwesternwohnung in N. ausfindig und versprach, dort einzuziehen.

In genau diesem November geschah etwas, dass mich noch mehr schlauchte, das mich völlig in Schlagseite brachte, noch wütender auf mich einschlug als alles, was rückwärts zurück lag.

Es war ungewöhnlich, dass ich am Nachmittag schon am Fernseher saß. Aber ich hatte diesen Colormat, diesen 4.300-Ostmark-Farbfernseher, ganz neu, sprich: gerade erst vor zwei Tagen angeschafft, und der musste jetzt dienen. Ich war verliebt in dieses Ding. Ich saß also und starrte auf die Sendung, die gerade lief, erfreute mich an rot, gelb, grün und blau, die knallig zu Boden rollten. Eine wirkliche Sensation nach dem jahrzehntelangen Schwarzgrau.

Ich weiß nicht, wie lange ich dort gesessen hatte. Vermutlich ein paar Stunden. Ganz plötzlich fiel mir auf, dass sich das Bild verfärbte, dass die Mattscheibe in Gänze rot anlief, anlief und dann losstotterte, losmachte, losheulte, ja diese Meldung von Schabowski auskotzte: Wir könnten – ich verstand total Bahnhof – sofort in den Westen ausreisen. Oder gereist, hinübergekarrt, hinübergehoben werden – durch die Zäune, über die Mauer. Keine Ahnung.

Etwas Ungeheuerliches schien sich der TV-Welt zu bemächtigen. Unschlüssigkeit bei Schabowski, die Mühe beim Entziffern des bemalten Dreckszettels, die Macht dieses Zettels, gemischt mit Ohnmacht.

Einfach unmöglich! Eben noch Schüsse am Zaun und jetzt das – dieses Scheunentor, offene. Wann denn wo welche Übergänge? Welche Maschinenpistolen ge- und welche entsichert?

Dann Bilder von der Bornholmer Brücke, Menschen, die gegen Gitter anrannten. Ein Chaos zwischen Bürgern und Polizisten. Die Brust-zu-Brust-Berührung, die Anstößigkeiten unter den Gürtellinien. So nah war man sich nie gekommen.

Ich brüllte den Fernseher an, schrie mir die Wahnsinnsvermutung von der Seele: Die DDR ist kaputt!

Heulen und Zähneklappern, die Frage als antwortverweigerndes Etwas: Ist das die Wirklichkeit? Gab es sie noch – die Welt von gestern?

Der vor mir laufende Westsender wusste auch nichts. Irgendein Idiot vom SFB meinte, dass Honecker um Asyl bitten würde, ein Journalist korrigierte ihn: nein, Krenz sei gemeint … Gemeint, gedacht, alles entblößt, was die Phantasie hergab – eine aus dem Ruder gelaufene Eskapade, etwas, das hemmungslos tötete – selbst hier, hier in meinem Zimmer, hier vor der Glotze.

Hallo umschalten, dröhnte es in mir. Doch Kanal sechs war nur Blaupause. Wieder dieser Bezirkssekretär, wieder der Zettel, der hin- und hergewendete. Dann der Zoom, die Krakel ins Lesbare vergrößert. Schließlich die Zeitlupe: Der Mann müde, sein Blick entfesselt, der stillstehende Moment: Schabowski auf Zelluliod verbrannt.

Zugegeben: Ich war von Sinnen, ich war schockiert. Soviel Narretei schien unmöglich. So, sprich: auf so verkritzelte Weise sollte uns Freiheit beschert werden? Und gleichzeitig alles, was uns bisher lieb und wert gewesen war, den Bach runter gehen?

Mir war klar, dass offene Grenzen eine Flut bedeuteten, dass ein Heer buntbüchsenseliger, ausreisewütiger Typen alles sprengen, die Westberliner Kneipen stürmen und sich dort mit überraschten Insulanern verbrüdern würde. Verbrüdern, im Hype explodieren und dann … Sektpullen.

Ich spürte, wie sich Hass aufbaute. Sie würden die Mauer überklettern und zum Zoo stürmen. Sie würden dort Halt machen, um über alles herzufallen, was nach West duftete, jodelte, sprudelte oder stank.

Mit den anderen, mit denen, die aus den Kellern kamen, die drangsaliert in Löchern und Zellen ausgeharrt hatten, mit denen, die seit Monaten die Demos anführten und der Stasi Paroli boten, wollte ich nicht rechnen. Ich ließ sie abseits. Ignorierte, saß und glotzte. Spürte, wie mir der Schmerz vom Gesicht rann und heulte.

Irgendwer hatte mir unaufgefordert nicht nur die Vergangenheit, sondern auch die Gegenwart geraubt – die stille Lebens- und Leidgeschichte, die Not mit Lissy und alles, was mich gerade ausmachte.

Jetzt krachten die ersten Hämmer, begannen die Spechte ein buntes Dasein. Jetzt bissen die, die solange auf Granit … den Granit durch. Köpften die Mauer, schlugen dem Schutzwall die faschistisch-antifaschistischen Breitseiten. Klickten aus, was die meisten von uns für unverrückbar gehalten hatten.

Einen Tag später kam der Lastwagen. Lissy brachte den Fahrer mit ins Haus. Der sah sich die Sachen an, die weg sollten und nickte. Die große Schrankwand, die Liege, zwei Stühle und zehn Kisten Kram. Es war in etwa die Sammlung, die wir einst hereingeschleppt hatten. Ich weiß nicht warum. Der Vergleich machte mich fassungslos. Doch genau genommen war es die folgende Leere.

Mit ihren Habseligkeiten verschwand alles, was mich an Lissy erinnerte. Es war furchtbar! Es war scheiß Träne und die Scham verzweifelt zu sein.

Irgendwann hatte es sie doch gegeben: diese gemeinsamen Fächer für Geschirr, Geschirr, von dem jetzt manches zu Boden stürzte. Irgendwann hatte es sie doch gegeben: diese Schübe für Schallplatten, für Scheiben, die uns heiß gemacht und verglückt hatten.

Der Fahrer trug alles auf die Ladefläche. Ich reichte ihm die Kisten zu: Kleiderkisten, Bücherkisten und lose Blütengebinde. Leise entnahm sich ihre, Lissys einstige Welt, ihrer selbst. Ich sah Blätter, die am Boden verblieben, jene Schleife, vor Tagen noch haarumgreifend, jetzt verzweifelt zwischen den KehrichtResten.

So schicksalsfremd vergisst sich Leben, so tonlos versinkt im Staub, was wertvoll war, oder sagen wir: wertvoll schien.

Lissy ging, Lissy setzte sich vorn zum Fahrer und der startete. Ich, der Vertreiber, ich, der Verzweifler hintendrein. Folgte mit meinem Trabbi, der lustlos den Qualm austrieb, der nüchtern trottete – mit mir als Ladung, mit mir, dem Vor-sich-selbst-Geflohenen – denn der war ich schließlich.

Im AutoRadio die Freudenfeiern, die O-Töne von Meißel und Spitzhacke, ihr Jubelgeschrei. Keine Partei mehr, keine soldatischen Gesten von diesseits, nur diese Unfassbarkeit – oder war es längst das Fassbare?

Ich spürte nichts, keine Zuneigung und nichts, was mir hätte aufhelfen können. Mein Kopf schien hohl, mein Körper war schwer von Nässe. Ich drehte am Lenkrad, das sich kalt anfühlte, von dem ich glaubte, dass es mich trunken abführte, mir den Weg vorschrieb und nur ausschlug, wo die Straße wie immer schlaglochte.

Ob ich wollte oder nicht, mir war alles abhanden gekommen: der Weg, die Frau, das Land – und das … an nur zwei Tagen im November.

geschrotet

Mit dem Fall der Mauer hatte sich sein Job, wie so vieles im brüchig gewordenen Arbeiter-und Bauerntheater, ins Nichts aufgelöst. Er war am Institut für Großkornfrüchte kurzerhand auf Kurzarbeit Null gesetzt worden. Und genau dort schmorte er noch heute, hätte er nicht diesen Entschluss gefasst.

So aber war er mit dem alten, vollgestopften Ford einfach losgefahren. Sechshundert Kilometer, auf plötzlich besser werdenden Straßen, hinein in ein Labyrinth von Städten, das ihn eher erschlug als aufmunterte. Was er als Ersatz für sein DDRisches Einfamilienhaus im Westen vorfand, war überraschend klein und unpersönlich. Dennoch schien alles verdammt heiß und spannend.

Bender war entschlossen und zum Teil wohl ein Glückspilz. Die Wende war ihm durch den Kopf, nicht aber an den Hals gegangen. Und obwohl er nun fremd war und ihn mancher Albtraum plagte, schien sein Ziel klar. Es hieß Arbeit, hieß *Stall & Besen AG*, hieß Firma im Westen.

Lottholz war der Boss dieser Firma, und die Arbeit, die er austeilte, schien vom Fegen bestimmt.

Gleichwie, wenn er Arbeit hätte, würde er auch fegen, dachte Bender, nur niemals mehr Null sein.

Lottholz indes war ein Schlitzohr. Er ahnte, was Bender bewegte, und er wusste, dass Bewährung für Ossis keinen Preis hatte. So war denn auch der Stall recht schnell als ein Ort erklärt, der anders stank als der Saustall von drüben.

Was den Besen anging, so war es ein neuer Besen; doch der kehrte weder besonders gut aus noch ... um. Warum auch sollte er umkehren, wo alles nach vorn ging?

Die Rückschau in Benders Vorzeit war demnach ausgesetzt. Wo alles zu Bruch ging, mussten auch die Körner kleiner als propagiert und die Brötchen Winzlinge gewesen sein. Warum also die Zeit mit sowas vertun?

Bender wurde kurzerhand aufgefordert, kräftig auszukotzen, sein verkorkstes Denken abzustellen und Papiere – welche auch immer – ganz unten zu lagern. Er durfte seine Hosenumschläge wenden und die Spreu in den Wind blasen.

So geläutert, legte er los, nahm den Besen in die Linke und ... einen Bleistift in die Rechte. Jawohl, dass er nunmehr fegen und schreiben sollte, war neu. Doch Lottholz hatte erkannt, dass Bender tatsächlich deutsch sprach und nur selten den alten, fremd klingenden Worthülsen nachhing.

Warum sollte er dann nicht dieses oder jenes Plakat machen? Ein Plakat für den Stall: mit dem Bleistift auf den Punkt, mit dem Leim auf die Wand gebracht.

Im Privaten überraschten Bender Schwierigkeiten und Wunder gleichermaßen. Im Parkhaus scheiterte er an den Schranken, vor Straßenkreuzungen an den weißen, durchgezogenen Linien. Wenn er bei Rot rechts abbog, ging die Welt aus den Fugen; und Waschbenzin war teurer als normales. Im Café bestellte er Sahne zum Expresso, und beim Bäcker Schrippen statt Brötchen. Das Carpacchio wollte er durchgebraten.

Es war fatal und reizvoll zugleich, wie sich die neue Welt mit Hupen und Kopfschütteln darbot. Sie schien verlockend großblumig und war zugleich Falle.

Im Supermarkt kaufte Bender alles, was sonst niemand kaufte. Er belud den Wagen auf gigantische Weise und hatte Freude an Pfennigpreisen. Er wurde Schnäppchenjäger um der Jagd willen, beobachtet, verlacht, ja zuweilen angepinkelt. Den eigenen Köter, den, der zurückbiss, hatte er noch nicht entwickelt. Aggressionen waren ihm fremd. Er staunte über sie wie über Schraubenzieher, die sich beim Drehen verdrehten.

»Das hat es früher nicht gegeben«, murmelte Bender, wenn ihm dieses wie jenes widerfuhr, und er war sicher, dass er den falschen Traum träumte.

Lottholz bestärkte diesen Eindruck. War ihm bislang ein mildes Lächeln auf die Lippen gesprungen, so schwand dies jetzt – wich, obwohl hundert Tage bei weitem nicht um waren, einem scharfen Prüfblick.

»Kein Wunder«, knurrte er eines Morgens, »maroder Unrechtsstaat, verkommene Unrechtssaat. Schon klar, schon klar, warum östlich der Elbe die Flinten ins Korn flogen.«

»Flinten?«

Bender erschrak. Es schien sicher, dass Lottholz über die Unrechtssaat auch auf ihn zielte. Nichts lag offenbar näher, als dass Großkornzüchter auch andere aufs Korn nahmen ...

Er wisse nichts von Waffen, fuhr Bender auf. Die mochten andere in ihren Schränken, die mochten andere geladen ... Er sei ein kleiner Forscher gewesen, habe dicke Schwarten gewälzt und das Feinmehl ertrotzt. Jawohl, er habe geschuftet, bis es endlich aus der Mühle stob. Wenn man jetzt nach ihm, gerade nach ihm treten wolle, sei das unfair.

Schließlich habe nicht er ..., schließlich seien es nicht die mecklenburgischen Kornzüchter gewesen, die die Knete machten, sondern Firmen und Unis aus dem Westen. Ohne Spezialdünger von *Hüst*, ohne Saatgut aus bayerischen Kornkammern hätte es keine Forschung, ohne westdeutsches Großkorn-Know-how allenfalls das Kleinkorn gegeben. Und er sei sicher: Sie alle hätten glänzend verdient, die Honeckerumsmaulschmierer, die mutmaßlichen und wahren Besserwessis. Sie hätten immer den Reibach gemacht.

»Ach was ... Reibach!«, hörte er Lottholz tönen, »na und ..., na, was schon?«

Bender erlebte die Segnungen der neuen Gesellschaft: Er reiste, soweit die Zeit reichte, und er speiste, wann immer er kulinieren wollte. Er wählte in seinem Wahllokal grün-gelb oder rot und war selbst nicht mehr farblos.

Er verdiente Geld, Geld, das sich häufte und immer neuen Antrieb für die Kaufwut erzeugte. Er konnte ein schnelleres Auto kaufen und die kleine Wohnung salopp durch die große ersetzen. Er machte Sprünge und glaubte, nicht mehr er selbst zu sein. Er hatte den Ossi weggebügelt, den Wessi aber nur halbherzig angenommen. Was da aufwucherte, war wohl hybrid.

Bender war alleinstehend. Wenn er über Frauen nachdachte, dann waren das Ostfrauen. Er wollte, er würde, er müsste ..., so überlegte er angestrengt, eine von denen überreden. Er würde sie ansprechen müssen, wenn er zurück in die alte Heimat fuhr. Westfrauen aber waren tabu. Kreuzten sie dennoch seinen Weg, driftete Bender ab. Er hasste ihre Gespreiztheit, von der er meinte, dass sie ständig präsent sei. Ja, er fürchtete ihre Ansprüche wie der Teufel das Weihwasser. Vierzig Jahre Wunderland mussten, gewollt oder ungewollt, Begierden erzeugt haben – ausufernde Wünsche, die er nicht erfüllen konnte.

Bender fand, was er finden musste. Er traf schwarzhaarige Monster, die ihn geil machten und Blondbrüste, die seine Träume durchsiebten. Irgendwann aber stieß er auf Mensch plus Frau, auf etwas, das kleinwüchsig, großherzig und echt abgedreht war. Sie hieß L. und schrieb Verse.

Mit Männern hatte Bender kaum Kontakt, und wenn es ihn gab, blieb er flüchtig. Er begegnete arroganten Typen, die ihn ablaufen ließen und freundlichen, die ihm zögernd zurieten. Er traf Ossis, die gleich ihm ihren Weg machten und andere, die weiter buckelten.

Bender suchte Mitbürger und traf auf Gespenster. Er sog am Mainstream und filterte Treibgut. Auch im Westen schien die Freiheit geteilt. Sie lebte, wo Menschen sie einforderten, und sie starb, wo Lobbyisten ihre Pflöcke einschlugen. Immer aber schien sie mächtig – kolportiert von den Herrschenden und aufgeblasen in den Hirnen der Machtlosen. Man konnte reisen bis Tahiti und schreien bis tausend Dezibel. Das allerdings ... war ohne Beispiel. Aber am Ende der Stange, am Ende der Fahne schien manches wie damals: Handwerker waren verschlagen, Beamte saßen am längeren Hebel, Chefs mussten in ihre Seilschaft und Leserbriefe in die Landschaft passen. Soldaten durften nicht Mörder sein.

Bender hatte Glück, dass er nicht in die Polizeikessel von Bremen und Essen geriet. Wie schnell hätte er Demokratie, kaum, dass er ihrer gewahr wurde, vergessen können.

Lottholz lachte, als er hörte, was Bender monierte, ja, er stimmte ihm zu: DDRen gäbe es viele. Der Zufall wolle es, dass nur die Auffälligsten das Zeitliche segnen, die Kleinen, so fügte er hinzu, säßen auch hier ... fest in den Köpfen.

kunterbunterwegs

Dicht vor meiner Nase wächst Gras auf. Ich streiche einige der Halme beiseite und schaue auf den See. Dort treibt der Wermut – die halbleere Flasche, die vom Abend übrig geblieben ist. Wir liegen bei Eisenach auf der Wiese. Wir zelten, was für uns, die wir um die fünfzig sind, ein wenig exotisch anmutet. Immerhin liegen die letzten kraftvollen Zeltereien so zwanzig, dreißig Jahre zurück …

Heute ist Dienstag und Lilo, die ich zu dieser Reise weder überreden, noch zwingen musste, lächelt geheimnisvoll. Sie will mir nicht sagen, was sie heute in Erfurt lesen will, hat den dritten Programmpunkt einfach gestürzt. Ach, was sag ich? Sie stürzt und wedelt, wedelt mit diesem Gedicht, von dem ich nicht weiß, ob ich es kenne.

Eine Stunde später sitzen wir im Golf, gut gelaunt und ein wenig herausgeputzt. Wir wollen die heranströmenden Massen weder literarisch noch äußerlich enttäuschen. Was wir nicht wissen, uns bisher nicht vorstellen können, ist der Buchladen – jener Ort, an dem das Ganze stattfinden soll. Gleichwohl steuern wir den Auftrittsort völlig entspannt an. Es ist der erste auf unserer Reise, unserer ersten Reise, von der wir hoffen, dass sie – Ziel für Ziel – so etwas wie einen tieferen Sinn findet. Denn wir sind erst seit kurzem per DU und mehr.

Erfurt zu erreichen, scheint problemlos. Der Weg dahin ist vorgezeichnet: ein Stück Autobahn und die Innenstadt. Doch was am Anfangspunkt unseres Trips lächelt, staut sich schnell. Es ist der tägliche West-Ost- und umgekehrt der Ost-West-Verkehr, ein Phänomen, dass pünktlich nach der Wende Fahrt aufnahm und seitdem stetig ausufert. Alles kriecht bis in Grenznähe, um dann auf Holperpisten oder aalglatten Straßen das Gegenüber zu suchen. Niemand scheut sich, manch einem ist der Weg auch aufdiktiert, weil die Arbeit in Deutschland neu verteilt ist. Manch einer tingelt mal eben vor sich hin, weil ihn Unbekanntes einfach anzieht. So genommen, ist die Autobahn – was Zuspruch und Befahrung betrifft – nicht das, was ich von früher kenne. Im Gegenteil: Sie ist von Blech und Abgasen geschwängert, weil das, was quasi Stoßstange an Stoßstange über sie herzieht, gepanzerte Drachen freisetzt. In Richtung West sind es vor allem die Trabbis und Wartburgs, allesamt im Zweitakternebel, räuchernd und knatternd. Richtung Osten die schicken Karossen, die unsichtbar dreckschleudern.

Ich habe Mühe, die Auffahrt zu verlassen, denn Lücken gibt es kaum, und dass uns jemand bewusst auf die rechte Spur lässt, scheint aussichtslos. Irgendwann gelingt es mir doch, mich abzuheben. Ja, abzuheben, denn ich muss schon extrem spurten, um auf der kurzen Strecke reißverschließen zu können. Schließlich bin ich drin und Lilo, die verzweifelt die Arme vors Gesicht schlägt, ist geschockt.

»Lass mal!«, sage ich ihr, »jetzt geht's besser voran.«

Meine Liebste nestelt nervös an ihrem Jackenärmel. Sie sagt nichts, sie bewegt sich nicht. Ihr Kopf weist nach draußen, dorthin, wo jetzt die Laster vorbeidröhnen.

Ich habe die Mittelspur erreicht. Vor mir alle Wagentypen, alle roten Bremslichter, die tagsüber blass wirken. Zehn Minuten lang geht es mit gut fünfzig Stundenkilometern vorwärts. Mehr Tempo ist nicht drin. Mir fällt auf, dass die Straße, die aus den Dreißigern stammt, Platte für Platte verzogen ist, dass die abgesenkten, gehobenen und verdrehten Stöße jeweils eine Art Sprung erzeugen, etwas, das den Wagen auf seltsame, ja unbestimmte Weise durchschüttelt.

Minuten später stehen alle Bremslichter vor uns auf Sturm. Alles rutscht, quietscht oder klemmt im Gefolge. Eben noch auf fünfzig, stehen wir plötzlich, und die Schlange, die weit bergan reicht, scheint regungslos.

»Verdammter Mist!«, rufe ich, »jetzt stehen wir hier und die Zeit rennt.«

Ich lasse die Fahrerscheibe herunter und spüre, wie der Dunst ins Innere des Wagens vorstößt.

»Wie spät ist es?«

Lilos Blick flackert.

»Halb sieben …«

Kann nicht sein, darf nicht sein.

»Das wird verdammt knapp.«

»Ich weiß«, sage ich und rümpfe die Nase.

»Wenn wir bis viertel nach acht nicht eintrudeln, ist die Gage weg.«

Zweihundert Meter vor uns geht es jetzt weiter. Wir passieren einen liegen gebliebenen Laster, aus dem Qualm aufsteigt.

»Der hat Pech«, sagt Lilo.

»Aber wir auch, wenn wir nicht bald ein Telefon schnappen …«

»Du bist gut, wo soll es denn hier ein Telefon geben? An die nächste Raststätte ranzufahren macht auch keinen Sinn. Vermutlich gibt es hier nicht mal eine. Außerdem kommst du kaum mehr auf die Fahrbahn, wenn du einmal draußen bist …«

Tatsächlich zieht sich die Straße, gibt Meter für Meter jenen Boden preis, der sonst kaum Beachtung erfährt, hier aber voller Ungelduld verfolgt wird. Lilo schnallt den Gurt ab und zieht die Jacke aus. Sie scheut die Hitze und möchte die Lesung ohne Schweißränder.

Als das Hinweisschild auftaucht, als die Ausfahrt unmittelbar vor uns liegt, sind wir echt fertig. Es bleiben noch zwanzig Minuten bis acht. Jetzt gilt es, in die richtige Spur zu kommen und möglichst schnell zu erfahren, wo die nächste Telefonsäule steht. Laut Karte – Lilo hat sie längst ausgebreitet – müssen wir nach links. Doch ins Zentrum geht es nach rechts. Ich entscheide mich für rechts. Ganz gleich, wo dann diese blöde Buchhandlung liegt. Die kann ich sicher über irgendeine Querverbindung ansteuern. Kurzum: Wir fädeln uns in die Landstraße ein und rollen – erneut in einer Schlange gefangen – bergab. Die Zeiger sind inzwischen auf zehn vor acht vorgerückt. Lilo ist ziemlich genervt. Sie schaukelt mit den Beinen und ich spüre, wie die Anspannung wächst. Wo, bitte, ist die verdammte Telefonzelle?

Pech für uns, dass es keine grüne Welle gibt. Wir rücken extrem langsam vor – von Kreuzung zu Kreuzung. Dann plötzlich der bekannte Aufbau …. Ich bremse, ziehe den Wagen in die nächste Querstraße, parke und springe heraus. Lilo ruft mich zurück. Ich habe den Zettel mit der Rufnummer vergessen. Schließlich greife ich ihn und schon ist der Hörer in meiner Hand.

»Frau Höfer ...!«, schreie ich ins Telefon – ohne das Schreien als solches wahrzunehmen. »Frau Höfer, wir sind in 20 Minuten bei Ihnen!«

»Ach, Sie sind das …«, flüstert Frau Höfer zurück, »und ich dachte schon, Sie kommen gar nicht.« Und nach kurzer Pause:

»Sie sind also gleich hier ...?«

»Ja, ja, Frau Höfer, in zwanzig Minuten ...«

Ich lege den Hörer auf und beginne zu überlegen. Zwanzig Minuten sind eine klare Verabredung – eine Zeitspanne, für die die Gage noch steht. Doch wo sind wir? Möglich, dass wir uns jetzt verirren und dann doch noch zu spät eintreffen.

Lilo aber hat die Karte studiert und sie weiß auch, dass wir uns ausschließlich rechts halten müssen. Ich bringe den Wagen zurück auf die Hauptstraße.

Lilo zählt die Nebenstraßen: Kochstraße, Ketchupstraße, Makkaronistraße, dann wieder rechts und rechts, und schon sind wir da.

Als wir das *Savoja* betreten, ist es zwanzig nach acht. Der Laden, äußerlich schön hergerichtet und lustvoll illuminiert, ist gähnend leer. Nur ganz hinten im Verkaufsbereich lauern einige Gestalten. Die scheinen eher betrübt, denn aufgeweckt, und mir schwant schon, dass die sauer sind wegen des Honorars, das nun fällig wird, und dass sie zweifellos lieber gespart hätten.

»Tut mir leid«, sagt Frau Höfer, »aber der Ansturm hält sich in Grenzen.«

»Tut mir leid«, sagt auch meine Frau, obwohl das nur schlecht passt.

Ich stelle unsere schwere Tasche ab und gebe Frau Höfer die Hand. Sie nimmt sie etwas widerwillig wie mir scheint, drückt dann aber doch fest zu. Die anderen vier Leute, drei Frauen und ein junger Mann, strecken ebenfalls ihre Gliedmaßen vor:

»Guten Tag, Herr Autor«, sagt die blasse Blondine, die sich abrupt in den Vordergrund drängt.

»Guten Abend«, antworte ich.

»Nun, ich denke«, hebt Frau Höfer an, »wir machen das auch trotz der kleinen Besetzung.«

Lilo und ich – wir schauen uns einen Augenblick lang an.

»Aber sicher doch«, sage ich, »nichts geht über eine kleine, gemütliche Runde, ich hasse diese überfüllten Säle.«

Niemand grinst jetzt, obwohl die Bemerkung grotesk wirkt. Alle Sinne sind höchst ernst auf den einen, den erwarteten Gegenstand gerichtet: Literatur, Literatur aus dem Westen. Ganz stimmt das nicht und die fünf müssten es eigentlich wissen – vorausgesetzt, Frau Höfer hat die Wartezeit genutzt, um uns vorzustellen.

»Ja«, beginnt Lilo unvermittelt, »wir – mein Lebensgefährte Uwe S. und ich, Lilo M. – kommen aus dem Raum Düsseldorf. Ich wohne derzeit in Rattlingen. Herr S. stammt aus der ehemaligen DDR …« Hier macht Lilo ein kurze Pause, um festzustellen, wie die Umstehenden reagieren (aber nichts tut sich): »… aus Ost-Berlin, oder genauer gesagt aus Burgfeld, einem Dorf, das unmittelbar an West-Berlin grenzt. Er ist von dort in den Westen gegangen und schreibt jetzt von dort, also, schreibt von dort über den Osten, während ich ebenfalls von dort über dort schreibe …«

Hier stockt meine Süße und lächelt etwas säuerlich. Offenbar im Zweifel, ob ihr Dort-Wust begriffen wird. Aber ich winke ihr mit der Hand aufmunternd zu. Schließlich tritt sie ein Stück vor.

»Ja, ich schreibe also von zu Haus und freue mich, jetzt hier …«

»Wir sind also«, ergänze ich schnell, ohne sie ganz ausreden zu lassen, »so etwas wie ein Stück Ost-West-Literatur – symbiotische ...«

»Symbiotische …«, wiederholt Frau Höfer langsam, und es scheint, als überlege sie, ob dies der belletristischen Erhabenheit gut tue … Dann weist sie auf die Stühle, die uns zugedacht sind.

Wir beginnen im Wechsel mit einigen Kurztexten. Ich mache meine Wendegefühle sichtbar, Lilo plaudert aus der Perspektive derer, die nichts verändern mussten. Ich heule und bezeichne das, was ich aufgab, sie triumphiert mit Unschuldsmine. Aber halt! Ganz korrekt ist dieser Vergleich nicht.

Tatsächlich ist Lilo viel sensibler, vieltöniger und fantasievoller als ich. Sie jubiliert poetisch, ich hämmere den harten Reim auf *verloren.* Zusammengenommen passt das – hier in Erfurt sicher besser als am Rhein. Weil die Zuhörer auch mich begreifen, etwas, das im Westen nur punktuell eintrifft.

Lilo liest dann *oh, Libanon,* liest ihren *Abgesang*, die adaptierte biblische Liebesgeschichte, von der wir beide nicht wissen, ob sie hier im klerikalen Niemandsland ankommen wird. Sie liest diesen Text sehr sicher, sie schickt ihre Stimme auf Worte, die wie Sand perlen, bemüht sich um Fühlbarkeit. Und sie setzt auf die Rahmenhandlung, auf die wachliegende Frau, die ihren Mann längst abgeschrieben hat, die Nacht für Nacht seinem Gaumensegel ausgeliefert ist – diesem stöhnenden Weg-Schnarchen. Und dann dieser stille Wachtraum, diese ... still bewunderte Begegnung mit der Wüste.

Erfurt wird teuer für die Veranstalter. Jeder von uns wird zweihundertfünfzig D-Mark bekommen. Ein Salär, das wir generell vereinbart haben. Daran soll und muss nichts geändert werden. Wenngleich wir etwas bedrückt sind und die Unausgewogenheit spüren. Aber Vertrag ist Vertrag – jetzt, wo wir alle Westen sind.

Als wir tags darauf in Chemnitz ankommen, sieht die Sache noch düsterer aus. Der Mann, auf den wir im Restaurant *Haberland* treffen, kann sich an nichts erinnern. Offenbar ist die Absprache mit dem Kulturamt an ihm vorbei gegangen. Vielleicht blieb er uninformiert, ist Opfer einer schlechten Stellvertretung. Wir sind einigermaßen vor den Kopf gestoßen, glauben aber auch hier voll durchtreten zu müssen. Schlamperei ist keine Entschuldigung. Ich schäme mich etwas, weil das die westlichen Vorurteile, die Ex-DDR betreffend, weiter anschärft. Nix wissen, nix wollen. Was ist das denn?

Wir setzen schließlich durch, dass vor Ort gelesen wird, und zwar ebenso inbrünstig wie das in Erfurt geschah. Oh, Libanon, oh, Ex-DDR – stringent, laut, ein wenig verzweifelt, weil das alles so scheiße läuft. Ob die wenigen Gäste frustriert oder neugierig sind, ob sie uns verfluchen und den Raum am liebsten fluchtartig verlassen würden, wissen wir nicht. Wir sind eingepfercht in unsere Texte, die diesmal schwerer von den Lippen kommen, weil der Pferch oktroyiert ist und deformiert – ob wir das nun wollen oder nicht.

Anderthalb Stunden dauert die Lesung. Sie verläuft, sieht man es grammatikalisch, fehlerlos, doch sie gräbt Spuren in die Zuschauergesichter, Zeichen, die wir nicht deuten möchten. Doch genau das gelingt nicht. So macht sich – trotz Lilos witzig-satirischer Einlagen – Nüchternheit breit, etwas, dass sich ausweitet, als die Rechnung präsentiert wird. Der Wirt rafft sein letztes Geld zusammen und reicht es uns. Wieder beschleicht uns diese eklige Beklemmung, dieses *Darfst du das im überrollten Osten?* Ich weiß plötzlich, dass wir schwer überziehen. Nicht, dass wir rechtlich angreifbar wären, aber wir könnten durchaus auf einen Teil des Geldes verzichten. Doch wir handeln genau entgegengesetzt, streichen die Scheine ein und schleichen zum Auto zurück. So sehen Niederlagen aus.

Tags darauf sind wir in Cottbus. Hier ist man auf unser Kommen vorbereitet. Wir dürfen in den *Ostdeutschen Kunsthallen* lesen – ein großzügiges Anerbieten. Wir finden auch ein nettes Plakat, das die Veranstaltung ankündigt. Jetzt müssen nur noch die Zuhörer auftauchen.

Als es kurz vor acht ist, sitzen sechs Personen in der vierten Reihe des reichlich bestuhlten Saales, zwei davon vertreten die Institution. Es ist zum Verzweifeln. Doch Mutmaßungen – auch die, die Erklärung und Beschwichtigung versprechen – helfen nicht weiter. Offenbar steht den Leuten nicht der Sinn nach dem, was wir zu bieten haben, vielleicht vermuten sie *Abwicklung light*, vielleicht passt die Zeit nicht. Sicher werden sie von Sorgen getrieben, sicher gibt es Wichtigeres in ihrem Leben. Kulturlosigkeit können und wollen wir ihnen nicht unterstellen – selbst nach dem inneren Wutanfall nicht. Cottbus ist eine große Stadt.

Auch als wir uns viertel nach acht entschließen, die Lesung zu beginnen, hat sich die Lage kaum verändert. Eine alte Frau ist dazu gestoßen. Auch sie scheut die erste Reihe. Später aber klatscht sie ganz beherzt und nötigt uns fortzufahren. Gewiss, wir haben noch einige Gedichte in petto. Und die servieren wir auch.

»Das war ein besonders schönes Programm«, sagt dann auch Frau Persig, die Veranstalterin, »wirklich schade, dass nur so wenige gekommen sind. Wenn Sie wollen, trinken wir noch einen Schluck Wein zusammen.«

Den hat sie sogleich parat. Wir stoßen an und atmen zum ersten Mal durch.

»Was die Übernachtung betrifft«, sagt Frau Persig, »wir haben ihnen hier im Gebäude ein Zimmer fertig gemacht.«

»Wie praktisch«, sagt Lilo, weiß aber natürlich nicht, wie das gemeint und fertig gemacht ist. Erst als wir in die erste Etage vorstoßen, dort so etwas wie einen lackierten Gang und davon abgehende Türen gewahren, ist uns klar, dass das hier anders strukturiert ist als im Hotel. Gewiss, wir sind anpassungsfähig, und wer den Schlafplatz im Zelt akzeptiert, kampiert auch hier in dieser – na, wie sag ich's denn – Aula-Abseite. Klar, der Begriff klingt missliebig, vorurteilig. Zumal wir das Zimmer noch nicht einmal gesehen haben.

Kommt Zeit, kommt Rat. Frau Persig schließt die Tür auf – mit einem Sicherheitsschlüssel, der es in sich hat. Nicht nur, dass er besonders lang ist, er wiegt auch entsprechend. Aber schließlich ist die Tür auf, sie schlägt zimmerlastig nach innen und wippt ein wenig. Was uns dahinter erwartet, verschlägt ein wenig den Atem: Es ist die typische Wende-Möblierung – ein Konglomerat aus DDR-Läufern und Billigmöbeln, aus Tischen, Stühlen und Betten, wie sie von Türken und Asiaten über ganz Ostdeutschland verteilt werden. Dazu ein Bad mit Duschvorhang und Plastikarmaturen – alles sauber und geschmacklos. *Blaschde eben ... und Elaschde aus Schgobau.*

»Hier hat früher die Stasi kampiert«, sagt Frau Persig. »Wir haben lange geschruppt. Ich glaube, dass der investigative Gestank jetzt raus ist.«

Lilo ist fix und alle. Mir setzt das weniger zu. Weil: Ich habe das irgendwann erwartet. Mich stören eher die Möbel. Sie stinken fies – das Formaldehyd will raus.

Als wir morgens eine zweite Tür am Ende des Raumes öffnen, haut es uns neuerlich um. Wir finden eine Treppe, die abwärts führt, im Eck jeweils ein Kasten, schwenkbar und spielerisch auf die Stufen gerichtet. Beim Frühstück grinst Frau Persig:

»Einmal Stasi, immer Stasi. Naja, wollen wir nicht hoffen. Die alten Dinger müssen noch abgeschraubt werden. Da waren mal kleine Kameras drin.«

Es ist Donnerstag und wir müssen weiter nach Berlin. Das dauert auf der abgewetzten DDR-Autobahn drei Stunden. Aber dann schwenken wir von Süden ein, durchfahren Treptow und landen am Alex. Ich stelle den Wagen in einer der Seitenstraßen ab. Wir überqueren zweimal den Boulevard und schlendern über den Platz. Vor uns buntes Porzellan.

»Schön kitschig, meine Süße, aber volksnah benannt ...«

»Ist das die Nuttenbrosche?«

»Genau.«

Ich drehe ein bisschen auf und stoße direkt auf die Weltzeituhr.

»Ach schau mal, die hat Robert neunzehnhundertdreiundachtzig installiert!«

»Ist ja interessant«, wispert Lilo, die es noch mit der Brosche hat und die Uhr nur flüchtig wahrnimmt. Dann aber ist sie direkt neben mir und nickt auffällig.

»Tolles Ding, da ist ja sogar der Westen drauf …«

An einem der Imbissstände machen wir Halt, stehen zehn Minuten und genehmigen uns die Thüringer Bratwurst. Sie wippt lustig auf der Schrippe – schrippt listig auf der Wippe. Ach, was weiß ich denn?

Wir sind zu fünft in der *Wabe*, dem Kultur-Mekka im Prenzlauer Berg, verabredet. Frau Schuster erwartet uns dort. Es ist genau die Person, der ich sechs Mal telefonisch klar machen musste, wie wichtig unsere Lesung sei. Offenbar fliegt Ost- Berlin nicht ganz so auf die Angebote unbekannter Autoren – selbst wenn sie aus Düsseldorf anrufen und sich nassfrisch das Ost-West anpinseln.

Nun, Frau Schuster ist pünktlich zur Stelle und sogar überaus nett.

»Kommen Sie doch«, sagt sie in einem Anflug von Heiterkeit, »kommen Sie näher!«

Und nach einer Pause, die sie nutzte, um ein handfestes Lächeln aufzusetzen:

»Das wird lustig heute. Oben spricht der Bundespräsident und hier, Sie sehen, wie geräumig das ist, läuft ihre Show. Oder beleidigt sie das, wenn ich so salopp von Show rede?«

»Keineswegs«, falle ich dazwischen, obwohl mir Frau und Situation etwas verwegen erscheinen. Oben Herzog und darunter wir?

»Sagen Sie, Frau Schuster«, fällt nun auch Lilo dazwischen, »gibt es hier ein Mikro oder hat Herzog die aufgebraucht?«

Frau Schuster, die ein weiträumiges, geblümtes Kleid trägt, dreht sich.

»Aber natürlich«, ruft sie und weist auf den Schrank am Ende des Raumes, »dort hinten finden Sie alles.«

Und nach kurzer Unterbrechung: »Mit wieviel Leuten rechnen Sie eigentlich?«

»Das wird voll, Frau Schuster, Herr S. hat hier mal gearbeitet und die Ex-Kollegen echt scharf gemacht.«

Frau Schuster ist erstaunt: »Wie, mehr als zwanzig Leute ...?«

»Ja, ich denke so fünfzig ...«

Frau Schuster schaut ungläubig in die Runde.

»Wirklich interessant, wo doch Lesungen seit Jahren rückläufig sind.«

»Gehen Sie davon aus, dass wir den Trend brechen, Frau Schuster ...«, werfe ich grinsend ein.

»Sie sind verdammt zuversichtlich. Vor vierzehn Tagen war Günter Grass hier. Der hat nicht mal zwanzig Leute mit seinen Unkenrufen beeindrukken können. Hätten wir vorab nicht heftig geblechtrommelt – verzeihen Sie die platte Sentenz – die Sache wäre in sich zusammengebrochen.«

Gegen neunzehn Uhr hat sich eine ansehnliche Mannschaft – hauptsächlich aus meinen ehemaligen Kollegen bestehend – auf den Sitzreihen niedergelassen. Die Leute schauen erwartungsvoll auf mich und staunen nicht schlecht, als sie hören, was wir seit wann tun und noch vorhaben. Irgendwann hatten sie von meinen schriftstellerischen Ambitionen gehört, aber dass das jetzt so ausufern sollte, kommt ihnen komisch vor. Einige der Leute haben Lesungen sicher noch nie besucht und sind zweifellos mir zu Gefallen hier.

Gleichwie: Wir trommeln das Ganze wie schon in Erfurt, Chemnitz und Cottbus an – Musik im Entree, dann im Wechsel Gedichte und im zweiten Teil die Kurzgeschichten – einmal von Lilo, dann von mir. Schließlich: Hazel O'Connor und *Will you.*

Hinten auf der letzten Sitzreihe haben zwei uns unbekannte Herren Platz genommen. Beide tragen Sonnenbrillen und machen literaturresistente Gesichter. Erst nach dem Auftritt erfahren wir, dass das Sicherheitsleute des Bundespräsidenten waren, die nicht nur die Colts warm hielten, sondern auch das Abrieseln von Texten gewohnt waren.

Diese Leute verschwinden schließlich so unerwartet wie sie gekommen sind. Als wir uns zwei Stunden später in fröhlicher Runde zusammenfinden, sind sie längst vergessen. Dafür beklagt sich mein Ex-Freund Manni, dass er von Lilos Gedichten so gut wie keines verstanden habe.

»Warum kann deine Frau nicht so schreiben, dass man sie begreift?«, krächzt er unwillig.

»Nun, mein Lieber, die Poesie lebt von der Phantasie, der Metapher, den

Sentenzen und anderen Hintergründigkeiten. Darüber hinaus ist sie für jene gemacht, die es entweder bei einem Geheimnis belassen oder denken können. Capito?«

Manni glotzt etwas, schüttelt dann missmutig den Kopf und wendet sich seiner Frau zu:

»Verstehst du, wat der will?«

Die nächste Station heißt Bernau. Das kleine Städtchen liegt im Nordosten von Berlin, ist charmant ins Brandenburgische gebettet und beschreibt in etwa meinen alten Lebensmittelpunkt. Dass wir hier eine Lesung festmachten, hat auch mit Robert zu tun, der hier vor Kurzem ein Musterhaus bezogen hat. Auch hoffen wir darauf, dass diejenigen, die unseren Berliner Auftritt nicht wahrnehmen konnten, hier in der Provinz auftauchen. Tatsächlich geschieht das. Die Bude ist wieder rappelvoll und wir beide sind wie Zugfedern auf das programmiert, was sich eigentlich wie von selbst abspult. Und es rotiert: konzentriertes Lesen hier, Erfassen und Nachdenken dort. Beides steht, wie es scheint, im Einklang. Manches Auge wandert, andere Augen sind heftig geschlossen. Neunzig Minuten Texte sind dennoch für die Akteure mehr als der Zuschauer vermutet. Irgendwann aber ist die Zeit abgelaufen und wir atmen auf.

Als der Rekorder *Will you* auf die Gäste ablässt, als das SaxophonSolo die verhangene Stille durchbricht, sind wir wieder in der Wirklichkeit. Die Gäste klatschen – einige mehr, andere weniger lebhaft. Dann springt alles auf, man reißt sich um die seitlich hängenden Mäntel, greift die Regenschirme, ruft noch schnell ein *tschüss* zu uns herüber und poltert zur Tür. Wir verbeugen uns noch immer maßvoll, werfen den Davoneilenden das *Ebenfalls-Tschüss* hinterher und … aus ist. Nur Robert steht noch im Türrahmen. Er wartet, bis auch wir angezogen sind, bis auch wir den Regenschirm ... und gespannt auf sein Resümee lauern.

»Okay«, sagt er, »ein schöner Erfolg!«

Am Freitag sind wir in Richtung Oder unterwegs. Wir steuern einen Ort an, mit dem ich auch einmal eng verbunden war: Eisenhüttenstadt. Ähnlich wie in Berlin hoffe ich auf alte Kollegen – und schwärme ein wenig: Kämen alle, die mich hier kennen, dann wäre der Veranstaltungsraum schnell gefüllt. Eine voreilige Kalkulation! Ruf und Ausstrahlung, wie man sie selbst wahrnimmt, sind oft trügerisch. Zumal es hier nicht um Stahl, sondern um Literatur geht.

Im Kulturamt der Stadt erfahren wir, dass die Lesung im städtischen Theater stattfinden soll. Als wir dort ankommen, sind wir überrascht. Die Bedingungen scheinen optimal. Es gibt an die hundert Sitzplätze und ein großes Fenster – mit Blick auf die Hauptstraße.

»Klasse«, sagt Lilo und schiebt schon mal das Rednerpult in Stellung, »gibt es auch ein Mikro?«

Frau Siebner, die uns betreuen soll, nickt mit dem Kopf:

»Natürlich, das wird bis 19 Uhr alles aufgebaut.«

Bei diesen Worten überkommt mich ein leichtes Kribbeln. Auch Lilo strahlt sichtlich. Im Grunde deutet alles auf Ablauf reibungslos. Zur Zahl der Zuschauer weiß auch die Siebner nichts. Bei ähnlichen Events kämen so an die sechzig bis achtzig Leute, sagt sie.

Solche Zahlen sind wir nur in Ausnahmefällen gewöhnt. Schon möglich, dass wir deshalb etwas nervös werden, nervös auch wegen der Ost-Presse, die diesmal anwesend sein wird. Frau Siebner hat die MOZ angekündigt. Der Kulturredakteur, sagt sie, reise persönlich an.

Als es auf halb sieben geht, treffen die ersten Neugierigen ein. Ich entdecke Fritz Halbig aus dem Kaltwalzwerk und Otto Fahre, den Instandhalter.

»Was hat dich denn aus der Bahn geworfen?«, fragt mich Halbig.

»Dem Inschenjör is nix zu schwör«, antworte ich und reiche ihm zwei Flyer hin.

»Ihr macht auf Ost-West, Marx gegen Billigbier?«

»Nicht ganz so fett, Fritz, komm einfach mal dazu!«

Mit diesen Worten greife ich Lilos Linke, und wir tauchen ab in den Innenraum. Dort ist ein Techniker mit den Aufbauten beschäftigt. Wir bekommen alles, was wir brauchen und zehn vor sieben findet der Soundcheck statt.

Nach weiteren acht Minuten ist der Raum gut besetzt. Lilo schätzt sechzig Leute und ich nickte erfreut. In der ersten Reihe links hat der MOZ-

Redakteur Platz genommen. Er schaukelt nervös mit den Beinen. Offenbar hofft er, dass sich alles pünktlich ereignet.

Tatsächlich eröffnet Frau Siebner kurz nach sieben, stellt uns mit ein paar dürren Worten vor und übergibt dann.

Lilo beginnt wie üblich, nimmt aber diesmal die witzigen Tier-Texte nach vorn. Dies, so hatte sie zuvor verkündet, könnte schnell eine uns gewogene Stimmung erzeugen.

Gesagt, getan, doch im Raum herrscht Stille. Stille, die sich ganz offensichtlich durch diese ersten, schnell in den Raum entlassenen Worte nicht auflösen lässt. Niemand lacht, niemand verzieht eine Miene. Und das trotz Schaf und KirchturmHahn, deren absurde Lage jeder Erstklässler sofort begreifen musste. Aber am IQ liegt es sicher nicht.

Eisenhüttenstadt, denke ich, die einstige SED-Hochburg, die Ansammlung der ewig Ausgesuchten. Könnte es sein, dass man uns heute nicht nur jedes zweite Wort, sondern die Sache an sich verübelt? Ein nach Düsseldorf Getürmter mit einer von drüben, dann noch zu einem Thema, das hier seit Monaten hochkocht. Ost-West heißt in Eisenhüttenstadt Wut, heißt Anspannung, hat mit Abwicklung, Angst und *weit vom Schuss* zu tun. Kann das, was wir vorhaben, kann unser Bemühen, die Gefühlslagen der Zuhörer zu treffen und – wenn möglich – auch mitzunehmen, überhaupt fruchten? Ist da irgendwelche Gegenliebe zu erwarten oder doch eher Vorbehalt und Ablehnung?

Je länger Lilo liest, desto mehr erübrigt sich diese Frage. Denn die Unberührtheit, die Reglosigkeit weichen aus den Gesichtern. Einige der Leute beginnen zu schmunzeln, andere grinsen, zwei, drei lachen offen heraus. Der Mann von der MOZ scheint unschlüssig. Er hat sich aufgestellt, ist an die Seite getreten und … Ja, was tut er eigentlich? Er greift seine Aktentasche, dreht sich noch einmal zum Publikum und … kratzt die Kurve. Es ist zehn nach sieben.

Lilo bekommt nun doch Beifall, nicht den großen, nicht den erwarteten, den sie im Westen gewohnt ist. Wohl aber die hübsche Dosis OstKlatschen.

Dann bin ich dran, ich mit meiner *Einsamkeit vereitelt*, ich in meinem *Glashaus* und dann verdreckt im *Hausbau.* Einsamkeit und Anstrengung, das zieht irgendwie, das öffnet, weil ähnliche Gefühle aufkommen, weil schnell verglichen und ähnlich empfunden wird. Auch Fritz Halbig hat es gepackt. Er, der mit seiner Frau in der zweiten Reihe sitzt, stößt seinen Nachbarn an:

»Warum hält der sich so zurück, warum spuckt er nicht aus, was uns ankotzt?«

Ich höre das natürlich, schiebe ein ruhiges *woll, woll* in den laufenden Text, mache eine kurze Pause und fahre wie geplant fort.

Die Leute sind sichtlich locker geworden. Sie gehen mit, wagen ein verstohlenes Zwischenklatschen und lächeln, wenn sich Hintergründiges erschließt. So ein Publikum, so eines – dicht an der Oder, wo existenziell heftig gefleddert wurde – braucht etwas länger. Nicht drei Stunden, wohl aber gute zwei, um warm zu werden. Nun, die zwei schöpfen wir nicht aus, aber es werden gut anderthalb. Dann liefert der Rekorder den Abschluss-Sound. Wieder die Seufzer und das goldgefasste *Goodbye* – dem man lauscht, ohne dazwischen zu quatschen.

Wir treten geschlossen nach vorn, verbeugen uns und lächeln. Ein schöner Applaus, ein guter Erfolg. Einige der Zuhörer kommen auf uns zu, fragen, ob die Texte schon gedruckt seien und zücken die Portemonnaies.

»Nein, nein …«, sagt Lilo, »wir sind noch am Anfang, quasi auf Probe. Aber in einem Jahr …«

»Oh, schade!«, sagt eine Dame und verabschiedet sich mit Schwung im Regenschirm.

»Tschüss!«, rufe ich und spüre, wie die Spannung nachlässt. Leider ist Fritz Halbig grußlos verschwunden. Vorn am Ausgang sehe ich nur noch Hinterköpfe – seiner ist nicht dabei.

Allmählich rücken auch die nach, die ganz hinten saßen. Einige der Hinausdrängenden starren uns an, andere freuen sich und winken. Zum Schluss steht nur noch Albert am Mikro – Albert, dieser Freund aus alten Tagen. Er hat uns schon seit den Mittagsstunden begleitet. Jetzt knurrt er etwas und macht – warum auch immer – auf einsilbig.

Wir packen die restlichen Sachen, bedanken uns bei Frau Siebner, streichen das Honorar ein und schieben nach draußen. Es hat angefangen zu regnen. Albert geht vor ans Auto und öffnet die Wagentür.

»Los geht's!«

Am folgenden Morgen ist Albert früh raus. Als wir im Bad stehen, hat er bereits die Morgenzeitung beim Wickel.

»Sieht nicht besonders toll aus«, meint er und grinst deutlich.

»Was meinst du?«, frage ich.

»Nun, die haben euren Auftritt ziemlich verrissen …«

Lilo, die vorn steht, greift Albert ins Papier.

»Gib mal bitte!«

Albert zieht die Zeitung zurück und lacht.

»Das bist du sicher nicht gewohnt.«

Lilo kennt das tatsächlich nicht. Sie ist plötzlich *eine arrogante WestTucke, die im Osten ihre Kamellen austeilt*, die keines der wirklichen Probleme auch nur anrührt.

Meine Liebste traut ihren Augen nicht.

»Dieser Idiot, dieser Idiot war nicht einmal zehn Minuten dabei!«, sagt sie und wirft Albert einen wütenden Blick zu. Der aber grinst weiter.

Dass mein Part in der MOZ überhaupt nicht erwähnt wird, fällt zunächst nicht auf. Als ich darauf hinweise, sagt Albert:

»Na und?«

Unser nächster Stopp ist im brandenburgischen Neuruppin vorgesehen. Das Städtchen mit den marschierbreiten Alleen liegt schon im Halbdunkel, als wir dort eintrudeln. Wir parken auf einem rechteckigen, ziemlich großen Platz, der von Bäumen dicht zugestellt ist. Es ist ziemlich warm draußen. Wir tauschen unsere Schuhe gegen Sandalen und spazieren querfeldein. Den Standort des *Café Ahnungslos* machen wir schnell aus. Hineingehen möchten wir noch nicht. Lilo schlägt vor, noch ein Stück auf dem netten Kopfsteinpflaster zu tanzen, was sich schon nach zehn Minuten als äußerst strapaziös erweist. Wir weichen auf den versandeten Seitenweg aus, laufen an ein paar frisch gestrichenen, flachen Häusern vorbei und sind bald am Hafen. Dort rührt sich nichts. Auch in anderen Ecken scheint die Gegend wenig belebt. Man sieht kaum Leute. Der Gedanke kommt zögerlich, aber irgendwann ist er da: Tiefste Provinz!

Wir laufen zum Auto zurück, greifen unsere Manuskripte und steuern auf das Leseziel zu. Als wir eintreten, herrscht gähnende Leere. Bis auf einen unscheinbaren Mann, der sich später als Amerikaner herausstellt, ist niemand im Raum. Nicht einmal ein Ober, geschweige denn der Geschäftsführer.

Nicht, dass mich dieser Umstand nervt, aber als Weitgereister glaubt man irgendwie an Empfangskomitees. Ein Irrtum, wie sich schnell herausstellt. Zwar schlurft jemand aus dem Nachbarraum heran, doch das Stück Freundlichkeit, auf das wir gehofft hatten, bleibt aus. Stattdessen ein naserümpfendes Beäugen, das nichts Gutes verheißt.

»Sie wünschen bitte?«

Ein seltsam gekleideter Mann – er trägt eine ausgebeulte grüne Hose, ein blassblaues Hemd und breite Hosenträger – beugt sich weit nach vorn. Einen Augenblick lang entsteht der Eindruck, dass ihn eine SkelettSteife oder Gehbehinderung in diese Position zwingt. Aber nichts dergleichen. Es scheint banale Neugier zu sein, die diese Nähe einfordert.

»Tschuldigung, ich wollte ihnen nicht zu nahe treten, aber worum geht es?«

»Wir möchten eine Tasse Kaffee trinken und dann …« – hier mache ich bewusst eine Pause – »über unsere Lesung sprechen.«

»Lesung sprechen? Was für eine Lesung meinen Sie?«

»Nun«, antworte ich, »wir haben für heute Abend, hier in diesem Café, eine Veranstaltung verabredet. Hier ist ihre Bestätigung.«

»Ach«, sagt der Mann und zwinkert unsicher mit dem rechten Auge, »das hat Frau Lehmann gemacht …«

»Und die finden wir …«

»Heute gar nicht. Die hat frei.«

Sehr schnell hat es den Anschein, als sei die Nichtanwesenheit von Frau Lehmann geeignet, etwas Vereinbartes in Frage zu stellen. Der getrãgerte Mann verharrt nicht nur schief, er schaut auch genauso.

»Ich denke mal«, beginnt er zögernd, »wenn Frau Lehmann nicht selbst anwesend ist, können wir das heute Abend …«

»Nun aber Schluss!«, falle ich ihm dazwischen, »Sie sehen doch, dass es für heute einen gültigen Vertrag gibt. Hier die Adresse, dort das Datum und rechts unten das Honorar.«

»Sie meinen also, dass Sie heute Abend hier lesen werden und ich ihnen die fünfhundert Mark geben muss ...?«

»Na sicher!«

Lilo macht ein unbestimmtes Gesicht, das mich an Erfurt, Chemnitz und Cottbus erinnert. Wieder diese Schlamperei, wieder nichts vorbereitet und alles dazu angetan, uns ein schlechtes Gewissen zu machen.

»Sie haben also auch niemanden informiert, keine Vorbestellungen und Platzreservierungen?«

»Ich kann das nicht sagen ..., die Frau Lehmann …«

Langsam wird uns mulmig zumute, denn niemand würde verstehen, dass wir vor nur ein, zwei Zuhörern lesen. Täten wir es nicht, dann wäre allerdings auch unsere Gage futsch.

Es ist grotesk, aber fast zeitgleich fällt uns ein, was sonst niemandem einfallen würde: die Zuhörer selbst zu beschaffen.

Die Idee scheint verrückt. Vor allem deshalb, weil wir nirgendwo Menschen erblickt haben und nichts auf eine Veränderung der Situation hindeutet. Dennoch scharren wir wie verrückt mit den Hufen.

»Wir besorgen jetzt Publikum, Herr … wie ist noch mal ihr Name?«

»Steinert.«

»Okay, Herr Steinert, wir tun uns jetzt um und Sie denken mal über den Eintritt nach. So sieben Mark, meine ich oder ist das für die Landschaft hier zu hoch?«

»Nee, das ginge schon, aber wo wollen Sie denn die Leute auftreiben?«

Herr Steinert macht ein miesepetriges Gesicht, fuchtelt plötzlich wild mit den Armen, ganz so, als würden ihn Platzierungen und Kassenführung schon jetzt überfordern.

Lilo und ich – wir stürmten gemeinsam hinaus, blickten uns kurz um und sehen sofort, dass in einem großen, am Platz befindlichen Gebäude Licht brennt. Dort angekommen, erblicken wir einige Gestalten, die sich irgendwelcher Kostüme entledigen. Sieben, acht Leute sind in eine Art freudige Zwiesprache verfallen. Sie bemerken uns erst, als wir kräftig gegen die Tür klopfen.

»Hallo und hereinmarschiert«, trompetet ein junger Mann.

»Guten Abend zusammen«, sagt Lilo, »wir wollen nicht stören, aber wie ich sehe, sind Sie ganz auf fröhlich gebürstet …«

»Witzige Bürste«, ruft eine junge Frau, deren Gesicht faltenlos, aber grell bemalt ist.

»Und was führt Sie her?«

Plötzlich haben sich alle Augen auf uns gerichtet. Jeder der Anwesenden verharrt irgendwie in einer Stellung zwischen Um- und Auszug.

»Ich vermute, Sie sind vom Theater«, werfe ich kurz ein, »und wenn das so ist, dann sind Sie sicher auch entsprechend locker …«

»Locker?«, fragen zwei der Anwesenden zugleich.

»Ja, flexibel, was die Planung ihres heutigen Abends betrifft. Wir möchten Sie nämlich nötigen, den gemeinsam mit uns zu verbringen.«

Genau hier beginnt die ausführliche Schilderung unserer Situation. Lilo ist am Ball. Sie schildert die gewöhnungsbedürftige Atmosphäre im Kaffeehaus, verweist auf den HosenträgerBehosten, der von nichts weiß und folglich auch nichts, so gar nichts drauf und in petto hat.

»Ha, ha«, grinst ein Dicker von rechts, »ha, ha, der Anton!«

»Wie, Sie kennen den?«

»Na klar, wir sitzen auch öfter dort – neuerdings mit dem Ami. Ist der heute auch da? Das ist so ein Dicker mit 'ner Seppelhose …«

»Na klar, der sitzt da«, sagt Lilo, »und wie wäre es denn, wenn Sie uns heute Abend samt Ami zuhören würden. Wir lesen aus echt frischen Ost-West-Texten und machen das heute noch ein Stück weit spannender als sonst.«

»Das klingt interessant«, sagt der junge Mann, der die Kostümhose jetzt vom Leib hat.

»Wie wär's Ingrid, wie wär's Hans, Jürgen, Otto?«

Die Angesprochenen blickten sich kurz an, nicken mit den Köpfen, und schon ist verabredet, was wir nie für möglich gehalten hätten.

»Aber das kostet sicher Eintritt«, gibt Ingrid zu bedenken, »ich hab kein Geld dabei.«

Mit diesen Worten dreht sie sich kurz zur Seite und schaut dem Dicken ins Gesicht.

»Vielleicht kann das der junge Mann mal auslegen?«

»Nee, nee«, entgegnet der Dicke, »schon wieder auslegen?« Dabei weiß er schnell, dass er noch einen Zwanziger in der Kostümjacke hat.

So – überzeugt, genötigt, eingenordet oder auf Linie gebracht, marschiert die bunte Truppe auf die gegenüberliegende Straßenseite und wir hinterdrein. Anton ist nicht schlecht erstaunt, als wir einzeln ins Café perlen, jeder mit 'nem lustigen Spruch auf den Lippen.

»Ich weiß gar nicht«, ruft er irritiert, »ob genug Platz ist. Heute am Sonntag könnten noch andere Gäste …«

»Na, sollen die doch …«, unterbricht ihn Lilo, »je mehr, desto besser!«

Wenig später sieht es so aus, als ob sich die Sache rechnet. Sechs Spieler aus dem Laientheater haben bereits bezahlt und der Ami wird einfach eingeladen.

»Thank you«, flüstert der leise, und wir hoffen, dass er ein wenig Deutsch versteht.

Entree: Um punkt acht werfe ich den Rekorder an, der die gewohnten Takte Musik von sich gibt. Dann beginnt Lilo. Sie lächelt verkniffen. Vermutlich hadert sie ein wenig mit der letzten Stunde. Schließlich bringt sie *Fuchs und Hahn* und geleitet auch die anderen spaßig-satirischen Mehrzeiler salopp über die Bühne. Alles grinst beflissen und spendet Beifall. Anton kommt etwas zeitversetzt auch dahinter. Er lacht breit und stellt das Bier ab.

Nur der Ami scheint unbespaßt. Sein Lächeln wirkt gequält. Der Dicke, dem das zuerst auffällt, setzt sich zu ihm.

»Do you understand?«

Der Seppelbehoste ist unangenehm berührt. Er schüttelt den Kopf und macht Anstalten aufzustehen. Sein Gegenüber springt ihm bei und erklärt etwas. Diese Pause ist nicht eingeplant. Keine Ahnung, wie der Dicke das lösen will. Doch dann plötzlich Entwarnung. Der Ami grinst, greift eines der Biere und hält es uns, den Dichtern, entgegen.

»Thank you!«, ruft er dazu und schon ist alles im Lot.

Fünfzig Minuten geht das so weiter, dann ist die Luft raus. Die Theatergruppe ist zufrieden, wir schütteln uns die Hände und ab geht's in das vor Stille dröhnende Hotelzimmer. Draußen stehen die Sterne wie in Ägypten. Es ist schwarz, warm und windstill.

Dass wir tags darauf in Richtung Hiddensee unterwegs sind, ist so geplant. Dennoch: Die Strecke ist verdammt lang und wir wissen nicht, was dort auf uns wartet. Wird sich der Aufwand lohnen, wird man uns willkommen heißen oder blüht uns die Wiederaufführung der peinlichen Stelldicheins ohne Publikum?

Hiddensee ist total abgeschottet. Es liegt quasi am Ende der Welt. Doch als der Rügendamm unter uns poltert, lachen wir wieder. Unsere Laune ist und bleibt blendend. Wir werden einen Tag Pause machen und dann bei Schaprode übersetzen.

Planmäßig erreichen wir Bergen, pausieren dort für zwei Stunden und rollen anschließend auf den schönen Alleenstraßen Richtung Sassnitz. Hafen und Strand leuchten. Wir schnuppern die feine Seeluft und spüren die Verliebtheit, die sich hier wie von selbst auftankt. Parallel geht die Sehnsucht, hakt sich an Erinnerungen – bei mir an Familienurlaube in Kurhäusern und Ferienheimen, bei Lilo an ihren Vater. An den, der einst zur See fuhr und dessen Untersatz, die *Passat*, ebenfalls an der Ostsee, nur eben am Timmendorfer Strand, liegt.

Nach einem doppelten Expresso (ich nenne das in gutem DDRisch noch immer Expresso) starte ich den Golf, und ab geht's an die Schwabe. Stubbenkammer und den Königsstuhl habe ich dreißig Jahre lang nicht gesehen. Jetzt kommt uns das scheibchenweise, berghaft ansteigend, serpentinisch und gelbbraun. Tatsächlich landen wir auf Sandwegen. Nicht, weil diese direkt ans Ziel führen, sondern weil wir die Strecke genießen, sprich: sang- und klangvoll durchziehen möchten. Wir schnüffeln die laue und saubere Luft, lauschen dem Zirpen der Zikaden und geben uns dem Beieinander von Korn-, Mohn- und SonstwieBlumen hin.

Oben, oberhalb der weißen Felsen, machten wir Halt und schlagen unser Zelt auf. Der Wind streicht leise durch die hohen Buchen, die Blätter rascheln und alles ist so, wie wir es erträumt haben. Mitten im Wald, jenseits jeder Zeltplatzordnung kampieren wir. Sehen, wie die Sonne sich neigt, hören an der Abbruchkante das Meer plätschern und feiern innere Urständ.

Am nächsten Morgen bin ich als erster auf. Ich steige aus in einen Wald, der noch dunstig vor sich hinschweigt. Die Sonne – sie hat sich zweifellos längst erhoben – bleibt unsichtbar. Ich recke mich, gehe ein paar Schritte und simuliere ein kurzes Lauftraining. Falle dann aber schnell zurück auf die Luftmatte. Lilo, die seit längerem wachliegt, dies aber erst jetzt zu erkennen gibt, streicht mir über den Rücken.

»Na, Dichter, bist so wortkarg …«

»Karg ist kein Ausdruck«, erwidere ich und sehe, wie links die Möwen auffliegen.

»Sieh mal!«, ruft Lilo und piekt mich nach oben.

Ich stelle den wassergefüllten Topf auf die Gasflamme und warte. Etwas später sperre ich ein Brötchen in die mitgebrachte Konservendose. Es wird kaum kross, dafür aber an zwei Stellen schwarz. Macht nichts, auch das Geschabte schmeckt köstlich. Wir schlürfen den Kaffee und die Welt ist echt ebenmäßig. Ringsum beginnt es zu knistern, das Unterholz stöhnt und weitere Vögel stürzen zum Saum, offenbar selig, dem schaumig in den Sand laufenden Wasser zu begegnen. Ich wage einen kurzen Blick über die Böschung.

Direkt unter uns beginnt das betörende Caspar David-Weiß. Rechts ein Vorsprung und dann der Steilabfall an den schmalen Strand, einen Strand, der Abstürze gewohnt, diesmal aber aufs feinste beräumt ist.

Als wir um sechzehn Uhr nach Schaprode kommen, ist die Fähre gerade weg. Kein Problem. Wir müssen ohnehin noch den Koffer packen. Der kommt mit auf die Insel, das Fahrzeug muss hier bleiben. Ich parke es unweit der Anlegestelle und es kostet nicht mal.

Am Ufer geht ein mäßiger Wind. Wir spazieren etwas unschlüssig hin und her, mutmaßen über mögliche Szenarien: Ist der Galerist besoffen, steht die Bude unter Wasser? Wird sich Machnitz erinnern?

Nichts scheint abgemacht. Der Versuch, den Galeristen telefonisch zu erreichen, ist vor drei Stunden gescheitert. Auch zwei Stunden später meldet sich niemand. So bleibt es dem direkten Kontakt vorbehalten, die Stimmung zu bestimmen – die freundliche oder die angespannte.

Aber noch warten wir auf den Kahn. Der kommt nach gut einer Stunde in Sicht und hält dann straff auf den Hafen zu. Minuten später kracht es an der kleinen Kaimauer und die Seilschlingen werden um die Poller gelegt. Ich habe mein verdammtes schweres Gepäck fest in der Hand und hieve es, kaum dass der Käpten das Zeichen gibt, ins Bootsinnere. Lilo, die ihr schwarzes Täschchen munter am Arm führt, folgt mir. Wir wählen einen Außenplatz, fläzen uns lässig auf zwei GegenüberBänke und grinsen.

»Ganz schön brandig«, sagt Lilo und meint die Wellen, die heftig an die Bootswandung schlagen.

Der Ort, den wir drüben betreten, heißt Kloster. Er macht unmittelbar am Anlegesteg einen tristen Eindruck: ein paar alte Kähne, ein schmaler betonierter Abstieg aufs Inselland, dann eine Bretterbude und zwei Hinweisschilder für den Bootsverkehr. Mehr ist in dem von Bäumen umstandenen Geviert nicht zu erkennen. Ich fasse am Koffer nach und schleppe mich langsam vorwärts. Dann links am Weg diese dumme Eiche. Auf ihrem Stamm ein Plakat, dass uns blitzartig in die Glieder fährt: Dienstag, 20 Uhr, Evelin Schwarz. Die aus dem Exil zurückgekehrte Malerin – blah, blah, blah – stellt in der Galerie Machnitz ihre inzwischen entstandenen Bilder aus.

»Wie, 20 Uhr?«, schreit Lilo, geht dichter an dieses Papier, das sie spontan Dreckspapier nennt, heran und vergleicht die Uhrzeit. »Die sind wohl verrückt ... um acht sind wir dran!«

»Scheiße!«, antworte ich. Schleppe dann schweigend weiter, und Lilo folgt mir mit hängenden Schultern.

Der nach links weisende Weg führt ins Dorfinnere. Nach hundert Metern tauchen die ersten Häuser auf. Eines der ersten ist das von Machnitz. Keine Frage, es ist die Galerie, in der wir gebucht sind.

»Machen wir nun ein Fass auf oder strecken wir uns?«

Lilo schaut mir wütend ins Gesicht.

»Wir fordern natürlich unser Recht ein!«

Als wir die Tür zum Geschäftsraum aufstoßen, ist niemand im Laden. Wir laufen vor und dann rechts in den Nebenraum. Auch hier keine Menschenseele. Dafür aufgeblockt und unter Glas: Drucke von Günter Grass.

»Schau mal hier«, sage ich zu Lilo, »der hat auch hier schon abgeräumt ...«

»Was heißt abgeräumt?«

Hinter uns taucht plötzlich dieser Mann auf. Er ist hell gekleidet und von großer Statur.

»Ich bitte dich«, sagt Lilo, »wir sitzen ständig dem Grass im Nacken ... der liegt immer zwei Dörfer vor uns.«

»Dann sind Sie die Nachhut«, sagt der Mann, »ich bin für die Reihenfolge nicht verantwortlich. Machnitz, wenn Sie gestatten …«

Herr Machnitz, sauber, geschniegelt und perfekt ins Jacket gestellt, reicht uns die Hand. Er ist keineswegs verlegen und sofort auf Klartext:

»Ja, das mit 20 Uhr klappt nicht. Wir mussten Frau Schwarz vorziehen. Sie, eine einstige Bürgerin aus Kloster, ist dreiundfünfzig getürmt. Jetzt steht sie mit fünfunddreißig Bildern vor den Toren ihrer Heimatgemeinde. Das ist Dorfgeschichte, verstehen Sie, … ein historischer Moment. Schließlich kann nicht jedes Nest auf solche Künstler verweisen.«

Machnitz hat sich bei diesen Worten aufgetürmt. Es scheint, als wachse ein Kunstkörper aus den gewienerten Pantoffeln. Eindruck macht das schon. Oder täusche ich mich? Lilo quittiert das anders. Sie begibt sich auf ihre Fußspitzen und blafft Machnitz geradezu an:

»Und was wird mit unserer Lesung?«

Einen Moment lang ist Ruhe im Raum. Dann spüre ich, dass etwas knistert.

»Nun«, sagt Machnitz und dreht sich etwas zurück, »die machen wir anschließend.«

»Anschließend?«, wiederhole ich und es klingt wie leichtes Bellen, »das können Sie doch vergessen. Wer soll denn nach halb zehn ...?«

»Moment, Moment«, fährt Machnitz dazwischen, »das ist überhaupt kein Problem. Die Leute sind hier auf Inselurlaub, die sind wie festgenagelt. Die stürmen auch nachts jede Kulturbude, die aufhat.«

»Äähh?«

Sicher glotzen wir etwas überrascht, wollen nicht glauben, dass hier Wunder geschehen könnten.

Machnitz ahnt das, scheint unsere Gedanken zu erraten. Er grinst auffällig, sagt aber nichts. Vielmehr weist er mit der Hand zur Tür.

»Alles paletti, meine Herrschaften, Sie steigen jetzt nach oben und beschauen ihre Unterkunft.«

Tatsächlich ist alles bestens gerichtet. Das Zimmer ist gemütlich und strahlt Wärme aus. Wir sind – das wird erst allmählich klar – am Ziel angekommen. Kloster auf Hiddensee ist der Schlusspunkt. Hier endet unsere Reise, zumindest, was das Lesen angeht. Noch ein letzter Ruck, noch ein letztes Mal feilbieten, was im Köcher steckt …

Zwanzig nach neun erscheinen die ersten Interessierten, die Galerie füllt sich, Machnitz strahlt und wir beide trauen unseren Augen nicht. Leute zu Fuß, Leute auf Fahrrädern, ein Rücken und Nachrücken in den Veranstaltungsraum. Irgendwann ist der dicht gefüllt. Nachzügler – und davon gibt es etliche – müssen im Nebenraum ausharren. Alles greift nach Wasser, Kaffee und Wein – Machnitz hat bestens vorgesorgt. Ohne sichtbare Vorzeichen kommt Stimmung auf – etwas wie stille Vorfreude, gemischt mit dem Nachklang des zurückliegenden Tages. Die Gesichter glänzen braun und wir wissen, dass jetzt Ostsee ansteht. Ostsee oder etwas Assoziatives, das ähnliche Wellen schlägt. Aber reine Wassertexte sind bei uns rar. Dafür klingelt's bei Sand, Dünung und Brandung. Wer richtig hinhört, spürt das. Lilo macht wie üblich den Anfang. Sie spricht akzentuiert, verstrickt die Zuhörer gleich zu Anfang in ihre Satiren, die entweder auf Grips stoßen, missverstanden werden oder unerhört im Raum stehen. Wieder das Lachen wegen der enteierten Hühner, wieder der leichte Aufschrei wegen der Bombe und der am Kraterrand zurückbleibenden Schuhe.

Dann mit Tempo meine Gedichte, die Wendeklamotten, die heftigen Ansagen an die Welt, die unbegreiflich scheint.

Ja, das verstehen die Leute. Das trifft auch die Hiergebliebenen, die nicht Mutierten, die Ossis auf Urlaub. Da stoßen meine Hausbau-Grotesken auf ebenfalls Erlebtes, lösen jenes Nicken und Kopfschütteln aus, das ich einst beim Schreiben einbrachte.

Wie von unsichtbarer Hand gesteuert, wogen die Zuhörer, machen uns Mut, auch die zweite Runde mit Verve zu bestreiten. Das geschieht im Handstreich, das läuft wie Sirup im Senfglas. Wir merken kaum, wie die Zeit rennt, und dennoch schnellen die Zeiger über die Zifferblätter. Als wir Schluss machen, ist es Elf. O'Connor singt ihr *Will you* und das Saxophon trägt sein *Yes, Baby* in die letzte Ecke.

Man sieht einigen Zuhörern an, dass sie noch im Text sind, ihn einfach begreifen wollen. Andere lachen bereits und klatschen begeistert. Ein Pärchen – links auf dem Sofa – schaut uns verzückt an.

Welch ein Auftritt!

Lilo hat den Kopf gesenkt, ich blicke versonnen auf den Rekorder. Alles hat funktioniert. Als wir auch um zwölf noch beim Wein sitzen, noch immer über Texte und ihren Ursprung diskutieren, verschwimmen auch die Misshelligkeiten.

Diese Reise war und ist einzigartig. Wir werden sie nie wiederholen, weil so etwas

… nicht gelingt.

Nachwende-Trip-Tychon

28. Juli: Wir kampieren in einem restaurierten Hotel in Plau. *Gesundbrunn* heißt das und steht bereits im Hotel-Guide.

»Holla«, rufe ich, »eben noch DDR und jetzt schon full Germany!«

»Nicht schlecht«, fällt mir Lilo ins Wort, »alles junge Leute …«

»Aber schau mal: die Gäste – nur Wessis!«

Und tatsächlich: zwei ältere Herren blasieren bereits. Der eine wedelt mit chinesischen Fächern, der andere ist rot angelaufen.

»Verdammte Unverschämtheit«, hören wir ihn schimpfen.

Möglich, dass ihn die Kellnerin zu spät oder nicht hingebungsvoll genug begrüßt hat. Gleichwie: Der Rubel rollt schon.

Rechts neben dem Eingang nistet eine alternde Queen. Sie bestellt Wasser und hüstelt auffällig.

Ob das auch wirklich aus Gerolstein sei, fragt sie.

»Gewiß, meine Dame«, erwidert die Kellnerin, »aber Sie können ...«

»Nichts da«, wehrt die Alte ab, »das sollte schon aus Gerolstein ...«

Weiter vorn sitzen junge Leute in bunten Hemden. Schwer zu sagen, ob auch sie von jenseits der Elbe sind. Sie fahren BMW. Aber BMW fährt ja heut jeder.

Wir haben das Zimmer dicht unterm Dach. Schön heiß, klein und ungelüftet.

»Sieh mal die Sehschlitze!«, ruft Lilo und stürzt vor die Fenster.

»Die sind tatsächlich nur fünfzig mal fünfunddreißig.«

Auch als sie allesamt offenstehen, geht kein Lüftchen.

»Was soll's,« rufe ich fröhlich, »schließlich haben wir preiswert gebucht.«

»Aber solche Fenster ...?«

»Das schreckt die Mücken.«

»Ha, ha!«

Lilo fixiert das Bett. Das ist knapp unter die Dachschräge geklemmt.

»Hier kriegste Weckbeulen«, heult sie.

»Kannst ja auf dem Teppich schlafen.«

29. Juli: Plauer See – das Wasser scheint trüb, doch wenn wir schwimmen, schlägt es glasklar in die Gesichter. Das Ufer ist ein Grasufer und die Liegen sind im Schatten postiert. Ab und zu rücken wir sie, weil die Sonne nachzieht.

Abends die Ankunft der Freunde.

»Wahnsinnige Aussicht«, staunt Claas und Tina greift vor Begeisterung in die Luft.

»Unbezahlbar, wirklich unbezahlbar!«

Wenig später steht das Essen auf dem Tisch: Fische aus dem See – dazu Lübzer Pils.

Die Mücken – schon mal vorvermutet – sind auch da. Aber vorerst halten sie Abstand. Als es dunkel wird, umschwirren sie die weißen Laternen.

Nachts schließlich geistern sie durch die Sehschlitze. Vor allem Lilo trifft es. Sie schlägt, bis es Mitternacht schlägt. Aber eigentlich tönt hier nichts außer Lilo.

Im Stammland der Ungläubigen ist das Läuten noch selten.

30. Juli: Wir ordern einen Viersitzer mit Außenbordmotor. Der soll uns über den See bringen. Die kunstlederbezogenen Sitze des Kahns sind verschlissen, die Führung des rechten Ruderseils wabert.

»Möglich, daß der Stutzen für die Benzinzufuhr abspringt« , versichert der Verleiher.

»Kein Problem«, sagt Claas, »ich hab schon andere Schoner versenkt. Wenn der Preis stimmt, dann stutzen wir auch …«

»Ihr könnt ja weiter auf billig machen«, plärre ich dazwischen.

»Wat denn, wat denn?«, protestiert Tina.

»Nix mit wat denn«, grinse ich. »Da steht's doch groß und breit auf der Windschutzscheibe.«

»Tatsächlich«, stöhnt Lilo. »Eure Armut kotzt mich an.«

»Schitt wat auf die Kotze«, sage ich.

»Schitt wat auf die Ironie,« sagt Claas, »ich liebe Arme.« Er zeigt auf den rechten von Tina und grinst: »Vor allem, wenn die so schlank und braun sind.«

Tina, die ein Bein drin hat, schätzt das Wasser auf dreiundzwanzig.

Baden will sie dennoch nicht. Na, soll sie lassen, was sie nicht tun kann. »Gut, dass wir Wind haben«, raunt Claas und lässt sich die Resthaare zausen.

Trotzdem wird es heftig heiß und wir springen ins Wasser. Alles taucht um die Wette und Tina macht Fotos. Danach juckeln wir ein Stück in Richtung Elde. Das bringt Ufernähe, das zeigt Gras und Schilfgürtel – die blanke Idylle.

Immer neue Boote kreuzen den Weg. Die Eigner glotzen. Plötzlich ist der Wind eingeschlafen. Die Sonne beginnt unsere Schädel zu dörren. Lilo ist die Erste, die die gelbe Deppenmütze aufsetzt. Ganz gut, dass wir die haben. Irgendwo knarren Schleusentore.

31. Juli: Bevor wir weiterreisen, noch ein Abstecher ins Städtchen. Hier ticken die Uhren rückwärts. Im Gemischtwarenladen scheint's manches noch für D-Mark zu geben. Der Inhaber tut sich schwer mit der Rechnung. Und tatsächlich: Er hat ein Geldprüfgerät. Mein Fünfzig-Euro-Schein, rotbraun und makellos, verschwindet darin. Nichts hustet, nichts flackert auf dem Display.

Der Mann schüttelt den Kopf. Das *verdammte Technik* unterdrückt er verschämt und er verkauft uns die Seenkarte. Es ist die falsche, wie wir später feststellen. Na und?

»Kacke«, sagt Claas plötzlich, und wenn er Kacke sagt, weiß ich, dass er sich zügelt. Im Fenster gegenüber ist sie aufgetürmt. Satte Kilo neben dem Schild *verkaufe Eigentumswohnung* …

»Gibt's doch nicht«, stöhne ich, »die verdammten Schwalben!«

»Fragt sich, was die nu verkaufen,« sagt Claas, »die Hütte oder die Scheiße …«

1. August: Wir fallen bei Wolfi in Prinden ein. Sein neues Holzhaus ist vom Feinsten. Als wir reinkommen, riecht es neu und sauber.

»Noch«, sagt Claas, »noch ...«

Dann spannt er die Ohren: Die Stille ist umwerfend. Kein Flugzeug, kein Autobahnsausen. Erst abends, als die Wildschweine ins Gehege drängen, kippt das. Weil Bello anschlägt und andere Köter aus der Nachbarschaft mitziehen.

Schließlich kläfft auch der Rottweiler von nebenan. Doch Gott ist freundlich. Er befiehlt allen das abrupte Ende.

Und die Kraniche, sie schreien erst, wenn es Morgen wird.

2. August: Lilo kippt früh das Fenster. Draußen pieselt's. Die Hitze ist wie weggeblasen. Wir sind noch beim Frühstück, als Claas seinen dicken Schwarzen vorfährt. Dezentes Brummen, wir raus aus dem Haus, den Hausschlüssel ins Versteck und dann ab mit dem Navi westwärts. Der Regen legt zu, doch das lässt uns kalt. Wir schlucken ein Stück Autobahn, gleiten ab auf Alleenstraßen und wechseln auf Rüttelpisten. Spätestens hier wird klar: Die Tage der Kopfsteine sind nur bedingt gezählt. Solange die Kommunen kein Geld haben, bleiben sie, wo sie sind.

Kaum ist das drin im Kopf, gibt es Kursprobleme. Wir sollen im Mecklenburgischen kurz vor Carwitz sein, sind es aber offenbar nicht. Der See liegt dazwischen. Da ein Schild fehlt, versuche ich Rückgriffe: mein Urlaub vor dreißig Jahren. Ich in dieser Gegend und ortskundig ...

»Links«, rufe ich schließlich, »links!«

Claas schlägt das Lenkrad ein. Was ihn wundert, sind die grauen Betonplatten. Statt des Asphalts plötzlich diese zweispurige Führung und wenig später ... Grasnarbe.

Noch folgt der schwarze Benz dem Fahrer, wenn auch mit gebremstem Schaum. Claas wirkt auffallend ruhig, so als könne ihn der Unterboden nicht kratzen.

Und als hätte es einer Absicherung bedurft, die Stimme aus dem Navi: »Folgen sie dem vorgegebenen Weg!«

Das hören und sterben. Das hören und uns schreien hören. Dann plötzlich der Schlagbaum.

»Hab ich doch gewusst«, stöhnt Lilo und Tina reibt sich die Hände.

Claas hält schließlich. Ich springe raus und prüfe, ob das Hindernis ernst macht. Es läßt sich aushebeln und so landet der Stamm samt Schild im Dickicht.

»Da hat doch was draufgestanden!«, kreischt Tina.

»Keine Ahnung«, sage ich und das ist wahr. Denn das Schild ist deutlich erdwärts gerichtet. Tina nölt:

»Ich wüsste wirklich gern …« und schmollt.
Claas fährt langsam weiter, hundertfünfzig Meter über Sand. Dann plötzliches Einsinken im Schlamm. Vor uns das WegEnde und der kleine Holzsteg. Er führt übers Wasser, über Zu- oder Abfluss. Keine Frage: Da ist viel Flüssigkeit und die plötzliche Lust zur Umkehr.

Auf der Rückfahrt wieder Regen, eine Landschaft, die zusehends schlapp macht.
»Schade um die schönen Alleenstraßen«, jammert Lilo.
»Einfach ausgeknipst, die braunroten Kiefernstämme«, sagt Tina.
»Ja und guck mal, die Dorfstraße! Häuser wie auf Perlschnüren, aber sonst gar nix.«
»Kein Bäcker, kein Metzger, nur 'ne verrammelte Kirche.«
»Das gibt's anderswo auch«, sage ich.
»Meinst Du wirklich?«

BGS am Wühltisch

Rumms! Die Schlösser fliegen auf und der Kofferinhalt, eben noch verborgen, klackert auf die Holzrutsche. Gebrauchte Taschentücher, eine Flut ausgerissener Zeitungsausschnitte, Omas Bild von damals, siebzehn Strümpfe, Unterhosen und Hemden, allesamt etwas durchgeschwitzt und zerknittert, eine Stange West, nass geworden, weil neben der feuchten Badehose gelagert, und dann reihenweise Prospekte – wer weiß denn woher – alles ineinander verbreit und jetzt ausgebreitet vor den Augen des Bundesgrenzschutzes.

Eiermann, der für die BGS-Schnüffler zunächst gesichtslose, mit dem wilden Gemenge aber plötzlich markierte Eigentümer, war wie immer schlampig. Er hatte in den Koffer getan, was ihm zwischen die Finger kam, hatte alles etwas undeutsch übereinander geschichtet und das Ganze per Draufsitz zusammengepresst. Na und?

Wer schließlich wollte ihm, Eiermann, vorschreiben, wie er was von A nach B transportiert?

Er setzte ganz einfach auf die Wahrung des Koffergeheimnisses, und er hielt die Info darüber, wie etwas in seinem Koffer knitterte, stank oder auslief, für etwas ganz Persönliches, etwas, das nur ihn anginge. Und selbst jetzt, da der Inhalt den BGSlern direkt ins Auge fiel, sollte er irgendwie geschützt sein.

Keine Ahnung, ob das griff, keine Ahnung, ob da irgendwer minutiös auseinander nahm und notierte. Bei aller Skepsis hoffte Eiermann, dass sein Ansehen gewahrt bliebe – zumindest äußerlich. Denn würde öffentlich, dass er, ein promovierter Chemiker, seine Reiseklamotten wie Kraut und Rüben verwahrte – nicht auszudenken.

Dennoch könnte dieser Makel ans Tageslicht kommen. Dann etwa, wenn man ihn, Eiermann, verdächtigen würde, etwas Unrechtes zu tun. Nun, eben das traf nicht zu. Doch ob der BGS ebenso tickte – keine Ahnung.

Dieser blöde Kofferanhänger, dachte er. Hätte er doch bloß diesen Unsinn mit dem Namensschild aufgegeben. Aber Freund Beckmann fand den Gag abgefahren: entweder den Koffer mal kurz allein lassen oder den Anhänger so bepflastern, dass man stutzen musste. Ersteres wagte Eiermann nicht und bei Letzerem hatte er möglicherweise übertrieben: der Kopf von Bin Laden mitten auf dem Schild. Kein Problem, hatte er zunächst gedacht, dieser Laden ist längst tot. Aber war er es wirklich?

Ganz richtig, feixte Beckmann, irgendwas bleibe. Und rege auch jetzt noch auf. Ob der BGS nun ernsthaft Programm mache oder sofort schieße, spiele keine Rolle. Die müssten in jedem Fall ran. Einfach prima, wenn die endlich mal Stress kriegten. Die Jungs gingen sonst in Rente, ohne je etwas bewegt zu haben. So jedenfalls Beckmann.

Eiermann fand diese Haltung merkwürdig, machte aber weiter. Mit erwartbarem Ergebnis. Denn das, was Beck- und Eiermann für witzig hielten, fand anderswo ein geschwärztes Echo: Eiermann musste erneut ins Kabuff und auspacken. Erst beim dritten, vierten und x-ten Mal lief die Sache anders: Nicht mehr Kabuff, dafür aber warten. Eiermann wurde Letzter, immer der Letzte am Gepäckband, und wenn der Koffer kam, kam auch gelb die Schlaufe.

Sechzehn Mal geflogen und vierzehn Mal dieses gelbe Ding am Griff. Eiermann, der nie etwas gegen Gelb gehabt hatte, war jetzt farbblind und sauer. Worauf er nicht – oder besser gesagt – zu spät kam: Die Schnüffler konnten humorlos sein, Leute, die Bin Laden noch jagten, obwohl er tot war. Für sie musste Eiermanns Botschaft boshaft sein:

Ihr sollt immer wieder diesen Koffer anpacken. Ihr sollt euch mit Bin Laden verarscht vorkommen. Und wenn ihr es ablehnt, dieses immer wiederkehrende Zerrbild zu registrieren, wenn ihr im Zeitalter von NSA 4.0 zu bequem seid, den Aufkleber, diesen Namen auf das eigentlich Ursächliche – nämlich den banalen Witz – zurückzuführen, und wenn ihr auch nach diesem vierzehnten Mal noch immer nicht glaubt, dass dieser Eiermann eben nur Eiermann und als solcher ein einfallsreicher, unbescholtener Bürger ist, dann müsst ihr eben weiter auspacken, euch weiter mit dieser zerknautschten, müffelnden Masse auseinandersetzen, sie ausbreiten, abtasten und wieder zusammenpressen.

Drei Wochen später ist der 15. März. Eiermann kommt diesmal aus Berlin. Er trippelt die Gangway hinunter, latscht durch den Flughafen und landet wie immer – unten im Baggage Claim. Fünfzehn Minuten steht er dort, wartet, dass sich das Förderband in Bewegung setzt. Dann mit verhaltenem Knarren die ersten Gepäckstücke – rot, grün, vor allem schwarz. Eiermann blinzelt hoffnungsfroh. Denn diesmal hat er *Angie* auf den Anhänger geklebt. Doch obwohl jetzt alles klar sein müsste, obwohl er innerlich total auf ruhig gepolt ist, läuft nichts ins Genehme. Genauer gesagt: Der Koffer erscheint nicht. Weiteres Warten, weiter die sinnlose Malaise, weiter am Band stehen. *Sollten die Idioten auch diesmal?*

Eiermann kann das nicht glauben. Er läuft die gesamte Ausgabestrecke ab, telefoniert mit Helga, die drüben im Exit steht und zeigt Zeichen von Verzweiflung. Erst als die Ankunftshalle menschenleer ist, erst als das Band endlos und schwarzgummiert vor sich hin fächert, trudelt er ein, der blaue Delsey. Er sieht – wie immer – etwas abgeschrammt aus, und er trägt kein gelb. Stattdessen aber zwei Kabelbinder, die ihn eng einschnüren. Leise treibt das Ding vor Eiermanns Kniescheiben. Oben ein Pappschild mit fettgelben Krakeln:

Scheiß Koffer, ist von allein aufgesprungen ...!

Aber nur mit Ärzten

Als Kollegin Inge eines Tages verheult im Dienst erschien, wunderte ich mich. Ich hatte sie immer als recht standfest erlebt, als Menschen, den kaum etwas aus der Fassung brachte. Diesmal aber war es echt ernst. Es ging um ihren Vater, der plötzlich tot war. Tot auf eine Weise, die mehr als verrückt anmutete. Denn dieser Mann war auf der Jagd gestorben, in einem … rehbraunen Overall. So etwas preiszugeben – ich meine: vor Kollegen zu erzählen, verlangt Mut. Denn natürlich ist schon der Fakt an sich mehr als abstrus. Wer sich da als frisch Informierter nicht schnell auf die Zunge beißt und wegducken kann, ist verloren. Denn schneller als gedacht kann mühsames Ringen um Haltung in pietätloses Prusten ausarten.

Auch ich musste mich nach einem kurzen *tut mir leid* sofort nach draußen begeben – wo bereits Müller, Dietrich und die Römhild mit komischen Gesichtern herumstanden. Natürlich befällt jeden, der normal tickt, die blanke Scham. Kaum, dass er sich vor Lachen ausgeschüttet hat, versinkt er in tiefes Nachsinnen. Die Sache bleibt dumm, ganz gleich, wie man sie betrachtet.

Unser Freund S. ist weder Jäger, noch liebt er braun. Aber tot war auch er schon. So zumindest sagt es seine Gesundheitskarte. Und tatsächlich ist die korrekt ausgefüllt.

Um es kurz zu machen: S., der eigentlich M. heißt, aber nur von seiner Frau so genannt werden darf, dieser S. nun, ist tatsächlich vor gut einem Jahr beim Reiten tot vom Pferd gefallen. Sein Glück war, dass das Pferd klein, der Untergrund weich und er selbst mit einem Arzt unterwegs war und so die Chance hatte, gerettet zu werden.

Keine Ahnung, wie lange ein Herzstillstand dauern darf. Auf jeden Fall haben die Umstehenden, vor allem natürlich der reitende Arzt, alles getan, um S. umgehend in die nächstliegende Klinik zu schaffen. Und obwohl niemand wirklich daran glaubte – S. wurde ins Leben zurückgeholt. Und mehr noch! Bereits nach zwei Wochen war er soweit wieder hergestellt, dass er sein normales Leben aufnehmen konnte. S. kam sich vor wie neu geboren, und sein Umfeld war steif vor Ergriffenheit. Ein Wunder, hieß es. Und niemand mochte recht zweifeln.

Wenig später war S. – zumindest äußerlich – ein Mensch wie jeder andere. Ärger hatte er nur mit dem Schrittmacher. Der gab sechs Wochen nach seinem Tod den Geist auf. Ohne allerdings sein fleischliches Umfeld mitzureißen. Um genau zu sein: Die Ärzte konnten gerade noch eingreifen.

Heute zeigt S. immer mal die zweite Narbe. Und lächelt dabei. Von seinem Vorsatz, nie mehr ins Ausland zu reisen, will er vorerst nicht abrücken.

Reiten allerdings darf er schon wieder – aber nur mit Ärzten.

TraumJob oder ... ein bekannter Autor

Der Tag erhob sich sonnig und kühl, angetan mit dem Flair des aufbrechenden Frühlings – umsäumt von Blüten und Blättern, die noch hellgrün waren. Ich hatte mich auf diesen Morgen eingestellt, darauf, dass ich bereits um sieben Uhr frühstücken und dann ausreiten würde. Keine krümelnden Croissants, kein Honig auf der Bettdecke! Diesmal war aufrechtes Sitzen angesagt, ein ansprechendes Selbstgespräch im Grünen, Brötchen, englische Marmelade und später ... das Pferd.

So ein Vorhaben war ungewohnt, konnte aber durchaus nett werden. Ich liebte die Natur und wenn es ein musste, auch die frühe, absteigende Kühle.

Ich verließ gegen acht den Garten, rasierte mich, nahm ein weißes Hemd vom Bügel, warf es über und zog den Schlips straff, stieg sodann in Hose und Schuhe und trat so – frisch gebügelt und gut gelaunt – auf die Terrasse. Elisabeth, eine alte Freundin, der ich meinen Hausschlüssel anvertraut hatte, erwartete mich.

»Guten Morgen, Uwe!«

»Dito, meine Liebe«, antwortete ich und spielte den Überflieger. Sie maß mich mit kurzem, abschätzigem Blick.

»Der Schlips passt nicht zu den Schuhen.«

Ich nickte kurz.

Der uneingeweihte Betrachter hätte die Besonderheit des Tages an der Anzugsordnung festmachen können, daran, dass die Schuhe gewienerte achthundert Euro gekostet hatten und die Uhr neben dem Manschettenknopf eine limitierte Schweizer war. Eine solche, auf Äußerlichkeiten gestützte Wertung war keineswegs Pflicht, denn wirklich toughe Typen hatten solchen Zirkus nicht nötig. Sie zuckerten von innen, brachten ihre Werte oder Unwerte über Sprache und Gestus zum Ausdruck. Ich hingegen fand die Extras toll. Sie passten so richtig in diese Landschaft.

Der Ausritt kam dann doch nicht zustande. Es fehlte die Zeit. Flitscher war früher aufgetaucht als besprochen. Er druckste herum, was zweifellos mit dem BMW zu tun hatte. Der war brandneu und glänzte vor sich hin, während Flitscher scharf darauf schien, ihn einzuweihen. Wir fuhren dann aber sehr langsam, was jeden, der uns folgte, in HupWut versetzte. Flitscher hätte gern zugetreten, musste sich aber, weil ich keine Lust auf Wettfahrten hatte, bezähmen.

Er lobte schließlich die blendende Ausstattung des Wagens, bewunderte die ausbleibenden Geräusche und war sicher, dass ich zumindest einen Umweg akzeptieren würde. Ich nickte gleichgültig und gähnte gegen die Seitenscheibe.

Irgendwann langten wir trotzdem an, passierten das Eingangsschild von S. und in der Folge den Marktplatz. Flitscher ging vom Gas und brachte den Wagen zum Stehen. Vor uns ruderte ein sonderbar uniformierter Mann, der hektisch auf die angekreideten Spuren wies.

Ob getroffen oder nicht – ich stieg aus. Genauer gesagt: Ich wurde ausgestiegen. Flitscher sprang heraus, lief auf die rechte, hintere Tür zu, riss den Schlag auf und gab mir die Hand.

Kaum dass ich stand, umgab mich eine Schar wispernder Damen. Jede von ihnen schien darauf bedacht, mich ehrerbietig zu begrüßen.

»Der Roman, Herr Bronski, der Roman!«, ertönte es von mehreren Seiten.

Nun ja, es war mir freigestellt, darauf freundlich, ruppig oder desinteressiert zu antworten. Ein Reglement für mich – den Schriftsteller – und die ihn umschwärmenden Bewunderer gab es nicht. Ich entschloss mich, gelassen zu reagieren und die Damen ein wenig auf die Folter zu spannen.

»Was meinen Roman betrifft«, begann ich, »so erscheint der diesmal in Bessarabien. Nicht wie üblich zum Geburtstag von Macbeth«, fügte ich hinzu, »sondern zum Todestag seines Mörders. Na, Sie wissen schon ...«

Die Damen kicherten. Einen Moment lang hatte ich den Eindruck, dass sie diese, meine Kehrtwendung interessant fanden. Doch da irrte ich mich. Eine von den Damen wurde plötzlich weiß im Gesicht und fuhr mich erbost an:

»Wie können Sie, Herr Bronski, wie kann ein Mann wie Sie, auf den Mörder setzen?«

Umgehend herrschte Totenstille. Einige Herren, die sich bis dahin abseits gehalten hatten, waren aufgeschreckt. Sie kamen herbeigerannt, grüßten mich zuvorkommend, doch nur, um genauso schnell – mit der jeweils aufmüpfigen Frau am Arm – wieder abzutauchen.

Starker Tobak, dachte ich. Dass mein Erscheinen für solche Aufregung sorgen würde, hatte ich nicht erwartet. Aber etwas mehr als die leichte Brise war mir durchaus willkommen.

Die verbliebenen Damen sammelten sich. Ihre Gesichter – während des Affronts ein wenig deformiert – hatten sich glatt gezogen. Man rückte die Kleider und Brillen zurecht, ganz so, als hoffte man, mit dem äußeren Geordnetsein ein inneres nachzuformen.

Auf meine Frage, ob die LiteraturInteressierten schon jetzt mein gefügtes Wort, sprich: etwas Poesie aushalten könnten, wurde stürmisch mit den Köpfen genickt.

Ja, antwortete eine vorn stehende Blondine, ja, man sei gespannt, etwas von mir hören, und wenn das am Vormittag zunächst nur Verse wären, sei das völlig in Ordnung.

Kaum, dass das Aufeinanderzu wiederbelebt war, fuhr ein großer, mit Flaschen und Gläsern bestückter Wagen ins Bild. Einige Herren, die den Seitentrakt verlassen und unschlüssig vor sich hin verharrt hatten, stießen dazu.

»Champagner, meine Herrschaften«, rief ich begeistert und eine Mittzwanzigerin mühte sich sogleich, die Korken aus den Flaschen zu lösen. Der erste Schaum kam prompt, schwappte und schoss in die Menge.

»Igittigitt«, schrie eine Besucherin, »das sind Perlen vor die Säue!«

»Keine Aufregung«, rief ein hinzu eilender Kellner, »hier sind Handtücher!«

Ich hatte mich, als es zischte, in Richtung Brunnen bewegt. Schutzsuchend, dann aber auch in der Hoffnung, dass mich sein Plätschern inspirieren würde. Lächelnd schöpfte ich einen Schluck Wasser, benetzte meine Lippen und schob ein Isla-Moos-Dragee nach.

»Meine Damen und Herren«, rief ich, »es ist mir eine Ehre, die heutige Veranstaltung, die freundlicherweise voll und ganz meiner Person gewidmet ist, mit ein paar Kurztexten, genauer gesagt: mit ein paar lyrischen Passagen zu eröffnen.«

»Ja, bravo«, riefen jetzt auch die Herren und ich freute mich, unter ihnen nicht nur die üblichen Altvorderen, sondern auch jüngere Leute auszumachen. Im Mittelpunkt allerdings blieben die weiblichen Zuhörer. Auch sie waren vom Alter her bunt gemischt und bildeten eine Art Halbkreis, in den ich mich nach und nach einbinden konnte.

»Sie erinnern sich«, setzte ich mein Entree fort, »der Graf von Buckenow hat Ende des neunzehnten Jahrhunderts ganz maßgeblich zur Entwicklung der deutschen Gartenkunst beigetragen. Er war mit Lenné bekannt und hatte auch bei Fürst Pückler – den die meisten nur als Schöpfer des gleichnamigen SpeiseEises kennen – mehrfach um Rat nachgesucht. Buckenow nun habe ich mein erstes Gedicht gewidmet.«

Ich atmete ein und begann schwungvoll:

Ich seh
sie ranken,
ganz nah
die Gedanken
am Fluss,
der sich,
wie Du
sicher weißt,
ergießen muss.

Hier brach ich abrupt ab – was bei den Zuhörern sehr unterschiedliche Reaktionen hervorrief.

»Aber Herr Dr. Bronski«, begann eine Dame zaghaft, »das kann doch nicht alles sein. Die Situation bedarf der Aufklärung, zumindest aber einer kurzen Erläuterung …«

»Keineswegs«, donnerte ich dazwischen, »denken Sie einen Moment lang nach, lassen Sie das Ganze vor ihrem inneren Auge … ach, was sag ich, akzeptieren Sie einfach, dass der Vers Sinn macht – auch wenn Sie ihm nicht gleich auf die Spur kommen …«

Ich war einigermaßen aufgebracht. Nicht zum ersten Mal verlangte das Publikum nach Texten, die sich sofort erschließen sollten. Das aber musste ich als Schriftsteller energisch zurückweisen. Ich hasste Plattitüden.

Verfremdung, Doppelbödigkeit, die Fülle möglicher Sentenzen und Metaphern – sie waren es doch, die den Reiz deutscher Sprachlichkeit, ja der Dichtkunst überhaupt ausmachten. Schon möglich, dass das die schlichte Seele der meisten Bewunderer überforderte. Doch wozu waren sie Bewunderer, wenn sie das Künstlerische, das wirklich Wichtige an meinen Worten, nicht begriffen. Waren sie Lemminge, die aufgeschreckt ihresgleichen folgten, ständig nachkreischten und abstürzten, die im Fall noch imitierten, was oben en vogue war? Keine Ahnung. Ich wollte es hier und heute, vor allem an diesem mir gewidmeten Tag, nicht austesten, es einfach nicht darauf ankommen lassen. Keine Publikumsbeschimpfung, keine Absetzbewegung in arrogante Höhen, nicht der schiefe, verächtliche Blick auf (eigentlich) verpasste Jünger.

Im Grunde war ich froh, dass auf meine Kurzlyrik überhaupt reagiert wurde.

Ich fasste mich also, ging lächelnd ein paar Schritte im Kreis und sah der Dame, die so schlicht um Aufklärung, im Grunde auch um die Fortsetzung meines Gedichts gebeten hatte, freundlich ins Gesicht.

»Liebe Frau«, sagte ich, »ich verstehe ihre Aufregung. Und entschuldigen Sie meinen Ausbruch. Der Dichter braucht die Resonanz, aber manchmal ist er enttäuscht, wenn der Zuhörer nicht nachvollzieht, was doch völlig klar scheint.«

Meine Worte wirkten wie Balsam. Auch zwei, drei andere Frauen fanden zu ihrem Lächeln zurück, gaben ihre Anspannung auf und blickten interessiert in meine Richtung. Ein junger Mann trat dazu, hakte sich bei einer der Zuhörerinnen ein und rief:

»Weiter so, Herr Poet!«

Mich freute der Zuruf. Immerhin passierte es in dieser kühlen, technikverliebten Zeit äußerst selten, dass mich jemand *Herr Poet* nannte. Nun, ich lächelte dem freundlichen Rufer wohlwollend zu – hatte aber nicht die Absicht, weiter zu deklamieren. Sollte ich, müsste ich es dennoch, überlegte ich, dann würden es kurze, ja extrem kurze Sätze oder Bruchstücke davon sein. In jedem Fall leichte Kost.

Kaum gedacht – erhob sich genau diese Forderung. Jemand von hinten wiederholte:

»Weiter so, Herr Poet!«

»Ja, meine Damen und Herren«, näselte ich etwas unwillig, »da Sie mich so nötigen … da Sie mich so nötigen, will ich noch eine der ganz kleinen Wertsachen anbieten.« Bei diesem Wort reckte ich meinen Hals, wendete mich kurz um und legte los:

Ich frohlocke,
weil im GroßZeh
deiner Socke
der Anbeginn
von einem Loch
sich kundtut

Och!

Einige der Männer blickten verdutzt, wohl, weil sie mein heftiges *Och* nicht, zumindest aber nicht mit dieser Wucht erwartet hatten. Einige Frauen kicherten. Offenbar, weil ihnen mehr klar wurde. Stopfen, Flicken und Reparieren – sie konnten das zuordnen. Blieb die Frage nach der literarischen Qualität, danach, ob der ausgekargte Brillant imponierte. Erkennbar war das zunächst nicht. Lag es am Licht, an den fehlenden Sachverständigen? Keine Ahnung. Einen Augenblick lang wogte Unschlüssigkeit. Dann aber entschied sich eine Mehrheit, mir zuzustimmen.

»Jawohl«, rief ein Herr ganz von hinten, »das mit der Socke ist subtil beobachtet. Ein strickhandwerkliches Meisterstück!«

Man klatschte, nickte zustimmend und wisperte: Frohlocke, Socke, GroßZeh-Loch, Och!

»Welch geniale Verknüpfung!«, bemerkte eine Frau nebenan, »und dann die Tatsache, dass es um Verlust geht.«

Ich war – das stand fest – der Sieger. Gerade jetzt, in diesem Spagat zwischen Einfachheit und sprachlicher Steilvorlage, jetzt, da es darauf ankam, die Sinnhaftigkeit komprimierter Dichtung nicht nur als Manierismus zu verstehen, hatte sich alles entschieden – für diesen Tag wohlgemerkt, wenngleich …

Neuerliches Wispern, Nicken, das Lösen aufgestauter Spannung. Niemand zweifelte mehr. Die Zuhörer winkten, gossen sich Schampus nach und drängten mich an die große Freitreppe, fragten mich schließlich, ob ich eines meiner Gedichtbändchen signieren würde.

»Nein, nein, meine Herrschaften«, rief ich, »signieren werde ich heute Abend. Ein wenig Geduld müssen Sie schon aufbringen.«

Gegen vierzehn Uhr war im Restaurant »Zum Hirschen« gedeckt. Alle Tische ringsum blinkten weiß und gut besteckiert. Es folgte ein opulentes Mahl, dem ich mich trotz anberaumter Diät nicht verweigern konnte. Auch die anderen Gäste langten beherzt zu.

Edward Stiebelkorn, der Bürgermeister von S., der neben mir saß, schien nervös. Gut möglich, dass er mich – trotz Flyer und Newsletter – nicht einordnen konnte. Er druckste und druckste, aber es kam nichts. Schließlich griff er nach vorn, zog sich ein zweites Glas Rotwein rein, schluckte nach und zog die Augenbrauen nach oben. Augenblicklich kam ihm auch die Sprache:

»Meine Damen und Herren, ich freue mich, Sie hier zu sehen. Wir haben alle wenig Zeit. Ich möchte mich deshalb kurz fassen.«

Stiebelkorn griff sich an den Schlips, hüstelte etwas und fuhr schrill fort: »Die Kommunen sind seit Jahrzehnten extrem schlecht gestellt, vor allem im Kulturellen, wo ja – wie Sie wissen – immer zuerst gekürzt wird.«

Halbherziges Grinsen, korrigierendes Schluchzen, die Andeutung einer Verbeugung ...

»Dass wir ihren Auftritt, Herr Schlomsky« – hierbei nickte Stiebelkorn in meine Richtung – »hier so spektakulär gestalten konnten, ist allein Herrn Trompeter zu verdanken.«

Es folgte eine Handbewegung ins lebhafte Gegenüber.

»Jawohl, Herr Trompeter« – der Bezeichnete erhob sich leicht und dienerte in meine Richtung – »leitet hier das städtische SpielCasino. Er hat, ich setze mal gute Geschäfte voraus, kräftig in die Gesäßtasche gegriffen.«

Alles starrte auf Trompeter. Stiebelkorn vollendete:

»Herr Trompeter ist uns seit vielen Jahren als großzügiger Spender bekannt, und wenn er hier – also inmitten deutscher Hochkultur – seine Wohltätigkeit ausbreitet, ist das zweifellos ...«

»Herr Stiebelkorn!«

Ein unscheinbarer Mann am Ende der Tafel war plötzlich aufgesprungen:

»Herr Stiebelkorn, ich muss sie korrigieren. Einmal ehren wir heute Herrn Bronski und nicht Herrn Schlomsky, zum anderen ist die Spielbank keine öffentliche Einrichtung … Sie ist in Privathand!«

»Schiskojenno, scheiß egal«, trötete der Bürgermeister, schwenkte aber sogleich um: »Ach verzeihen Sie bitte, meine Herrschaften, eine unkontrollierte Aufwallung. Was ich sagen wollte … natürlich Herr Dr. Bronski, sorry!« Stiebelkorn errötete leicht, fuhr neuerlich an den Schlips und ergänzte:

»Im Übrigen bin ich der Meinung, dass die Spielbankverhältnisse, äähh, die Besitzverhältnisse hier nichts zur Sache tun. Immerhin zahlt der Mann Steuern …«

Spätestens beim Soufflee hatten sich die Wogen geglättet. Nicht nur Stiebelkorn, auch der Zwischenrufer hatte sich gefasst. Ihre zur Maske erstarrten Gesichter waren schnell weichgespült. Dank der Amarettos, dank der hochprozentigen Obstler, die beide zunächst hastig, später regelmäßig nachgefasst hatten. Schließlich lächelten die Kontrahenten und stießen miteinander an. Was für ein Tag!

Über den Berg war der freilich nicht, denn der Hauptteil, die große Abendlesung mit Musik, stand noch bevor. Sie war für neunzehn Uhr angesetzt.

Am späten Nachmittag tauchte mein Verleger auf – ein gut gebauter Fünfziger, der selbstbewusst dreinschaute. Letzteres aus gutem Grund, denn Perestalschik – so hieß der Mann – hatte in den zurückliegenden Jahren einen gut gehenden Verlag aufgebaut. Als er so über den Parkweg geschritten kam, konnte ich mir ein leichtes Grinsen nicht verkneifen.

»Hallo Pere«, rief ich schon von Weitem, »heute nicht im Benz zum Büfett?«

»Wieso Benz, ich fahr Porsche …«

Perestalschik nahm die letzten Stufen zur Terrasse herauf, schritt mir entgegen und strahlte.

»Ich grüße Sie, mein Lieber«, empfing ich ihn.

»Ja, guten Tag«, erwiderte er und schüttelte meine Rechte.

Neben uns hatte sich sofort ein Kreis von Neugierigen aufgebaut. Offenbar, um irgendein Detail, vielleicht sogar eine Schmäh auf mein Buch zu erhaschen.

Nichts da! Weder Perestalschik noch ich hatten Lust, irgendwie aus dem Nähkästchen zu plaudern. Für etwas Stimmung freilich mussten wir sorgen. Und so versuchte ich einen neuen, kurzen Dialog:

»Sagen Sie, Pere, ich hörte, dass die meisten Verlage nur noch Frischlinge nehmen. Ich meine: Autoren unter fünfunddreißig. Bei Ausschreibungen hat sich das auch schon durchgesetzt …«

»Nun, kein Wunder, lieber Bronski, es geht ums Überleben.«

»Bei den Verlagen?«

»Sowohl als auch. Niemand kann vom Schreiben leben, beim Verlegen sieht's ähnlich aus. Die Großen fressen die Kleinen und das E-Book frisst mit.«

»Interessant, Perestalschik, ich hätte etwas anderes vermutet. Aber lassen Sie uns hineingehen. An der Bar gibt es Snacks und einen vorzüglichen Espresso!«

Mit diesen Worten nahm ich den Verleger am Arm und zog ihn in die Cafeteria. Dort stießen wir auf Albina Scherzer. Sie war es, die den heutigen Abend moderieren sollte. Die Frau wirkte frisch und ausgeglichen. Ihr Kleid glänzte schwarz-rot und die Highheels blitzten, wenn sie in kleinen Schritten umherhüpfte.

»Albi, Du siehst supergeil aus«, raspelte ich.

»Bla bla!« flötete sie, »wie unliterarisch!«

Perestalschik hatte inzwischen drei Espressi geordert, die er braundampfend auf dem Tisch abstellte.

»Einen heißen Remy dazu?«, fragte er.

»Ist mir zu fett«, sagte Albina.

Während ich nach einer der Tassen angelte, kamen zwei ältere Damen den Gang herunter. Sie führten Dalmatiner an der Leine.

»Herr Perestalschik«, begehrte die eine, »wenn wir schon einmal die Gelegenheit haben …«

»Die haben Sie nicht, meine Damen, ich bin ausschließlich privat hier«, knurrte der Verleger und steckte seine rechte Faust tief in die Hosentasche.

»Aber eine Frage werden Sie doch gestatten.«

»Meinetwegen …«

»Ich habe da ein Manuskript in der Schublade«, sagte die eine.

»Sehen Sie, und gerade darüber will ich nicht sprechen … Wenn Sie etwas früher zu uns gestoßen wären, dann wüssten Sie, dass heute fast nur junge Autoren verlegt werden, Leute mit zeitgemäßer Sprache, einer Sprache, die der Leser von heute fordert, auf die er einen Anspruch hat.«

»Das ist ja diskriminierend«, stotterte die Dame.

»Keineswegs«, konterte der Verleger, »nur wenn Sie einen talentierten jungen Schreiber, respektive eine junge Autorin, lebenslang begleiten können, wird ein Geschäft draus – etwas, das Autor und Verlag am Leben erhält.«

»Aber ich bitte Sie, manche Leute beginnen erst mit sechzig zu schreiben. Denken Sie an Fontane!«

Perestalschik zog die Stirn kraus, machte einen heftigen Ausfallschritt und trieb den Kreis auseinander.

»Wir leben nicht im neunzehnten Jahrhundert, meine Dame, wir leben in der Gegenwart!«

Ho ho, dachte ich, dass sind dicke Äppel. Perestalschik hatte sich mehr vereinnahmen lassen als ich gewohnt war. Vermutlich war er meinetwegen in dieses eher unerquickliche Gespräch eingetreten.

»Also mein Lieber«, versuchte ich ihn aufzumuntern, »wir haben noch gut eine Stunde. Lassen Sie uns ein Stück spazieren gehen. Am Teich unten gibt's leckere Snacks. Da sollten wir zugreifen. Anschließend muss ich Kontakt zum Musiker aufnehmen.«

Der Verleger nickte und drehte sich im Halbkreis. Er zog die graue Hose glatt und straffte sein Jackett.

»Let's go!«

Ich war erleichtert, zog nun meinerseits glatt und folgte Perestalschik. Albina, die sich bereits am Tresen von uns entfernt hatte, würde jetzt das Programm planen und für den Soundcheck sorgen. Ihr Vorschlag für die einführenden Worte war schon am Vorabend auf meinem Tisch gelandet. Ich fand ihn abgestanden und hergeholt, wusste aber auch, dass der Kulturzirkus eben dies forderte.

Perestalschik biss bereits in die LachsPastete. Etwas zu heftig, sodass Teile davon aufs Jackett suppten.

»Auch das noch«, stöhnte er.

Ich griff mein Taschentuch und reichte es ihm.

»Wie viele Bücher sind eigentlich verkauft«, fragte ich, während er weiter kaute. »Sechstausenddreihundert, wenn ich richtig informiert bin.«

»Und … entspricht das ihren Vorstellungen?«

Der Verleger sah mich kurz an.

»Keineswegs«, ächzte er, »Sechstausend sind gar nichts. Wir müssten längst bei fünfzehntausend sein ...«

»Fünfzehntausend, das wird ja immer verrückter …«

»Klar, Suhrkamp, Hansa, Wallstein, die heizen uns ein, die sind uns auf den Fersen. Wenn wir nicht zulegen, wenn wir den Trend verfehlen, ist Ende.«

»Nun machen Sie mal nicht das Treiben verrückt«, stieß ich dagegen. »Immerhin hatten wir bis jetzt eine super Performance.«

»Unsinn«, entgegnete Perestalschik und sog die Remoulade vom Teller. »Sie haben jetzt neun Bücher bei mir gemacht und richtig dabei verdient. Aber jetzt bricht das ein …«

»Wie bitte …?«

»Ja, Sie hören richtig. Die Leute wollen breaking news, neue Klamotten, Feuchtgebiete. Ganz egal, Hauptsache … es hypt.«

»Mann, Pere, Sie haben an mir fünfmal mehr verdient als … ich an mir.«

»Mit jedem Buch weniger. Sie werden schließlich auch älter und schon vom Stil her uninteressanter. Irgendwann fällt jeder aus der Zeit …«

»Danke …«

»Nicht danke, das ist Fakt. Nehmen sie die Lumpera, die ist jetzt achtundsiebzig. Die hat sogar sechs Gedichtbände bei mir rausgebracht. Die schreibt auch jetzt noch phantastisch, nun, phantastisch im alt hergebrachten Sinne, mit Wendungen aus den Fünfzigern … aus einer Erlebniswelt heraus, die niemand mehr will.«

»Das glauben Sie doch selbst nicht.«

»Si, si, mein Lieber, ich hab der Dame kündigen müssen. Kein Bedarf mehr ... Die darf sich jetzt schön selber verlegen.«

In diesem Augenblick kam Albina angerannt. Sie war rot im Gesicht und keuchte: »Ich krieg das mit dem Gitarristen nicht klar. Der will auf einmal Jango Reinhard und ausgemacht war Bob Dylan.«

»Ist doch egal, Baby, Jango ist auch gut.«

»Aber das passt doch gar nicht!«

»Scheiß drauf!«, mischte sich Perestalschik ein. »Sie tauschen in ihrem Gesäusel einfach die Namen aus. Niemand merkt das.«

Albina maulte. Einen Augenblick lang schien sie heulen zu wollen. Ich griff ihr leicht unter die Weste und beruhigte sie:

»Good Change, new chance!«

Drinnen im Saal hatten sie die ersten Scheinwerfer positioniert. Mehrfach hin und her geschwenkt, blitzten sie und blendeten höllisch. Im Kontext sprangen die Schlagschatten. Boxen, Mikro, Stühle und das Rednerpult wuchsen zu Gespenstern auf.

Ich ging langsam zu Jeremy rüber. Der saß auf einem alten Regiestuhl und starrte vor sich hin. Als er mich bemerkte, sah er kurz auf, doch nur, um mir mitzuteilen, dass Albina eine dumme, aufgeputzte Krähe sei, die über alles bestimmen wolle. Ich nickte und setzte mich neben ihn auf die Holzplanken.

»Wenn du heute deinen DjangoTag hast, dann spiel eben Django. Mir ist das gleich. Die Leute kommen ohnehin, und Schnuckenack ist cool.«

»Ich habe das nur gesagt, weil Albina sich profilieren wollte. Es bleibt natürlich bei Dylan.«

Ich klopfte Jeremy auf die Schulter, wuchtete mich mühsam nach oben und ging vor ans Mikro. Das war noch nicht angeschlossen.

»Hallo, meine sehr verehrten Zuhörer!«, rief ich in den Saal und plusterte mich.

Neben dem Saaleingang hatten sie meine Bücher aufgebaut: hundert Mal das Neue, dann noch je fünfzig von *Aufbruch* und *Abriss*. Daneben lagen Filzstifte, mit denen ich signieren würde.

Der Saal war riesig. Perestalschik hatte ihn für fünfhundert Euro bekommen, aber nur, weil er zusätzlich dreihundert Essen und einhundertsiebzig Flaschen Wein bestellt hatte. Entsprechend pompös war die Tischordnung. Neben Blumengestecken und Gläsern fand sich für jeden ein Tablet. Albina meinte, dass die Zuschauer damit alle Details zum Event, aber auch die wichtigsten Daten zu mir und dem Verlag finden konnten. Hinzu kamen Flyer, auffällig designte LiteraturServietten, frankierte Postkarten und SchokoEier.

Ich schätzte, dass für etwa dreihundertundfünfzig Personen bestuhlt worden war. Überall hingen schnurlose Mikros und Bildtelefone. Alles schien perfekt und beinfrei organisiert.

Jetzt kam es darauf an, dass Dirk Jonas die Leute von Presse, Rundfunk und Fernsehen so dirigierte, dass ich punkten konnte. Auf keinen Fall durfte der Verdacht aufkommen, dass ich irgendwen bevorzugen würde.

Zehn Meter vor mir lauerten sie bereits, die Paparazzi. Zwei von ihnen versuchten, rechts durchzubrechen.

Ein Rotbejackter stieg keck übers Treppengeländer, ein anderer unterkroch auf allen Vieren die Absperrung.

»Aber meine Herren«, rief ich von oben, »Sie werden Herrn Perestalschik doch nicht umrennen wollen.«

»Keineswegs, Herr Bronski«, trompetete ein Dritter.

»Aber Sie werden uns doch etwas über ihre Pläne erzählen ... Wollen Sie mit dem neuen Buch auch nach Wien?«

Die Unruhe um uns wuchs an. Auch die Reporter, die sich bisher zurückgehalten hatten, stießen jetzt vor, übersprangen den braunen Vorhängegurt und rasten auf mich zu.

»Zurück, zurück!«, schrie Jonas. »Herr Bronski wird das hier abbrechen, wenn Sie nicht sofort Dampf ablassen. Wer etwas fragen möchte, der tippe ins Call-tek, ins Call-tek, meine Herren!«

Die Meute reagierte, tippte, schrieb und fluchte.

»Scheiß Digitalisierung!«

»Wir brauchen die beweisfähigen Aufschreibungen. Ich muss ihnen das nicht sagen ...«

Jonas schaute auf sein Tablet.

»Okay, Leute, die Reihe steht. Zuerst Herr Toppis von der Züricher, dann Lipschiss von der Frankfurter Glitschi.«

»Danke! Herr Bronski, stimmt es, dass Sie Kontakt zur Jury hatten, ich meine zu den Leuten, die ihr Buch *Schisslaweng* so über Gebühr gelobt haben?«

»Keineswegs, Herr ..., wie war doch ihr Name?«

»Toppis.«

»Ach ja, Toppis. Ich hatte weder Einfluss auf die Zusammensetzung der Jury, noch auf deren Meinungsbildung.«

»Aber ihre Nichte und ihr Freund Koppenbroich …«

»Was hat denn jetzt Koppenbroich damit zu tun?«, rief ich, »in der Demokratie …«

»Ja, gerade in der Demokratie …«

»Wie jetzt? Wollen Sie mit mir philosophieren?«

Und nach kurzer Pause:

»Nix da, nix da! … Herr Glitschi bitte. Jetzt ist Herr Glitschi, pardon, Herr Lipschiss dran …«

»Ja, danke, Herr Jonas!«

Lipschiss biss sich auf die Lippen.

»Tut mir leid, Herr Bronski, aber Ralf Scan behauptet, Sie hätten an siebzehn Stellen ihres Buches geklaute Textteile verwendet …«

Ich sah Lipschiss kalt und ungeniert ins Gesicht.

»Sie wissen doch ganz genau: In den letzten dreihundert Jahren sind an die fünf Milliarden Gedichte, Essays, Kurzgeschichten und Romane erschienen. Da hat jeder mal von jedem abgeschrieben. Soviel Substanz gibt es gar nicht, als dass jede allein aus sich heraus … ich meine: einen Alleinvertretungsanspruch geltend machen könnte.«

»Das ist Plagiat!«

»Ach was, Papperlapapp. Die neuen, jungfräulichen Quellen sind einfach zu unergiebig, um daraus Bücher zu machen. Bis auf den Fliegenschiss oder sagen wir es deutlich: bis auf die drei, vier Absonderlichkeiten, die das Heute vom Gestern unterscheiden, ist alles gesagt, was diese Scheißwelt ausmacht. Nicht einmal, hunderte Mal!«

»Sie geben also zu ...?«

»Ich gebe gar nichts. Scan wird sich eine blutige Nase holen. Meine Anwälte haben bereits Einspruch erhoben.«

»Das ändert doch nichts …«

»Keine weiteren Fragen …, das Abendblatt bitte!«

Kosius, der das Feuilleton vom AB bediente, schnappte nach Luft. Er ordnete umständlich seinen Schal und keuchte:

»Warum Schiss...? Warum dieses abgelatschte, nun, Sie verstehen ... Warum dieses *Schisslaweng*?«

»Nun, ganz einfach: Ich wollte etwas Unterhaltsames, Leichtlustiges unter die Leute bringen.«

»Etwas Originelles? Etwas Plattes? Etwas ... Verkäufliches?«

»Natürlich etwas Verkäufliches, Herr Kosius.«

»Etwas Hochwertiges?«

»Aber natürlich. Mein Verleger bringt keinen Schrott.«

Bei diesen Worten warf ich einen kurzen Blick nach hinten, um festzustellen, ob Albina in der Nähe war. Schaute dann auf die Uhr und rief:

»Noch zwei Fragen, dann muss ich nach oben.«

»Herr Frank vom Magazin Schrihals«, las Jonas vom Display.

Oskar Frank schob sein Mikro vor, sein Assistent machte ein Foto.

»Danke, ja, danke, Herr Bronski, es geht noch mal um *Schisslaweng*: Glauben Sie wirklich, dass ihr eher schwerfälliges Werk durch diesen Titel, ich meine: durch diese Effekthascherei an Leichtigkeit gewinnt?«

»Was heißt hier schwerfälliges Werk?«

»Nun ja, das liest sich – zumindest in einigen Passagen – wie Senkblei ...«

»Kein Kommentar!«

»Kein Kommentar? Das ist schlecht!«

»Ihre zweite Frage, Herr Frank! Haben Sie eine zweite Frage?«

»Ja, natürlich!« Frank zog seinen Schlips nach. »Warum mussten Sie in ihrem Klappentext so brutal über den deutschen Literaturbetrieb herfallen?«

»Es ist gut, wenn man Stellung bezieht und nicht nur das eigene Buch im Kopf hat. Immerhin sind uns in den letzten Monaten quer durch die Medien Kritiken begegnet, die zum Himmel stanken. Denken sie nur an *Fack ju Schiller* oder *Feuchtgebirge*!«

»Boooh«, rief Gerd Lassi aus der Mitte, doch zu Wort kam er nicht mehr. Jonas kappte die Verbindung, schob das Tablet in die Jackentasche und verhalf mir auf den nächsten Treppenabsatz.

»Die Pressekonferenz ist beendet. Wir würden uns freuen, wenn Sie jetzt der Lesung beiwohnen würden.«

Natürlich ließ sich der Wortwechsel nicht so einfach abwürgen. Die Typen schimpften wie die Rohrspatzen, riefen weitere Fragen in meine Richtung und warfen mit zerknüllten Programmheften. Erst zehn Minuten später ließen sie ab – endgültig, wie sich zeigte.

Wie immer hatten sie auf das Eigentliche, die Lesung, keinen Bock. Sie suchten – kaum, dass ihre Chancen verspielt waren – das Weite. Morgen würde ich das, was sie im Zorn verkochten, in den Klatschspalten der Zeitungen wieder finden: verstümmelte Gedichte, vertauschte Namen und Buchtitel. Allenfalls der *LitFass* dürfte fair mit mir umgehen.

Während Jonas und ich die nervige Aura abstreiften, war oben alles gerichtet. Irgendwer hatte Unmengen von Blumen auf die Bühne geschafft, auf der Leinwand liefen bereits InterviewTexte und Affenbrot, mein TonDesigner, blendete *Le Blanche* ein.

Überall drängten sich plötzlich Gäste. Sie mussten über zwei Treppen ins Saalinnere gelangt sein und wurden jetzt per *SoftGuide* zu ihren Plätzen dirigiert. Eine dumpfe Schwüle lag in der Luft.

Noch blieb etwas Zeit, noch konnte ich mich Backstage ausbreiten, zwei Gedichte vor mich hin säuseln oder den Deckstift durchs Gesicht ziehen. Das mit dem Plagiat war unfair, überlegte ich. No way!

Schlimm, dass das so hängen blieb. Mein Kopf schwirrte Blasen. Zum Glück war das, was jetzt folgen sollte, problemlos. Ich würde lesen, die Leute würden klatschen, aufstöhnen und dann genussvoll die Ohren strecken. Jeremy würde diese Ohren gitarristisch zuknallen und mehrfach in meine Richtung winken.

Albina! Ich hatte Albina vergessen. Ein Unding – so kurz vor dem Start. Doch dann sah ich sie, sah, wie sie den roten Teppich betrat, vorwärts schritt und sich drehte. Unglaublich, wie die gelbe, umlaufende Schärpe illuminiert ins Flattern geriet. Albina kam wie der Feuervogel. Sie beschleunigte noch, sprang dann die zwei Stufen empor und stand. Ringsum brandete Applaus auf.

»Meine sehr verehrten Damen und Herren«, begann Albina, »ich danke ihnen, aber nicht mir, sondern unserem hoch verehrten Doktor Bronski gilt heute die Aufmerksamkeit ...«

Kaum, dass mein Name gefallen war, brach erneut Beifall aus. Ich ging vor auf die Bühne, umarmte Albina und nickte in die Menge. Einige Leute erhoben sich von den Plätzen. Ihre Gesichter glänzten.

Die Einführung geriet kurz. Albina wies – wie abgesprochen – auf mein neues Buch hin. Diesmal, so flötete sie, sei das erste Exemplar für nur fünf Euro zu haben, für die nächsten zehn erhöhe sich der Preis um je zwei Euro. Und damit die Freude in der Schlange nicht abreiße, gebe es auch für das zwanzigste, dreißigste und fünfzigste Buch Rabatte.

Kurz gesprochen, gut gesprochen. Unser beider Part war zu Ende. Ich stieg die Treppe herab und schlug mich links zur Bühnentür durch. Albina verneigte sich, entfachte den vorbereiteten bengalischen Blumenstrauß und winkte Affenbrot. Der warf die Nebelmaschine an – für mich das Zeichen, in Stellung zu gehen. Ich bestieg den im Backstage aufgestellten Pegasus, wippte zweimal hin und her und drückte den grünen Startknopf. *RobbiTrop*, das Ding aus Alu und Kunststoff, hüpfte etwas, stieß ein furchtbares Wiehern aus und sprang dann am sich öffnenden Vorhang vorbei auf die Bühne. Das schnelle Voraus war, wie immer, problematisch. Ich klammerte mich an die rote Gummi-Mähne und schwankte bedenklich, saß dann aber doch – aller Schwerkraft zum Trotze – fest im Sattel. Einen Meter über dem Lesetisch gab es die kurze Pause. RobbiTrop wieherte erneut, ging hydraulisch in die Knie und verlor zwei Metalläpfel. Dann Totenstille.

»Meine sehr verehrten Damen und Herren, liebe Freunde«, begann ich, aber schon wurde wie verrückt geklatscht … »meine verehrten ..., danke, ja danke … Ich möchte heute zuerst an Wilhelm Kleinvieh erinnern, jenen außerordentlichen Förderer des musischen Gedankens …« Wieder brandete Beifall auf … »jenen großartigen Mäzen und Spendenauftreiber, ohne den eine Karriere wie die meine unmöglich gewesen wäre. Und wenn ich unmöglich sage, dann meine ich, dass ohne Aufbereitung der Hirne, ohne die ständige Infiltration der Gemüter weder Literatur noch Kunst eine Chance gehabt hätten.«

In der ersten Reihe sprangen Stiebelkorn und fünf seiner Beamten begeistert auf.

»Bravo«, intonierten sie, schwenkten ihre mitgebrachten Girlanden und repetierten: »Bravo! Bravo!«

Auch in den dahinter liegenden Reihen kam Bewegung auf. Einige Pfiffe ertönten und Ja-Rufe.

Ich schüttelte mich etwas, zog mein Manuskript vom Tisch und versuchte, mit einer Handbewegung Ruhe zu schaffen.

»Ich lese heute aus meinem neuen Buch und zitiere einige Gedichte. Diejenigen unter ihnen, die heute Vormittag meine Gäste waren, werden einiges davon wiedererkennen.«

Woll, woll, dröhnte es aus den Sitzreihen. Ich schaute auf die Kamera, die direkt auf mich gerichtet war und begann:

»Sie würden sich immer für Büsche entscheiden, für Viertelstämme. Sie wollten Büsche, sagt er, weil sie dort untertauchen, funken, Zulagen einfordern oder Revolten anzetteln könnten. In Büschen, sagt er, werde sich verstecken, wer Bloßstellung oder WC-Kosten scheue. Büsche, so sagt er, seien der Ort für Drahtzieher und Lichtscheue. Auch etwas, in das man sich schlagen könne, ohne geschlagen zu werden. Refugien der Dämmerung eben, Plätze, die frei von Unkraut die satte Erde vermitteln. Wer den Busch nicht ehre, sagt er, sei das Feuer nicht wert. Das habe schon Moses erkannt. Im Busch stecke einfach mehr, sagt er, als bloße Feuerlichkeit. Schade, dass weltweit an ihm herumgesägt würde, dass Buschmänner nur männlich seien und buschige Brauen so selten buschigen Schwänzen begegneten. Immer öfter sei der Busch überfordert und manches, worauf wir klopften, gebe sich zwiespältig. Es sei denn wir träfen auf Holz, Teppiche oder verschüttete Bergleute. Ha! Ha!«

Boom! Der Text war aufgeknallt wie ein Steinschlag. Kein Beifall, kein Aufbäumen, nicht einmal ein Zucken. Die Masse verharrte gebeugt, hokkte in einer Art Schock. Dann aber setzte vielstimmiges Hüsteln ein – ein Geräusch, das Hirnarbeit suggerieren konnte, aber nicht musste. Würden sie mir folgen, fragte ich mich, oder mich ausbuhen?

Jetzt warfen einige der Besucher ihre Köpfe hoch. Andere schnellten ganzkörperlich nach oben. Ein irrer Wirbel brach los. Alles klatschte frenetisch, pfiff oder jodelte. Bravo-Rufe dröhnten und mein Name wurde auf Schildern in die Höhe gehoben. Schließlich Standing Ovations und fortlaufende Rufe: Bronski, Bronski, Bronski ….

Ich war einiges an Beifall gewöhnt, aber das hier fiel echt aus dem Rahmen. Erst als ich mehrfach mit den Armen ruderte, erst als ich mehrfach *Ich bitte Sie* ins Mikro schrie, trat Ruhe ein.

»Ich danke ihnen, meine Freunde. Wie ich sehe, ist der Wille der Menschen, dem Versteckten – ja, sogar dem im Busch Versteckten – zu folgen, ungebrochen. Sie, verehrte Anwesende, wollen und werden dem Banalen auch künftig ein Schnippchen schlagen. Ich bin froh, hier zu sein«.

Jetzt wurden Blumen geworfen, zwei ältere Damen drängten nach vorn und machten Anstalten, je einen Kranz abzulegen. Ich nahm die Gebinde entgegen und nickte geduldig.

»Danke, danke, danke!« Und nach kurzer Pause:

»Sehr verehrtes Publikum, ich bin sehr glücklich. Gestatten Sie mir, dass ich mich mit einem meiner Lieblingsgedichte von Ihnen verabschiede.«

Räuspern, Hüsteln, letzte Lacher, dann ein unverkennbares Starren auf meinen Mund.

Es gluckst –
so schlimm
im trimm dich trimm …«

Bei diesen Worten ertönte aus den Lautsprechern das vereinbarte AbflussGrunzen … schließlich ein Fließgeräusch, dass allmählich abebbte. Ich begann neuerlich:

Es gluckst –
so schlimm
im trimm dich trimm.
Es läuft sich
und verlieret.
Das macht nichts,
denn die Folterbank
hat so ein Ablaufbecken,
Gottseidank.

Wir schweißen
dann auch
ungeniert
in eine Rinne,
die es führt
das edle Körpertranspirat.
Es muss ins Salzfass,
und dann hat
das Ganze
diesen schnöden Trend
zum Sediment.

Und so wie Pfeffer,
Würz und Essig
benutzt der Koch
es regelmässig.

Pfeffer, Essig, Koch! Die Antwort auf meine Zeilen war ein spontan ausbrechendes, brüllendes Lachen. Nicht allerorten, nicht von all und jedem. Schlicht betrachtet waren es nur einige, die sich ausschütteten, auf die Schenkel klopften und um die Tische sprangen. Andere schienen düpiert, verzogen vor Ekel ihre Gesichter, glotzten und buhten, was das Zeug hielt.

Über Geschmack ließ sich nicht streiten: Die einen hatten ihn, die anderen nicht. So genommen, war mein Auftritt ein Teilerfolg. Wenngleich einer, der die Gräben tiefer zog. Doch ohne Zoff – das bewahrheitete sich einmal mehr – gab es keine Aufmerksamkeit.

Dass ich unmittelbar nach dem aufbrechenden Krawall *RobbiTrop* bestieg und hüpfend nach hinten verschwand, war nur noch Beiwerk. Niemand nahm es wirklich zur Kenntnis. Die Leute diskutierten, lagen sich in den Haaren und stürmten den Büchertisch. Albina und Affenbrot hatten Mühe, die vorsignierten Exemplare unbeschädigt an Frau und Mann zu bringen. Und der Stress hielt an. Selbst dreißig Minuten später war die Schlange noch fünfzig Leute lang.

EPILOG

Ich trat über den Dienstbotenausgang in die kühle Abendluft. Gespräche waren mir jetzt zuwider. Ich wollte allein sein, atmen, mich strecken und loslassen. Plötzlich war es unwichtig, ob die Zeitungen morgen voll sein würden, ob die Verkaufszahlen für meine Bücher in die Höhe schnellten. Was in diesem Moment zählte, war allein der Auftritt. Hatte ich etwas Außergewöhnliches vollbracht? War ich aus der Sprache gefallen – heraus aus dem üblichen Duktus? Hatte ich die Lemminge bewegen können, etwas zu fressen, was unfressbar schien?

Keine Ahnung!

Bis vor fünfzehn Minuten bin ich ein umschwärmter Dichter gewesen – ein Mensch, der sich lustig machte und es darauf ankommen ließ.

Eher spielerisch zog ich meinen Chip aus der Tasche, gab ihn in mein Art-II-Smartphone und bezahlte: sechstausend Euro. Sechstausend Euro für diesen Traum, für diesen einen Tag, an dem ich ...

... berühmt war.

Wenn wir doch bei BLAU …

Gestern erfuhr ich, dass Heidis 1-Euro-Professor weniger verdient als meine türkische Putzfrau. Das hat mich furchtbar erregt und Aylün heulte.

Ich fing mich alsbald, doch Aylüns Jammern ließ sich nur mühsam abstellen: mit fünfzig Euro.

Nun ist besagtes Verhältnis … noch schlechter.

Verblüfft von der eigenen Hilflosigkeit, ging ich in mich. Warum diese fünfzig Euro, dachte ich. Welchen Sinn macht Geld, wenn es leichtflüchtig wie hier ins Sinnlose rinnt? Und wie muss uns letztlich unser Sein enttäuschen, wenn es solche Fehler zulässt?

SCHNADDERADENG! ging mein Kopf.

Und so wie Alpinisten beim Überfliegen der Alpen zuweilen ins Träumen geraten, kam ich ins Grübeln. Wer schon will sein, dachte ich. Vor allem, wer schon will so sein, wie er vermutlich ist? Kaum jemand.

Ich stemmte mich also, stellte mich ihr entgegen, ihr – der Treibholzverzagtheit und endete dennoch … in Apathie.

GEN oder nicht geh'n, stöhnt der Elch.

Entweder es fehlt grundsätzlich, hier und bei mir, oder aber die Welt an sich kränkelt. Gleichwie: Noch wird geschossen, bevor wir reden, und so ist sicher, dass Stecken und Stab verschütt gingen. Sie aufzuspüren, reite ich aus. Stelle den Flößer, der still und erneut vor sich hinschnitzt.

Leider muss der, der über den Berg ist, immer auch abwärts. Ein Umstand, über den er nicht nachdenkt, wenn er aufwärts hangelt. Oben aber trifft ihn der Schlag: Plötzlich ist er nicht mehr Sturmgipfler, Sonnenkönig und Held, allenfalls künftiger Absacker und ein Graus für Emporkömmlinge.

Warum nur?

Weshalb ist Leben nicht mehr als Widerstand gegen millionäre Bakterien?

Schnüffeln, Getöse und Versanden im Kosmos.

Wenn wir doch draufschlagen würden. Wenn wir das Chaos foltern und so zu uns selbst finden könnten.
Wenn wir doch bei BLAU auf die Kreuzung …

Schon wären wir nicht mehr die Seinszweifler, DESSERTeure und EisEinbrecher. Schon zerrten wir nicht mehr an den Reißverschlüssen der Zeit, und die alles bewegende Frage, sie stieße auf Hamlet und nicht auf Sign oder Design?
Niemals mehr zerlangweilen, würden wir schreien, nie wieder biolecken, würden wir züngeln, und wir quetschten sie aus, die alten Kannibalismen – die Schmalzerkönige, Musikantenscheunen und fetten Schmerzbuben.

Doch in Wahrheit schlagen wir nicht, wir tätscheln. Wir vertrauen dem Schein und wir pflegen den Anschein.

Warum also böse Miene, wenn zum Schreiben der Stil fehlt. Jeder Looser sollte den Hattrick, jeder Schrumpel den Jungbrunnen und jeder Irre seine Extras haben: Schneebrettern in Galtür, Lauschen beim elektrischen Stuhlgang. Fürs Geld muss es schließlich mehr geben als grünen Starr-

sinn.

Träume

Oswald hat keine Angst vor dem Tod. Was ihm mehr zu schaffen macht, sind seine Träume – Träume, die sich mit jedem Jahr, das ihm bleibt, mal ver- und mal entschärfen. Was er träumt, kommt grotesken Gemälden gleich und ist chaotisch wie sie. Da reimt sich zusammen, was jeder Logik entbehrt. Da gerät schwer Aushaltbares in Gefilde, die kein Grundgesetz abdeckt.

Wollte Oswald konkret werden und die elfhundertunddreiundsechzig von ihm gesammelten Versatzstücke zitieren, bräuchte er Monate. Allein damit könnte er ein Buch füllen, was Unsinn wäre und folglich nicht in Betracht kommt.

Oswald hat das, was wir gemeinhin den roten Faden nennen, am jeweils folgenden Morgen notiert. Auch wenn es nur Stichworte waren – jetzt liegen sie da und bilden den TraumWust. Es ist ein JahrzehnteBerg – beileibe nicht nur beeindruckend, durchaus auch furchteinflößend. Sechshundertvierunddreißig Mal hat das Monster zugeschlagen, und nur sechzehn Mal hat es ein guter Geist vermocht, Oswalds Hirn in eine andere, freundliche Richtung zu steuern. Wirklich angenehm waren nur drei Ereignisse, komische Sequenzen, die ihn laut lachend aufwachen ließen, wobei sich die Heiterkeit über den ganzen Morgen hinweg fortsetzte. Viel öfter aber musste er das Gegenteil durchleben: eine eher miesepetrige Atmosphäre, sobald er aus belastenden Träumen in den Morgen aufstieg.

Oswald spricht ganz ausdrücklich nicht von Alb-, sondern von Last-Träumen. Albträume mit Abstürzen aus Hochhäusern, einbrechenden Wohnklosetts und dergleichen waren ihm nach dem letzten Alphornblasen nicht mehr begegnet. Gut möglich, dass sein Hirn hier abgeschottet hatte. Vielleicht auch flossen die für die Filmerstellung notwendigen Partikel, Moleküle, Datensätze, Viren und Bakterienstämme aus dem realen Leben nur schleppend nach.

Oswald spielte nicht, Oswald soff nicht und er ging auch nicht fremd. Er hasste Boxkämpfe, Autorennen, Pferde, Hunde und militärischen Firlefanz, sprich: Er hatte den notwendigen Abstand zu allem, was Extrem-Träume provozieren konnte. Mit einer Ausnahme: Oswald liebte Krimis, natürlich nur solche, die spannend und gut gemacht waren, die ihn intellektuell forderten, ohne strapaziös zu sein. Vor allen die anspruchsvollen Serien gehörten dazu, so was wie *Homeland, Breaking bad, Oz* oder *Scandal*, aber auch eine Reihe von Spielfilmen – so sie denn Oswalds Nerven blank zu legen vermochten.

Freud & Co. mochten der Auffassung sein, dass die Grenze zwischen Alb- und Lastträumen fließend ist. Oswald glaubt das nicht, weil er mit schweißgebadet sehr viel besser umgehen kann als mit schockiert aus dem Schlaf hochfahren. Aber Letzteres ist ihm – wie schon vermerkt – kaum mehr widerfahren. Traumatisiert ist er nicht, und dass Filme allmählich ein Trauma anreichern, genauer gesagt: Oswalds Problemträume zu Albträumen verklumpen, ist wenig wahrscheinlich.

Folglich dürfte Oswald davon absehen, einen Traumdeuter an die Couch zu rufen. Es sei denn, die Träume schlügen künftig mit solcher Gewalt zu, dass die ohnehin schwindende Eigensubstanz radikal bedroht wäre.

Schon seit langem wundert sich Oswald über die massiven Anforderungen, die traummäßig auf ihn zukommen – obwohl er doch Rentner und als solcher weder ein Befehlsgeber, noch ein streitbarer Held sein kann. Beide aber – Befehlsgeber und Held – sind nächtens gefragt. Sie könnten etwas zurechtrücken, etwas, das Oswald in keinem seiner Träume zu Stande bringt: ihm die Erfüllung eines Auftrages, eines Transportes, den erfolgreichen Abschluss eines Projektes ermöglichen, ihn bewegen, eine Prüfung anzutreten oder einfach mal dazwischen zu schlagen. Stattdessen erlebt er das genaue Gegenteil: die Perfektionierung, ja, den Sieg der Versagenskultur.

Oswald musste in fast hundert Träumen feststellen, dass er sich bei anstehenden Prüfungen auf nur ein Thema vorbereitet hatte, vor diesem Test schließlich zurückschreckte und sich auch nicht abmeldete. Nur selten überwand er diese Grenze, saß dann tatsächlich über einer Prüfungsarbeit, konnte diese aber nur zum Teil vollenden. Wälzte wie verrückt die Unterlagen, besann sich auf die richtigen Lösungen, schrieb wie ein Besessener und kam doch nicht zum Schluss. Wie oft hatte er den Dozenten darum gebeten, die Prüfungszeit zu verlängern, wie oft hatte er Stunden nach deren Ablauf noch dagesessen und weiter gekritzelt. Ja, es kam vor, dass er alles wusste, dass er zu jeder Frage die perfekte Antwort parat hatte. Nur war diese extrem wortreich und nicht aufs Papier zu bringen. Oswald reichte nach, Oswald fuhr dem Dozenten in die Wohnung hinterher, nicht wissend, ob dieser seine Ergüsse noch annehmen oder aber zurückweisen würde. Niemand konnte davon ausgehen, dass nach Ablauf der offiziellen Zeit Nachreichungen möglich waren. Oswald glaubte ständig daran, mit dem immer gleichen Ergebnis: Er wachte auf.

Oft – so an die fünfzig Mal – ist Oswald auf Reisen gewesen. Mit meist ähnlichen Ergebnissen. Häufig war der Grund der Tour verschüttet. Was nichts hieß, denn Desaster jeder Art wurden auch so krass aufgefächert. Oswald trug mehrere Koffer mit sich, Koffer, die er in Zügen abstellte, die sich in vorschnell abfahrenden ICEs verselbstständigten oder in fremden Besitz übergingen. Auf jeden Fall fehlte etwas, ging in die Brüche, fuhr allein durch die Gegend und verschwand spurlos.

Zuweilen reiste Oswald in Delegation – zum Beispiel in Sowjet-Freundesland. Um sich – am ersten Ziel angelangt – ordnungswidrig zu entfernen. Sei es, um eigenen Interessen zu folgen oder weil er es verpasste, rechtzeitig in den Anschlussbus zu steigen.

In der Nacht vom 17. auf den 18. April 2014 zum Beispiel landete Oswald in Mesopotamien – zwischen uralten sumerischen Monumenten, in der Nacht vom 14. auf den 15. Oktober 2015 bei einem Forensik-Professor in Ulan Bator, der auf Fragen nur einging, wenn sie auf Japanisch gestellt wurden.

Natürlich kam es auch auf den Rückwegen zu Missverständnissen, falschen Wegweisungen und Verirrungen. Entweder fand sich Oswald Drahtzäune überkletternd in einer von DDR-Funktionären belegten Villa wieder oder er musste auf Pferdefuhrwerken ganze Länder durchqueren. Unterm Strich hielt der Traum verlockende Abschlusslösungen bereit: das gerade abhebende Flugzeug, das verpasste Taxi zum Flieger, den abgefahrenen Zug, mit dem er das Taxi erreichen wollte. Oswald eilte sich, Oswald nahm die Beine in die Hand, Oswald verspätete sich, verfehlte natürlich und blieb fassungslos zurück.

Eher selten hatte Oswald erotische Träume. Meist begegnete er seinen Exfrauen. Die traten in der Regel gehäuft auf, konnten sich nicht entscheiden und machten auch Oswald die Wahl schwer. Zuweilen gab er sich mit einer ab, um erschreckt festzustellen, dass er es eigentlich mit der anderen, während die dritte zum Fenster hereinschaute. Oswald lag, stand, saß oder schwebte unverrichteter Dinge dazwischen – mit immer demselben Ergebnis: Er erwachte.

Ganze vier Mal kam es vor, dass Oswald einen Erfolgstraum hatte – einen richtig aufbauenden Traum, aus dem er als Sieger, als Aufgabenbeherrscher, als Retter der Nation hervorging. Jedes Mal hatte das mit Dingen zu tun, die er aus der realen Welt kannte, die ihm träumerisch wieder begegneten. Während er im NormalTraum überfordert aufgab, seine VerhandlerPosition, ja, jegliche Kompetenz an andere abgeben musste, aus dem Team verschwand, ja sogar seinen Dienst quittierte, kam er hier groß heraus. Bestimmte, wo es langging, legte fest, wer wo etwas zu sagen oder anzuweisen hatte, wer das Flatterband schließlich durchschneiden und die Lorbeeren einheimsen durfte. Für Letztere war er dann selbst zuständig.

Man gratulierte ihm, hofierte ihn, umarmte ihn zuweilen und war geneigt, neue wichtige Aufgaben an ihn zu übertragen. Oswald wachte auch aus diesen Träumen auf. Doch statt sich zu freuen und die Dinge nachzugenießen, ärgerte er sich.

»Scheiß Wirklichkeit«, knurrte er dann und schob sich ins Bett zurück.

Apropos Anschlussträume. Oswald versuchte zuweilen, weiter zu träumen, sprich: den VorerwachensTraum irgendwie fortzusetzen. Das freilich machte nur Sinn, wenn das Bisherige träumenswert war, vielleicht sogar gewissen Genuss versprach. Ein naives Ansinnen, das der Verschlafenheit geschuldet war. So wie es Oswald nie gelang, Ausnahmeformulierungen aus dem Halbschlaf zu notieren und am nächsten Morgen aufregend zu finden, so wenig glückte das mit den Anschlussträumen. Zufällig in erotischer Aufwallung, fand sich Oswald prompt im nächsten Versagenstraum.

Er traf seinen Studienkollegen Rainer, der wie immer bestens präpariert war und mit seinen WissensStreuseln wucherte. Natürlich war Rainer auf dem Weg zur Prüfung, die er – daran bestand kein Zweifel – mit Auszeichnung absolvieren würde. So ein Kontrastprogramm nervte, denn Oswald war wie immer kopfleer/kopfschwer und unfähig, dagegen anzustinken. Aus dem eher amüsablen Vorfilm war purer Stress geworden. Der im zweiten Erwachen nur partiell abgebaut und in Schlaf drei, vier und fünf sogar angespitzt werden konnte.

Trotz dieser eher bedrückenden Bilanz gab es einen Lichtblick. Seit etwa zehn Jahren hatte sich in Oswalds Hirn ein Tool etabliert, das dem zweiten Ich, Oswalds Traum-Ich, zu Hilfe kam. Es erschien nicht immer, nicht in bestellten Situationen. Und es war unklar, welche Mechanismen hier wirkten. Gab es einen Zufallsgenerator, ein synaptisches Zwinkern oder – platt und einfach – diese nächtlichen Lichtreize von PC und Telefon. Keine Ahnung. Auf jeden Fall tauchte er gelegentlich auf – der Helfer. Er stieg vor allem dann ein, wenn Prüfungssituationen schwierig wurden. Wenn es um die Existenz ging, wenn Oswald fürchten musste, ein Niemand zu werden, ein Nichts, das jeder verlachte. Dann, genau dann, schien sich in Oswald ein zweites Unterbewusstsein zu regen. Mit der Botschaft, dass er keinesfalls verloren, ja vielmehr auf die anstehende Prüfung überhaupt nicht angewiesen sei, weil … , ja weil er nicht genau diese, wohl aber eine andere, genauso wertvolle bereits abgelegt hatte. Er war bereits Diplomingenieur, er hatte bereits bestanden und konnte die beschissene neue Anstrengung, auch noch in *Salz und Dünger* promovieren zu müssen, aus-ixen.

Es war ein erhebendes, ein schmerzlösendes Gefühl – es machte sich breit, sobald Oswald diesen Beistand spürte. Er lachte dann auf, verspottete den aufgemotzten Rainer und entfleuchte in eine Sphäre, die Prüfungen und ähnliche Knechtungen ausschloss. Ob Oswald dann aufwachte oder es sein ließ, ist nicht hinterbracht. Einen wirklichen Grund, aus dem Schlaf zu fahren, gab es nicht. Es sei denn, die Blase trieb ihn, es sei denn, die Blase nahm ihm den Schlaf und mit ihm die entschärfte Story.

Gewiss, eines fehlte noch: die gezielte Hilfestellung, das Herbeieilen der Hilfstruppen, sobald Oswald in Träumen bedroht wurde. Soweit aber, glaube ich, reichte die Selbstheilung nicht, so perfekt war Oswalds Hirn nicht entwickelt. Ob es überhaupt noch Potenzial barg, ob es weiterer Zeit bedurfte, um zusätzliche Ressourcen freizusetzen, schien unklar.

Keinesfalls war damit zu rechnen, dass die Träume an sich vorbestimmbar würden. Oder sich auf Zuruf geschmeidig an den Katastrophen vorbeibewegten. Nein, nein! Mit der Willkür der Inhalte würde Oswald auch künftig rechnen müssen. Ganz gleich, ob sogenannte Experten dazu schwiegen oder sich wichtig taten.

So NICHT!

Mit welchem Text sollte er beginnen? Er wusste es nicht. Die Lippen klebten von der letzten matschigen Maraska-Kirsche, sein Kopf brummte und das Brett, auf dem er saß, war alles andere als komfortabel. Man hatte ihn auf das Sideboard, dicht an die Eingangsstufen der Kellerbar verbannt. Dort hockte er, biss sich auf die Lippen und klapperte mit den Fingerkuppen.

Zögernd warf er erste Blicke um sich – unschlüssig, ob er das fortsetzen oder lassen sollte.

Schließlich gewöhnte er sich. Schaute hinüber zum Tresen, wo eine Frau stand. Es war eine eher dickliche Person. Er musterte sie, hob schließlich den rechten Zeigefinger und lächelte etwas. Die Geste wurde durch leichtes Nicken bestätigt – später durch mehrfache Blicke, die mal ihm, mal dem neben ihm hängenden Gummihuhn galten. So jedenfalls Benders Eindruck.

Jenseits dieser Zwiesprache wogten Geräusche: Männer ruckelten mit ihren Stühlen, Frauen kicherten kleinlaut. Ein paar abseits Sitzende schienen mit sich beschäftigt, andere diskutierten miteinander, sabberten in ihre Gläser oder stöhnten lauthals.

Hier etwas Aufsehenerregendes loszutreten, den dynamisch-mitreißenden Anfang zu finden, war schwierig. Bender beschloss deshalb, mit etwas Frech-Frivolem zu starten. Zweifellos in der Hoffnung, eine Blickwendung, zumindest aber eine Sekunde Aufmerksamkeit zu erlangen.

Ganz so, als wolle er bis zur Decke vorstoßen, hob er sich plötzlich vom Brett, schwebte für einen Moment irgendwo, um gleich darauf nieder zu stürzen. Krachen, Scharren und der Seufzer einer Frau, die vor sich hingedöst hatte.

Gut so, dachte Bender.

Selbst hinten war man jetzt aufgeschreckt. Alles blickte in seine, in Benders Richtung. Ein Rothaariger sprang auf, lief ein paar Schritte auf den Gang hinaus und versuchte, dem Geräusch auf die Spur zu kommen. Vergebens.

Ein Missverständnis, eine Panne in der Kommunikation?

Fast allen war unklar, was der Mann an der Treppe vorhatte. Nur die wenigsten kannten das Programm. Zu unscheinbar das Plakat am Eingang, und angekündigt hatte ihn auch niemand. Dann noch dieser deutsch gefaltete Spitzhut aus Zeitungspapier. Bender hatte ihn aufgesetzt, dann aber tief ins Gesicht gezogen.

Sollte das witzig sein, war der Mann betrunken?

Keinesfalls.

Bender erhob sich plötzlich, straffte sich, sog tief Luft ein und rief:

»Der Einfühlsame ...«, er wiederholte: »der Einfühlsame ... ist dem Einfachbesamer ohne Zweifühl um den Samenfüller voraus ...«

???

Ausatmen, die kleine Pause fürs Nachsacken. Bender wippte mit den Füßen und lockerte sich. Sein Gesicht: selbstgefällig.

Bis auf den Samenfüller, der etwas schwülstig geraten war, hatte das hingehauen. Keine Frage: Das saß irgendwie.

Beifall heischend traf Benders Blick auf die Zuhörer, traf sie, wanderte und kehrte zurück.

Wie jetzt?

Bender schüttelte sich.

War er im Trauma?

Nichts deutete darauf hin. Und doch waren die Zeichen grotesk: Alles glotzte, und niemand lachte.

Statt des erwarteten Aufruhrs, statt der vulgär aufprustenden Münder, schoss Ablehnung hervor – eine Ladung unliebsamer Berührtheit.

Einige der Gäste hatten Bender den Rücken gekehrt. Andere schüttelten die Köpfe. Drei in der Mitte gestikulierten und stritten mit den Nachbarn. Rechts schließlich ein Mann in rot, ein Mann, der wütend aufsprang und *Sauerei* schrie.

»Der Samenfüller«, brüllte er, »der Samenfüller ...!«

Kein Zweifel: Hier begann ein Streit um die Deutungshoheit. Etwas, womit Bender nicht gerechnet hatte. Noch einmal gab es Rufe, dann auch Handzeichen und Schläge direkt auf den Tresen. Soviel Stimmung war schlecht. Doch bevor sie kippte, bevor dieser kritische Punkt erreicht wurde, fand Bender zu sich. Er musste – das stieß ihm wie ein Blitz ins Bewusstsein – sehr schnell etwas Unverfängliches, Leichtlustiges finden.

Sollte er das mit Lehmbach?

Nein, nein, dachte er, die Story über den, der sein Auto über Kopf einparkte, war zu flach. Auch das Ding von Schnellfrick, der den Rasenmäher gegen Igel einsetzte, schien ungeeignet. Was also mit diesem von Wirrnis und Ablehnung geprägten Moment beginnen?

Vielleicht der Exkremente-Vierzeiler, dachte Bender, das, was er letzten Mittwoch bei McDonalds ... Ja, pflichtete er sich selbst bei: das ist es!

Er begann spontan in einer Art Brüllton: »Warum, Vater, soll ich in Deine Fußtapfen treten, wo doch die Hundescheiße ...«

Hier zögerte Bender, weil vorn eine Dame *Schluss* rief und dann allseits ein feindliches Gemurmel einsetzte.

»... wo doch die Hundescheiße ...«, schloss Bender an, »...wo doch die Hundescheiße so viel klarer beschreibt, wo's langgeht.«

Wo es jetzt und hier lang ging, war schnell klar. Selbst die locker sitzenden Typen waren nicht bereit, die dem Kot innewohnende Feinsinnigkeit zu erkennen, geschweige denn, ihr Beifall zu zollen. Bender sah sich genötigt aufzustehen. Wankelbeinig schnäuzte er sich und schob die Brille in Steillage.

»Ich möchte Ihnen ...« Bei diesen Worten hieb er mehrfach auf das Board neben sich. »Ich möchte ihnen jetzt die überaus kurzweilige Geschichte vom Katzenfutter im Astoria oder besser gesagt ...«

»Nein!«, riefen zwei ältere Herren, die zwillingsartig ihr Whiskyglas nach vorn streckten. »Hören Sie auf!«

»Ja, aufhören!«, schallte es nun auch aus der verräucherten hinteren Ecke der Bar. »Musik, Kellner, ... machen Sie doch endlich Musik!«

Bender war am Ende. Er beschloss widerwillig, nun doch die ernsteren Texte zu lesen.

Die aber ... hatte er nicht dabei.

Resteverwertung

Manchmal möchte ich den Stift hinlegen, die verbliebenen Sprüche weg buchstabieren und einfach aufhören. Bisher misslang das. Jedes Mal vor dem Aus ertappte ich mich: mit den letzten, teils banalen, teils witzigen Wortfetzen in der Hand. Sie schienen mir plötzlich doch restwert, imponierten mir einen Tick zu sehr, um ausgestrichen oder einfach weggeworfen zu werden. Ja, dieses Zögern, diese Unfähigkeit zur Tabula rasa beschämt mich. Gleichwohl sagt mir mein Gefühl, dass das, was ich irgendwann für wichtig hielt, nicht unsortiert in den Müll soll. Was dem Zwiespalt immer mal folgt, ist der Versuch, die sechsundfünfzig verbliebenen Zettel zu scannen, sie trotz der auf ihnen befindlichen sechsundfünfzig verschiedenen Themen irgendwie zu ordnen, ihnen den bewussten Faden zumindest soweit einzufädeln, dass ein Stück Fließtext entsteht.

Nun, ich prüfe erneut, mache diesen Anlauf, diesen im Grunde fragwürdigen Fügeversuch, wende die bekritzelten Papiere, schiebe sie vor-, über- und hintereinander. Und obwohl die Aufeinanderfolge der Zitate, halben Wortspiele und VersRudimente verrückt scheint, ergibt sich eine erste Reihe. Da formen sich Lautpaare, erste Worte, die den Einstieg verheißen. Da wachsen, erst zögernd, dann temporeich erste Geflechte, da frisst das Neue die um den Sinn gebrachten Ideen von gestern – mit einer Grammatik, die grausig scheint.

Und tatsächlich will all das in den Bogen, der jetzt seine Spannung einfordert …

Würden Sie nicht auch wollen – beginne ich aus der ersten Notiz heraus – dass es mehr Menschen über einssechzig gibt? Sind es nicht die Zu-Klein-Geratenen, die Gartenzwerge und Gernegrößen, die uns das Leben schwer machen – die Geld- und Schumachers, die ihre Benzinfresser jährlich tiefer legen und dann doch nur zum Bäcker fahren? Wir müssten sie allesamt strecken und umpolen. Genauso wie die verdammten Hoenesse und Gefährder, die einmal eingelocht, dann auch abgeheftet und nicht erneut auf die Menschheit losgelassen werden sollten …

Ich hasse die Entscheider, ich hasse die juristischen Weicheier! rufe ich, während sich Zettel sieben bis neun unter Finger zwei bis drei emporwölben.

Jawohl, Herr Staatsanwalt, Sie sind gemeint! Denken Sie doch zurück – denken Sie an Ihr Flüstern im Sturm, ihren Kniefall vor der Asche, obwohl die Opfer – na Sie wissen schon – die Weitergabe des Feuers …

Sie haben die Ganoven herein- und gleich wieder hinausgelassen. Einfach zum Kotzen: Ihr updateloses Multi-Kulti, ihre dumme Demokratieverzagtheit. Schon ein Wunder, dass ihre Frau das aushält, ihr Schnarchen und Deckbettgezerre so hinnimmt, während sie doch einfach zudrücken könnte. Ja, es geht auch ums rechtzeitige Luftrauslassen, wenn Schluss ist. Und ums Fremdgehen auf ihrem Bürotisch. Mit Folgen, na ich weiß nicht.

Wie … Sie bestreiten das?

Erneut ein Zurechtrücken, erneut das verdammte Domino. Muss ich jetzt Notiz zehn oder besser die elf anschließen. Thematisch passt keine von beiden. Und die zwölf, mein Gott, wie kam ich nur darauf, sie aufzubewahren?

Mit zunehmendem Alter – so lese ich dort – stellt sich auch für B. die Daseinsfrage: Genügt er der Demoskopie, hat er Anspruch auf nachhaltiges Ableben oder wird ihm der Platz streitig gemacht?

Sein Arzt meint, im Zeitalter von Avatar und Cyborg werde gewiss nachgeschlechtert. Dann sei es aus mit der Jungbrunnerei, mit Anti-Aging, Whirlpool-Sitzhilfen, Ganzkörper-Stützstrümpfen und Botox-Visagen. Dann sei Siechtum angesagt, Siechtum nach Kassenlage.

B. hatte das vorausgesehen: Sei bescheiden, flüsterte er seit Jahren, zerr nicht am Zahn der Zeit! Versetz dich besser in deinen Hund, aber … bleib nicht drin.

Sorry, hier bricht mein Konstrukt. Hier läuft mehr aus dem Ruder als der Kurs hergibt. Dabei hatte ich doch …

Wieder baue ich die Reihe – diesmal aus SzeneResten, aus verworfenen Dialogen. Lege die Zettel im Viereck, entferne einige und ziehe neu. O ja, da entsteht Unfassbares, ein Verlauf, der mich wirklich begeistert. Hier passt plötzlich, was unverschoben nur Blödsinn ergab. Hier entsteht Logik, zugegeben: eine etwas strapazierte. Doch genau die könnte helfen, die Substanz zu retten.

Tatsächlich: Aus einigen Passagen steigt Brauchbares empor. Ganz klar, dass ich jetzt durchhalten muss.

Vor allem gilt es, den Fluss herzustellen, die Abfolge des Geschehens zu verstetigen und Kicks einzustreuen. Mit Vorbehalt. Denn nie dürfen Dinge zusammengebracht, Personen verkuppelt werden, die einander ausschließen oder in Frage stellen. Einmal in die Irre geführt, einmal in ausschweifende Details verbannt, stutzt der künftige Zuhörer. Er beginnt abzudriften, hängt plötzlich dem letzten familiären Streit nach, hadert mit dem Null Ouvert von gestern. Dabei – das ist völlig klar – verliert er den Faden, spürt nicht, ob das, was ihn aus der Kurve trägt, nicht doch der Schlüssel zu dem werden könnte, was die bislang fade Geschichte zum Aufschwimmen bringt.

Zweifel hin und her – die Sache entwickelt sich: Es gibt jetzt doch die akute Bedrohung, jetzt doch den für den Träumer verlorenen, für den wachen Zuhörer aber durchaus nachvollziehbaren Konflikt mit Naumann. Mit dem, der im leeren Zimmer umherrast, den Revolver entsichert, um Sägebrecht, jawohl, diesen im Kapitel eins ins Spiel gebrachten Übeltäter, forsch abzuknallen.

Wer, so fragt der Träumer entgeistert, ist Sägebrecht? Nun, ich kann helfen: Sägebrecht ist der, der mit Naumanns Frau schläft, wenn beide – also Sägebrecht und Naumann – nicht gerade gemeinsam auf Akquise-Tour sind. Und Sägebrecht ist es auch, der dem Chef klar macht, dass nicht Naumann, sondern er, eben Sägebrecht, die Zugnummer im Unternehmen ist.

Warum, fragt der Träumer erneut, bahnt sich hier ein Mord an? Was hat da aus welchem Grund diese Wut erzeugt? Unser Träumer hat – das ist sicher – die zurückliegenden Szenen nicht mitbekommen. Er weiß einfach gar nichts, denn die zwei, drei Minuten, die er im Halbschlaf bei Frigidolinchen, bei Kreuz sieben oder sonst wo verbrachte, haben ihn abgekoppelt.

Du bist raus, mein Freund! Du bist raus! Leider. Aber gräm dich nicht. Mich hat's auch erwischt. Habe versucht, dir vorzuspielen, habe dir das Drama, von dem ich glaubte, dass es ein Drama sei, mit zu leiser Stimme zerlangweilt.

Schade! Irgendwie lief das schief. Zu wenig Sex, zu wenig Action in der Geschichte. Und was die Spieler, vor allem: was diesen Naumann angeht – mein Gezettel könnte ihn entstellt haben. Naumann vielleicht ein verkappter Zölibatärer, ein apathischer Fettsack, muskel- und blutlos. Diese Eifersucht – einfach unmotiviert. Der konnte gar nicht …

Ja, ich weiß schon, Sie fordern Ersatz, eine Gutschrift für entgangene Leutseligkeit. Sie wollen etwas Verständliches. Nicht diese Wortdreher, die Sie aus dem Reim bringen. Könnte heißen: Warum greifst du nicht volksnah unter die Gürtellinie, servierst den Münsteraner Kleinkrimi, eben das, was die Haare trotz Regen und BaseCap zum Himmel sträubt.

Schade! Da haben wir uns missverstanden. Drei Euro Eintritt begründen keinen Anspruch – schon gar nicht den auf Downshifting und Beliebigkeit. Schließlich bin ich auch nur ein Mensch.

Die gelben Zettel, sie hüpfen weiter. Es sind nur noch wenige. Ihnen die brauchbare Dramatik, jenen Resteinfall abzutrotzen, wird in dem Maße schwieriger wie der Bestand schrumpft. Solch Sisyphos ängstigt.

Allein der Gedanke, dass Handlungsstrang zwei vor Höhepunkt eins einstürzen könnte, lässt mich erschauern. Und die Aussicht, dass ich Szene für Szene auf Verständlichkeit prüfen müsste, nervt nur. Was, wenn vor Dialog drei und vier ähnliches passierte? Wenn ich es nicht hinbekäme, Sägebrecht über die Beschreibung seines Anzuges hinaus so aufzuekeln, dass sein Ableben quasi verlangt wird? Was, wenn ich mich neuerlich verzettelte? Was, wenn Sägebrecht, der im Job intrigierte und dazu die Frau meines Protagonisten beschlief, zum Helden würde? Während Naumann als Versager dastünde.

Nicht auszudenken, dass dieser Naumann, den ich mühsam – nun zugegeben, mit etwas kargen, farblosen Worten in Absatz vier – aufpeppen, zumindest aber als honorigen und freundlichen Menschen darstellen musste, derart ins Zwielicht geriete?

Doch was tu ich, um sie zurecht zu rücken – die Personalie? Sie hinterfragen? Sie ungefragt widerlegen? Nixda!

Hier muss ein Schnitt her – radikal und wundbetont. Ein Relaunch, ein weiterer – diesmal sinnvoller Zetteltausch. Wie aber könnte der gelingen, wenn schon der Ansatz ein Flop war?

Dieser lächerliche Revolver, bereits entsichert, könnte nach hinten losgehen. Welch ein Affront, würde man allseits schreien. Welch ein Mangel an Schlüssigkeit! Woher überhaupt die Waffe und aus welchem Holster?

Hier, meine sehr verehrten Damen und Herren, stürzt das. Hier im Hauptfeld geht zu Bruch, was den Rest tot macht. Meine Zettel, die letzten: sie flattern. Ihr geflickter Sinn würde Unsinn. Selbst tüchtigstes Anagrammieren könnte den SchlussStein, diesen Akt letzter Wertschöpfung, nicht herbei wundern. So bleibt es bei vorletzt ...

Das – ich gebe es zu – frustriert.

querfeldein

Provence light oder … vorwiegend geschlossen

Wer an die Provence denkt, vermutet Wärme – ein Ansatz, der im Prinzip richtig ist, aber schnell kippen kann. Die Winter sind dort a…kalt, und selbst im April ist *verdammter MISTral* ein durchaus üblicher Aufschrei.

Als wir beide den Pass bei Clelles überfahren, zeigt das Thermometer neun Grad. Ein übler Kontrast zu Düsseldorf, das – soeben verlassen – vor Hitze stöhnt. Selbst weiter unten bei Folcaquier ist es kaum anders. Einigermaßen kaputt landen wir schließlich in Villemus, einem Nest mit gerade mal zehn Häusern. Dass es zur Provence gehört, scheint sicher, wenngleich nur ein Reiseführer diese Gegend überhaupt beschreibt. Die traditionsreichen Orte liegen einfach woanders.

Unser Ferienhaus haben sie weit vom letzten Gehöft entfernt in die Prärie gesetzt. Es ist stabil, doch es scheint die Kälte der Voralpen vereinnahmt zu haben. Uns bleibt nichts übrig, als den Kamin zu heizen. Ein Unterfangen, das ohne Kleinholz nur mühsam in Gang kommt. Immerhin gibt es diese Möglichkeit, und als das Feuer knattert, wird es auch wohnlich.

Der kommende Morgen ist ebenfalls kalt, aber nicht mehr ganz so trist. Ab und zu gibt es himmelwärts blaue Streifen und die machen Mut.

Unser Ziel heißt Entrevennes. Es ist ein Ort, den mein Freund öfter besucht. Paula, seine Cousine, hat dort gelebt. Sie liegt auf dem kleinen Friedhof.

Wir finden auf der Hügelkuppe ein paar ockerfarbene, aus Naturstein errichtete Häuschen, dazwischen schmale, kaum befahrbare Gassen. Den Tante-Emma-Laden suchen wir vergebens, auch die Kneipe ist verwaist. Alles wirkt eng, kurz und verlassen, und es scheint, als gäbe es hier seit Jahrzehnten Stillstand. Mit dem, was ich über die Provence gelesen habe, hat das wenig gemein. Dabei fühlt man, dass dieser Ort fest in der Landschaft steht. Das Grab der Cousine finden wir unten an der Steinmauer. *A'demain* steht auf einem kleinen Schild, doch die Freunde sind weit. »Na, dann bis morgen«, flüstern wir ersatzweise. Wenig später geht es zurück – vorbei an der winzigen Kapelle, deren Glocke unbeweglich im Stuhl hängt, und vorbei an den Menschen, die sich nicht gezeigt haben.

Kurz darauf nehmen wir die Straße, die am Rancure Torrent verläuft. Dessen Wasser fließt spärlich, doch es bahnt sich den Weg. Viel wissen wir nicht über diesen Bach, ob er irgendwann anschwillt und alles fortreißt und schon gar nicht, ob er im Französischen männlich oder weiblich ist. Nun ja, das kann auch in Deutschland irritieren. Was uns mehr beschäftigt, sind die geröllträchtigen Betten, die die Wasser ganzer Talsperren aufnehmen könnten. Werden sie jemals gefordert?

Anmut hat viele Gesichter. Das vom Rancure Torrent ist weiß und blau. Es sind die Farben, die uns später auch bei Buech, Sasse, Asse und Verdon begegnen. All diese Wässer, so scheint es, entspringen dem Geröll – mal einstromig, mal mehradrig. Nur dem wildesten unter ihnen, der Durance, hat man Zügel angelegt. Sie hat immer schon ganze Landstriche überschwemmt. Gleichwie: Die VoralpenBäche stecken mir bis heute im Kopf. Witzig, dass so viele kein Wasser führen. Namensschilder am Straßenrand aber gibt es dennoch.

Aix en Provence. Ach mein Gott: welche Vorschusslorbeeren! Dabei geht es dieser Stadt wie vielen Städten im Süden – bei Sonne sind sie umwerfend, bei Regen nur ein Abklatsch mit tristen Hinterhöfen, defekten Fallrohren und Putzschäden. Gewiss: Es gibt die Sehenswürdigkeiten und es gibt Restaurants. Doch der Kneipen wegen ist man nicht gekommen (man meidet sie besser, die Preise sind exorbitant). Das andere aber amüsiert auch nicht: Ständig in Kirchen und Stadthäusern hocken bis die Schauer vorbei sind. Oder auf Museen stoßen, die verrammelt sind.

Nun, es hat nicht geregnet, als ich mit dem Zug in Aix ankam, das *Musée Granet* allerdings war tatsächlich geschlossen.

Die Geschichten über Aix – ich habe sie mir angelesen. Im Grunde aber hat mich nur Cezanne gereizt – weil ich Bilder mag. Vielleicht aber auch, weil ihn seine Stadt nicht annehmen wollte. Klägliche sechs Bilder hat sie quasi rückerworben. Die aber bleiben hinter Gittern, genauer gesagt: im Granet ...

Aix ist ein Hexenkessel. Schon jetzt im April quillt es über von Touristen. Nicht auszudenken, was hier im Juli los ist. Doch Fragen hierzu muss man nicht stellen. Schließlich ist Frühling. Und angesichts der Eindrücke lebe ich mit dem, was mir zufällt. Diese Stadt ist schön, doch was sich da in den Kopf katapultiert, bleibt Stückwerk – ein Brei von Baedecker und dem, was andere preisgeben. Viel mehr wird nicht. Kein Gespräch mit den Einheimischen – sie wehren sich, wenn man in Englisch oder Deutsch auf sie los redet – und kein wirkliches Rekapitulieren von Geschichte. Nur das Rudiment lebt: das Optische und die spärlichen Dialoge mit den Kellnern. Immerhin kommt dann der Café Creme und er schmeckt vorzüglich. Nur dumm, dass ich Latte macchiato bestellt hatte. Den kennt hier niemand.

Ach ja, irgendwann saß ich am Place des Chappeliers. Ganz hübsch, ganz hübsch und auch hier der Kaffee wirklich gut. Doch als ich den loswerden will, mich tief in die hinterste Ecke an die Tür vorschiebe: ein Desaster! Ein düsterer Treppenhausschacht, die im Abblättern begriffene Aufschrift »Toilettes« und dann eine Tür, die verschlossen ist. Ich klettere die Treppe empor, weil ich glaube … Aber mehr als drei zerbeulte Fahrräder im Quergang finde ich nicht. Also einmal kräftig zukneifen und den Cour de Mirabeau ansteuern, dort eines der markisenbestückten Restaurants ausmachen und rein.

Später gibt's drei Fotos von der Prachtstraße, zwei Blicke an den Platanen empor. Dann aber stürme ich nordwärts in die Avenue Pasteur. Rechts von ihr soll das Atelier sein, und das – eigentlich nur das – will ich sehen. Doch zunächst sperrt es sich. Das Anwesen ist über Mittag geschlossen. So steige ich weiter bergauf, weg von der Innenstadt in die Einsamkeit des Oppidum d'Entremont. Oben am Berg stoße ich auf teure Villen. Doch sie sind es nicht, was ich suche. Wonach ich ausspähe, ist ein Hügel, etwas, das mir die Sicht frei gibt. In einer Auffahrt habe ich Glück, steige durch das feuchte Gras und schaue mich um. Ganz sicher: Dort liegt er, der Mont Sainte-Victoire. Sein Gipfel hat diesen Absatz – wie auf den Gemälden.

Nach vierzehn Uhr finde ich Einlass ins Atelier. Ich betrete den verwachsenen Garten, durchstreife ihn mehrfach und spüre … Ach Unsinn: Ich empfinde natürlich gar nichts, es sei denn, ich mache sie mir vor: die Millionen Fußtapfen derer, die diese Erde platt traten. Dieser vermeintliche Hauch Cezanne ist natürlich ein kopfgesteuerter, den man entweder herbeizaubert oder weg lässt …

Immerhin: Cezannes Haus steht tatsächlich in dieser Wildnis. Es ist gut erhalten und man lädt mich ein, näher zu treten. Innen ist es finster. Das große Atelierfenster ist von Bäumen umstellt, allesamt riesig. Sie erzeugen das, was es früher nicht gab. Damals – so zeigen die Fotos – war die Anhöhe kahl und das Innere des Hauses hell. Unverständlich, dass man diese Entfremdung zuließ – sie ist doppelt nervig, denn auch die Arbeiten des Künstlers sucht man vergeblich. Stattdessen liegt buntes Beiwerk herum. Details aus den Bildwerken, durchgesessene Stühle und morsche Kleidung. Cezanne, so eröffnet mir der Reiseführer, habe den Raum nur kurz verlassen. Er werde umgehend zurückkehren. So ein Unsinn tut weh. Keine zehn Pferde hätten den Mann bewogen, sich diese Lichtlosigkeit anzutun.

Später hake ich verbissen ab, was noch auf dem Zettel steht. Die Cathédrale St-Sauveur etwa. Sie, so hieß es, berge ein uraltes Baptisterium. Sehr richtig, stelle ich fest als ich davor stehe. Doch aus dem Ereignis wird nichts. Das alte Gemäuer ist mit Plastikplanen verpackt und man sagt mir, dass das andauern wird. Auch der *brennende Dornbusch* bleibt ein Traum. Es gibt ihn nirgendwo, obwohl sich Nicolas Froment so bemüht hat. Nun ja, man wird das Triptychon anderswo ausstellen. Was mir am Schluss bleibt, ist der Blick auf das Hauptportal. Man hat die Schutzverschläge tatsächlich abgeklappt: Die Schnitzereien sind phantastisch!

Stadteinwärts entdecke ich das Rathaus. Es steht offen und es beeindruckt. Freilich nur für Minuten, denn unten auf dem Platz wird die Schönheit zugedröhnt. Endlich wieder Megaphone, stöhne ich, dazu Hammer und Sichel und ein *No votre*, das zum Himmel schreit. Lautstark geht es gegen die EU-Verfassung und man spürt, dass die Franzosen engagierter sind als die Deutschen. Im Kontrast dazu: Passanten und Caféhaussitzer. Sie grinsen ein wenig und auch ich empfinde gemischt. Optisch klar dagegen die Vertreter der Ordnungsmacht. Sie haben sich ringsum aufgebaut und lassen nichts anbrennen. Ihre Uniformen knittern bläulich und die Gummiknüppel pendeln.

Stadteinwärts hat sich ein zweites Knäuel gebildet. Es sind Fans, die einem Cartoonisten nachjagen, nachjagen wollen, denke ich, denn der Mann erscheint nicht.

Etwas Zeit bleibt noch, um den Delfin-Brunnen in Augenschein zu nehmen. Dann aber wird es eng mit Extras und ein wenig dröge. Meine Füße sind schwer und ich brauche den fünften Kaffee. Da mein Zug spät fährt, versuche ich weiterzustreifen, stoße aber stets auf bereits Bekanntes.

Was mir bleibt, sind die Hinterhöfe. Ein paar von denen sollte ich anschauen – denke es und finde die meisten von ihnen verschlossen. Einer scheint dann doch zugänglich. Ein, zwei Fotos, denke ich schnell, laufe in den dunklen Durchgang und iitsch … in einen Scheißhaufen. Was dahinter liegt, ist kaum aufregender. Düster aufsteigende Wände und verrostete Dachrinnen. Hinter einem der offenen Fenster: die Hand mit dem Apfel. Er ist angebissen, dieser Apfel. Gut möglich, dass der Griebsch plötzlich auf mich zufliegt. Kein schöner Gedanke. Ich gehe.

Dienstag früh scheint plötzlich die Sonne, ja sie sticht geradezu. Weil wir dem Licht nicht trauen, sind wir schnell auf den Beinen.

»Auf zum Mont Ventoux,« ruft mein Freund. Und er hat recht. Diesen Berg muss man einfach erkundet haben. Leider reicht es nicht zum Wandern – meinem Freund klappern die Knochen. Aber Fernsicht per Auto ist auch etwas Schönes, und wir sind entschlossen, wenigstens das …

Die Straßen bis Goult sind wenig befahren. Hier ist noch keine Saison und die Kneipen in den Städten öffnen schwunglos. Man sieht fast nur Einheimische.

Irgendwo hinter Isle de Sorgue taucht sie dann auf, die weiße Kuppe. Tatsächlich: Der gute Ventoux schleppt noch immer Reste des Winters. Ich versuche, das Ganze aufs Handy zu bannen. Sehr blöd, wie sich zeigt, denn später ist meist besser.

Vor Malaucène schließlich haben wir bessere Sicht. Der Riese hebt sich quasi aus der Ebene. Das ist doch etwas! Mein Versuch, Petrarca zu zitieren, scheitert. Stattdessen murmele ich Ortsnamen. Mein Freund korrigiert sie ständig, weil: Es sind französische Namen. Und zum zigsten Male beschreibt er, wann ich das S mitsprechen und das X zum U machen soll. Das ist mehr als sinnlos, denn heimgekehrt, will ich nicht verdichten, was sich hier ausdünnt.

Neue Szene: Wir machen Rast. Es ist heiß und die Kneipe, die wir aufsuchen, liegt voll in der Sonne. Mein Pech, dass mir heiß wird. Ich reiße die Strickjacke vom Leib und hänge sie über die Stuhllehne. Dort verbleibt sie auf Dauer und ich fluche später.

Anschließend geht es weiter bergan – auf Serpentinen, die kirre machen.

Feste Seitenplanken gibt es kaum, die Straße ist schmal und die Vegetation wird schnell spärlicher. Schließlich leuchten Fetzen von Schnee. Gut, dass wir nicht im Juni gereist sind, denke ich. Vertue mich aber, denn als wir die tausendfünfhundert Meter erreichen, ist schlagartig Schluss. Die Straße ist gesperrt – wegen Bauarbeiten. Von Bédoin aus gebe es eine zweite Auffahrmöglichkeit, weiß mein Mitstreiter. Optimistisch, wie wir sind, genießen wir die Aussicht nur halbherzig, stürzen einfach zu Tal. Doch auch am neuen Startpunkt gibt es kein Weiterkommen. Wären wir doch im Juni ...

Am Dienstag stürmen wir den Canyon du Verdon. Wieder scheint die Sonne und die Sicht ist phantastisch. Dumm nur, dass ich das Steuer ständig herumreißen und die Augen ins Gestein richten muss. Serpentinen und Haarnadelkurven – beides kann man wegdrücken. Fragt sich, was die folgende Nacht damit anfängt. Träume können die Radien schnell verkleinern.

Im Gefolge dann das zweites Übel: Ein Haufen Irrsinniger will uns ständig überholen. Die Einheimischen sind gute Bergfahrer, aber was sie hier abziehen, ist nervig. Offenbar verlegen sie auf Bergstraßen, was ihnen auf Autobahnen verwehrt wird. Ein Bescheuerter schließlich streckt den Finger. Das weckt heimische Gefühle.

An den folgenden Tagen ist Ruhe verordnet. Die Fahrerei hat uns geschlaucht und in Villemus ist es urgemütlich. Wir stellen die Stühle hinaus und lesen.

Dann meine Alleingänge in die Natur. Vorerst auf Schneisen, die die Bauern in die Wildnis geschlagen haben und radikal, sprich: mit schwerem Gerät freihalten, dann in ausgetrockneten Bachbetten und hier und da in den Maquis.

Der Frühling scheint zurückgeblieben. Mein erster Ausflug ist dann auch frei von den tausend Gerüchen. Auch die Vögel wisperen nur spärlich. Bei meinem zweiten Gang dann Blumen: Primeln und Narzissen, die wild wachsen, dazu allerlei Blütenwerk, das mir unbekannt ist. Ich suche Steine und hoffte eine der verquasten Wurzeln zu finden, die den Fels durchdringen. Aber der Maquis ist widerspenstig. So muss ich mit einigen

Steinplatten vorlieb nehmen. Ich reiße sie abrupt aus dem rissigen Verbund – und finde auch den Muscheleinschluss.

Die Ruhe ist heilsam, und die Natur in ihrer Unberührtheit ein Buntgeschenk.

Tags darauf verlassen wir Villemus und steuern gen Westen. Es gilt, die schönsten Dörfer Frankreichs – Bonnieux, Gordes, vielleicht auch Lourmarin – zu vereinnahmen. Und dann soll es bei Roussillon dieses sandsteinige Ocker geben.

Was schließlich entsteht, ist der fotographische Eindruck von Landschaft – ziemlich wenig für die Erbauung, auf die wir gehofft hatten. Alles fließt eben hopplahopp. Allein Senanque mit seinem Kloster gräbt sich tiefer – dank einer Führung. Die rauscht zwar vom Wort her sinnlos an mir vorbei, gibt aber dennoch Bilder, die fest hängen. Hier und da finden sich deutschsprachige Erklärungen, doch ich setze mehr auf die Bücher, die wir dabei haben.

In Fontain du Vaclouse schließlich die ersten touristischen Einbrüche, ein Tohuwabohu von Schaulustigen, das die liebliche Sorgue zugießt. Leider liegt der Kessel, aus dem sie im Frühjahr hervorquellen soll, still. Nur die seitwärts einströmenden Wasser lassen ahnen, wie das sonst losdröhnt. Mühsam hole ich einen Stein aus der Tiefe.
Wie weißblau der ist!

Den Sonntag verbringe ich allein in Avignon: Dort angekommen, verlasse ich den Bahnhof und biege in den Cours Jean Jaures ein. Schnurgerade geht es zum Place de l'Horloge. Doch bevor die Historie zuschlägt, rechts eine schmale Gasse. Hier sind die Fensternischen mit bunten Malereien geschmückt. Überaus beeindruckend. Dann links die enge Rue de Mons – ein entsetzliches Gässchen, das sich alsbald als schäbige Kehrseite erweist. Mir schlagen übelste Küchendünste entgegen. An Mauern und Türnischen lauern finstere Löcher – dahinter verrammelte Verschläge und rostige Wasserleitungen.

Dass sich das alles so abrupt ändern kann. Plötzlich, ja übergangslos und hoch aufragend: die Mauer des Papst-Palastes. In den muss ich jetzt hinein. Ich zahle kräftig und bin gespannt. Den deutsch plärrenden Audio-Guide erspare ich mir. Er würde mir Zeit rauben und die Details kann man nachlesen.

Das Innere des Palastes ist faszinierend. Auf unzähligen Treppen geht es rauf und runter und wieder rauf. Alles ist nett beschildert und man findet, was man sucht. Mir geht es um die Fresken von Martini (1341), winzige Reste einer alten Malerei. Und tatsächlich: Im Consistoire finde ich sie. Die Bilder sind umwerfend. Nur Jesus könnte etwas freundlicher dreinblicken.

Irgendwann lande ich im Zimmer der Päpste. Fies finster ist es hier, und die tollen Keramiken – man sieht sie kaum. Einen Tick später die Sacristie Nord. Hier haben sie zusammengewürfelt, was keine Sechs ergibt: die bildhübsche Ste Ceterine de Sienne mit zwei nasenlädierten Kardinälen. Am Boden das streng dreinblickende Paar: Anne D' Auvergne und Louis de Bourbon – gleichfalls ohne Nasen.

Links an der Wand ist Charles IV roi de Boheme verewigt. Ein den Künsten geneigter Regent? Ich vermag es nicht aufzuklären. Rechts oben schließlich – welche Freude – ein Bildnis von Rene dem Guten. Er wenigstens … lächelt.

Einigermaßen beschwingt steige ich weiter. Ein Schild verweist auf das oben gelegene TerrassenCafé. Das Restaurant aber – es überrascht mich nicht – ist geschlossen. Die PanoramaPlattform ist es Gottseidank nicht. Sie entschädigt ein wenig.

Kaum draußen, lockt die Notre-Dame des Doms. Sie liegt direkt nebenan und ich laufe hinein. Ein prächtiger Bau fürwahr und drinnen vor dem Altar ein Orchester mit Chor. Alles stimmt sich ein und die Mikrofone lauern gespannt. Ich versuche, mit dem Handy ein Video zu machen. Das Ding aber fiept entsetzlich und ich flüchte.

Der Weg über die Rhone hinauf zum Fort St Andre wird hart. Die schwere Tasche zerrt an meiner Schulter und mein rechtes Knie gibt Warnzeichen. Ich setze mich auf den Rinnstein und fingere nach den Tomaten. Die schmecken vorzüglich. Aber als ich aufstehen will, knackt es im Gebälk. Weghören, denke ich und schleiche weiter. Die Festung, die ich dennoch erreiche, ist beeindruckend. Leider ist die Abtei geschlossen. So bleibt es beim Rundgang zwischen Mauern, Kieswegen, Kasernen und Lilien.

Mitten drin ein privater Wohnsitz – welch ein Glückspilz, der das beleben darf! Mir nützt es wenig. Gäbe es doch einen Drink, vor dem ich ausspannen könnte. Doch weder er noch ein Bus winken.

Der Abstieg wird harsch wie der Aufstieg, etwas, dass ich wegstecken muss. Flüchtig betrachte ich das Umfeld, erblicke Villen und karge Domizile – wie es scheint, willkürlich aneinander gereiht. Zweihundert Meter weiter – ich habe bewusst diesen anderen Weg gewählt – treffe ich sie doch noch: die Bar, die Erfrischung verheißt. Mit etwas Glück finde ich Platz am Hotel de Ville. Das Gebäude ist alt und zweifach beflaggt. Dazwischen die immer wiederkehrende Inschrift: Liberté, Egalité, Fraternité. Große Worte in angespannten Zeiten. Sie sind mir – ausgedörrt wie ich bin – ziemlich Egalité.

Nach einer Stunde rufe ich ein Taxi und fahre zurück. Im Zentrum pendele ich noch etwas durch die Straßen. Es ist 1. Mai – doch die Fahnen, sie fehlen.

Mein Versuch, mehrere Kirchen stadtauswärts zu besuchen, scheitert. Ihre Türen sind versperrt. Ein sonntägliches Edikt oder ein Protest gegen die Roten? Keine Ahnung.

Irgendwann lande ich am Bahnhof. Dort wird mein Zug nicht angezeigt. Es ist eine Frage des Timing, wie sich herausstellt. Zwanzig Minuten später ist er auf der Tafel.

Dann aber plagt mich ein Bedürfnis – etwas, dass mich hier nicht treffen sollte. An der Toi gibt es Öffnungszeiten und ab achtzehn Uhr geht nichts mehr.

Ein Stück weiter in der Pub-Station werde ich doch noch fündig – auf beeindruckende Weise. Kein Papier auf beiden Aborten. Dafür eine Wüstenei aus Zigarettenstummeln und Wasser. Ja ja, die Toiletten in France – ein Kapitel für sich. Zusammengekniffen suche ich das Weite. Es sind nur dreißig Minuten bis Cavaillon. Dort wird man sehen.

Bevor ich den Zug erklimme, knallt es vernehmlich. Die Zugschaffnerin tritt das Leergut aus dem Zug. Es trifft ungebremst auf die Schienen. Ich bin ein wenig erstaunt. Trotzdem ist die Dame hübsch und blond. Aus dem Waggon heraus fordert sie mein Ticket. Ich ziehe es aus der Tasche, und ihr Wortschwall amüsiert mich. Per Hand bedeutet sie mir, ihr zu folgen. Zwanzig Schritte und wir landen am Entwerter. Während sie das Billet einschiebt, lächelt sie.

Frankreich kann … wirklich nett sein.

Rosenmontag

Der Offizier legt die Maschinenpistole auf die niedrige Holzbank. Ihr Lauf – schwarz und sehr kurz – ist auf Schuberts Knie gerichtet.

»Wie ist ihr Name ...?«, fragt der Mann und blickt seinem Gegenüber direkt ins Gesicht.

»Wolfgang Schubert, my name is Schubert.«

»Schu … bert«, buchstabiert der Uniformierte, »... and woher kommen Sie?«

»Aus Düsseldorf«, antwortet Schubert. Er zeigt dabei auf den Pass, den er bewusst hoch hält.

»Jetzt from Düsseldorf ...?«

»Ja«, sagt Schubert.

»Und warum wollen Sie ... nach Israel ... suddenly?«

»Meine Frau und ich ...«

»Ihre Frau?«

Verdammte Scheiße! Schubert hatte *meine Frau* gesagt. Das war unklug. Denn L. war beileibe nicht seine, will sagen: die ihm angetraute ...

»Meine Frau und ich«, fährt Schubert dennoch unbeirrt fort, »hatten einen Flug von Düsseldorf nach Tel Aviv gebucht, ... über London.«

»Und warum fliegen Sie von Frankfurt?«

»Ich ... ich hatte meinen Pass nicht rechtzeitig ...«

»Nicht rechtzeitig?«

Der große Mann im blauen Overall starrt Schubert fragend an.

»I don't understand ...«

»Mein Pass ... mein Pass lag im Safe«, versucht Schubert zu erklären, »im Safe meiner Bank. Und ... diese Bank war zu ... gewissermaßen geschlossen ..., closed ..., verstehen Sie?«

»Closed ...«, wiederholt der Große und starrt weiter.

»Ich wollte am Montag meinen Pass aus dem Safe holen. Da merkte ich, dass die Bank geschlossen ist.«

»Sie haben Passport ... in Safe?«, fragt der Israeli.

»Ich habe meinen Pass immer im Safe«, antwortet Schubert.

»Okay, okay«, sagt der Offizier, ja Schubert spürt, dass ihm der Mann die Eigenart zubilligt.

»But ... warum war die Bank geschlossen?«

»Ja, fragen Sie mich mal ...!«, erwidert Schubert gereizt.

Das aber versteht er nicht, der Blaue, und man hört sie schon, die Kavalkade sinnloser Fragen ... was für eine Bank und welche Art von Safe, und weil Schubert das förmlich spürt, weil ihn das schon von vornherein nervt, setzt er hastig hinzu:

»Kein normaler Filialleiter schließt an diesem Montag, an diesem 28. Februar, seine Bank. Es sei denn, er betreibt sie am Rhein ...«

»Und ...?«, fragt der Israeli.

»Gestern war Rosenmontag.«

«Rosen... was ... tag?«

Der Mann stutzt einen Moment. Er trennt die Blumen von Montag und weiß nicht, was das mit gestern zu tun hat.

Wie gut Schubert ihn versteht. Dreißig Jahre Ost-Berlin, dreißig Jahre Pässe in Panzerschränken und dann dieser Feiertag am Rhein, dieser Karneval, der alles umschmeißt.

Versteh doch, denkt Schubert und nahezu beschwörend setzt er hinzu:

»Dieser verdammte Pass lag am Montag im Safe und ich kam partout nicht ran.«

Der Offizier nickt.

»Ich musste den Flug über London sausen lassen, zumindest meine Buchung, denn meine Frau, die flog ja ...«

»Saauusen lassen«, wiederholt der Blaubetuchte. Er tut es offenbar, ohne zu wissen, was Schubert meint.

»Sie haben .. .saauuu...sen lassen ...?«

»Ja, sicher, mein Flug war futsch. Ich habe sofort einen neuen gebucht. Für tausend D-Mark, do you understand: für verdammte tausend D-Mark ...«

Der Offizier beginnt zu begreifen:

»Sie mussten von Frankfurt ...«

»Ja, natürlich von Frankfurt, alles andere hätte zu lange gedauert.«

Der deutsche Konjunktiv bereitet Probleme. Schubert kann es an der scharf konturierten Steilfalte über der Nase erkennen.

»Ich wollte sofort fliegen«, setzt er deshalb hinzu, »bin also mit der Bahn von Düsseldorf …«

Es scheint nicht sicher, dass der Offizier checkt, was Schubert meint. Sein Gesicht wirkt ausdruckslos. Das allerdings tut nichts zur Sache, denn kaum, dass Schubert durchatmen kann, ist der Blaue wieder am Ball.

»Wie heißt ihre Frau?«, fragt er unvermittelt.

Wieder meine Frau, denkt Schubert und merkt, wie seine Oberlippe feucht wird.

»Wolters«, sagt er dann laut und verständlich, »... Lilo Wolters.«

»Wolters«, wiederholt der Blaue und nickt unmerklich. »Und wohin wollen Sie in Israel?«

»Nach Tel Aviv«, sagt Schubert, »in den Urlaub, ein paar Tage ausspannen. Herrgottnochmal! Einfach so ein paar Tage frei machen ...«

»Wo freimachen, Herr Schu … bert, was und bei wem?«

»Moment«, sagt Schubert und kramt umständlich nach seinem Zettel. Er muss in der Brieftasche sein. Doch wie so oft, ist er nicht auffindbar.

Schubert legt Koffer, Jacke und zwei Beutel auf die flache Bank, legt sie und verharrt sekundenlang in gebückter Haltung.

Der Israeli ist unbeeindruckt. Er nimmt eine Zigarette aus der Schachtel und zündet sie an.

Das Portemonnaie, schießt es Schubert durch den Kopf. Der Zettel liegt zwischen dem Kleingeld. Wo aber ist das Portemonnaie?

Schubert macht dem Mann, der blaue Schwaden gegen ihn ausstößt, ein Zeichen:

»Darf ich öffnen, Herr Offizier? Please ... öffnen.«

Schubert fällt das verdammte Wort für Koffer nicht ein …

»Please let me open ...!«

Der Offizier macht einen Schritt zurück.

»Open!«

Schubert nimmt die vier sorgfältig gestapelten Hemden aus dem Koffer und legt sie auf die Holzpritsche. Zwischen Socken und einem Wirrwarr von unsortierten Kleinteilen kommt ihm das Leder in die Hände. Mein Gott, er hat es. Ganz plötzlich ist auch der Zettel da. *Joseph Esham* steht auf dem Papier, und dann eine Straße, die Schubert nicht aussprechen kann. Schubert nimmt die Notiz und reicht sie weiter.

»Thank you«, sagt der Israeli, »... und warum wollen sie zu Mr. Esham?«

»Es sind Verwandte meiner Frau, entfernte Verwandte ...«

»Entfernte ...«, säuselt der Offizier.

Schubert wartet förmlich darauf, dass er fragt, wovon oder woraus entfernt, aber der Uniformierte hat anderes im Sinn. Er starrt auf die Zahlen, diese Ziffern am Rande des Zettels.

«Is it the phone number?«

«Ja«, sagt Schubert, »die Nummer in Tel Aviv ...«

»Wait a moment!«

Der Mann greift die Maschinenpistole und läuft auf die Absperrung zu. Er verharrt einen Augenblick, weil die benachbarte Kabine besetzt ist. Dann verschwindet er in der gegenüberliegenden Tür.

Die Befragungsstände rechts und links von Schubert sind geräumt, das Geflüster ist verebbt. Nur vorn am Abfertigungsschalter sind noch Leute. Sie sind mit ihrem Gepäck beschäftigt.

Wenig später ist der Israeli zurück. Er ist unbewaffnet und reicht Schubert den Pass.

»Joseph Esham kennt ihren Nachnamen nicht.«

»Meinen Nachnamen ...?«

»Yes, Mister, er kennt auch den Nachnamen ihrer Frau nicht.«

»Aber ...«, versucht Schubert einzuwenden, »er kennt doch die Vornamen ...«

»Indeed«, sagt der Blaue, lächelt ein wenig und

... gibt den Weg frei.

Idylle – kurz ausgeborkt

Lilo meint, dass schon weit vor der Küste so etwas wie Salznebel aufkommt. Sie öffnet das Autofenster und zieht die Luft durch die Nase.

»Ah ...«, stöhnt sie, »... aah!«

Später stöhnt sie an der Fähre. Diesmal eher apathisch. Wir haben nicht vorgebucht – und das sei, wie man uns sagt, übel.

Auf dem Schiff, das uns dann doch mitnimmt, läuft alles wie geschmiert: Irgendwer schlürft Kartoffelsuppe, drei Handwerker dreschen Skat, Jugendliche dröhnen sich Sound in den Schädel, drei Schnapsleichen schlafen quer auf den Bänken.

Richtig seemäßig geht es nur an Deck zu. Die Gelbjacken flattern und die Gischt jagt Tropfen in die Gesichter. Ein Wichtigtuer erklärt, wo das Meer ist. Er fuchtelt mit den Armen und kniet plötzlich auf den Planken.

»Das ist Mövenschiss!«, schreit er, »hee ... Mövenschiss!«

Niemand kümmert, was der Mann sagt. Erst als er diesen Schiffbruch anspricht, erst als er Masten krachen und Takelagen versinken läßt, recken sich Hälse.

»Ja, ja, die Cimbria«, tönt er, »die ist damals hier abgesoffen. Vierhundertsiebenunddreißig Leute an Bord, dazu Porzellan ohne Ende und Gold im Tresor. Nach dem Zeug tauchen die vorn.«

»Alles Quatsch«, sagt die Frau mit der SechsdioptrienBrille, »das ist 'ne Boje.«

»Nö, nö«, fallen ihr zwei Gelbjacken ins Wort, »du hast dein Fernrohr verkehrt rum.«

Um 18 Uhr legt der Dampfer an. Ich jongliere den Audi von Deck und erreiche das Pflaster. Es rappelt ein wenig und die Türen knistern. Hier sind fünfzig, später dann dreißig Kilometer pro Stunde angesagt. Und kaum, dass wir ins Schleichen geraten, begegnen uns erste Radrudel. Es sind Konstrukte aus allem, was Mensch und gebogenes Rohr so hergeben: die Radler am Boller, die Kiddies am Roller, die Tandemgerippe. Sie alle bremsen, winken und frohlocken, weil mein Tacho auf Null geht, und sie drängeln und schieben in die Gasse, die perestaltisch auf, aber eigentlich eher zu geht. Drahtesel ist König.

Später unser Spaziergang: ein erstes Eintauchen in die Borkumer Gemischwarenarchitektur, das forsche Schnüffeln in der Fressmeile unweit des Bahnhofs.

»Darf's denn Fisch sein, mein Herr, die schnelle in Altfett gebackene Kutterscholle oder doch besser das feine Menü, Seezunge spärlich für achtzehn Euro, im Upstalsboom?«

Gleichwie: Irgendwo langt jeder zu. Alles scheint hinter aufgewölbten Wangen zu kauen, schlürft Bier oder kramt eisleckend am Wühltisch.

Weniger als sechstausend Einheimische gibt es auf der Insel. Man spürt sie nicht wirklich, denn die Touris stülpen sich hundertfach. Und wir ahnen es schon: Erst im Winter, erst im Frost, wenn den Möven der Arsch abfriert, keimt hier Einsamkeit. Dann aber braucht er sie auch, der Friese, atemlos entschleunigt auf typisch wortkarg.

Lilo merkt, dass es hier massenhaft Akkermanns gibt. Akkermanns auf Schildern, Akkermanns auf Aushängen und Wahlplakaten. Da sind Johannes, der Elektriker, Ommo, der Planwagenverleiher, Jan J., der Kaufhausbesitzer, Jan J. junior, der Warengroßhändler, nur blasse Vorhut und auch Cornelius, der Kuranwender oder Kneipen-Renate in der Bismarckstraße nur Spitzen auf deftigen Eisbergen. Denn zusammen sind sie zweiundachtzig an der Zahl und mit Blick auf die Teerlings, Poppinga, Wybrands, Bekaans und Byls allemal übermächtig auf Borkum, ja zweifelos auch den Eilers, Albers und Bertrams überlegen, die auf Langeoog … Gut, gut! Ausufern soll das nicht. Und Seilschaften: Wer glaubt schon, dass sie gleicher Namen bedürfen.

Auf, auf! Ich führ euch zurück nach Borkum Eiland, das so illuster im Sand liegt. Blas zur Hatz auf die tausend Leuchttürme, die weiß wer gefaltet, getöpfert oder geschnitzt hat, jag euch zu den Querfeuern und Stövchen unter den zahllosen Teekannen. Die Rapsölbahn will ich zeigen, die so herzvoll bimmelt, wenn niemand in Sicht ist. Gelbe Wagen, grüne Wagen und dann die Dickköppe an den Fenstern. Fürwahr: Hier möchte man ausharren, den LokDampf atmen und dem Stampfen verzückt nachlauschen.

Oh, ja: Alles scheint arrangiert. Gehsteige für die Wanderer und Schutzgebiete, die Touris abweisen. Am Strand fließt Süßwasser und die Eintöpfe dampfen pünktlich. Wer Fisch will, sieht ihn oft und reichlich. Doch aufgepasst, hin und wieder klemmt ein gewiefter Händler auch Altlasten in die Tüte. Sprich nie von deiner Abreise, wenn du einkaufst. Sie könnte im Tran enden.

Auffallend auch der nette Herr im Heimatmuseum, ein Typ, der den Walfang wach hält.

»Naserümpfen zählt nicht«, sagt er, als wir schief gucken. Zeigt uns die Harpune und den großen Penis in Alkohol. »Beides etwa 1920«, sagt er, »schon damals war alles sehr ausgeprägt.«

Dabei belässt es der Alte, schiebt die Mütze ins Genick und grinst etwas.

»Ganz schön brutal, die Spieße«, murmelt Lilo, »und so rosa-rostig.«

Der Mann überhört das, schlendert zu den korrodierten Schiffschrauben, zeigt uns die alten Seile und die Spitze des Leuchtturms, in die einstmals der Blitz einschlug.

Überall springen Kinder. Sie sind es, die vor allem herumtollen. Sie sind es, die nicht aufpassen, wenn Schiffe versinken, dafür aber unablässig nach dem Kackstuhl fragen, einem Klappding im Küchenverschlag. Der alte Mann ist Kummer gewohnt. Irgendwie stellt er die Irrwische und er erklärt auch das alte Monstrum – plastisch und freundlich. Ein wahrer Geduldsmensch.

Plötzlich – im Raum daneben – die Tafel der Akkermanns. Riesig – die ganze Wand lang. So ein Ding macht deutlich, was zigfach in dieser Stadt umherturnt und in nur einem gipfelt: im großen Stammvater. Mein Gott, fünfzehnhundertunddreißig! Was für ein Rammbock!

Am Mittwoch sind Sandbänke angesagt. Borkum – so sagt uns der Wattführer – habe massig davon. Schitt Sand, denken wir und trampeln über die Muscheln. Denn das Wichtigste scheint außen vor. Immerhin hat man uns Robben versprochen, die kleinen Fettwänste, die immer mal rumliegen. Der Führer ahnt, dass er liefern muss, dass die Leute nicht locker lassen. Schließlich gibt es sie irgendwo, die Tiere. Doch es klemmt offenbar mit der Nähe.

»Was denn nun«, fragt Lilo, »kommen wir nun ran an die Viecher oder wird bloß geblufft?«

Der Wattführer reagiert nicht, spricht vollmundig über Fauna und Lebensräume, stapft großspurig vor sich und wirft Stirnfalten. Dann plötzlich die Offenbarung:

»Wir können die Rundbäuche nur durchs Fernglas betrachten. Wegen Tierschutz.«

»Das ist Beschiss«, ruft ein Mann von hinten, »ich hab für's Anfassen bezahlt!«

»Unsinn«, kontert der Führer, »wir sind im Naturschutz!«

»Und nu wird gar nix mit Ranrobben?«, fragt ein Sechzehnjähriger.

»Nix«, sagt der Führer, und schon heulen zwei Bälger los.

»Kusch«, ruft Lilo und bohrt mit dem Zeh im Sand. Quasi übergangslos beginnt sie zu trällern:

»Der Touri mit *BLINDEN*köter, er schleicht zur *SEH*hundbank und spöter …«

Irgendwer lacht schallend, doch die meisten laufen verbissen weiter.

»Is wohl besser, wenn du das Gereime jetzt sein lässt«, werfe ich dazwischen. Und kaum, dass ich es sage, geht am Himmel das Leuchtfeuer rund.

»Boooh«, ruft Lilo, »ich glaube, die haben zu viel Strom hier …«

»Wieso zuviel?«, fragt ein Mittfünfziger, der zügig zu uns aufschließt.

»Ist doch alles nur Deko«, sagt Lilo, »die Schiffe fahren doch längst mit GPS …«

»Aber die Romantik …«

»Die können Sie getrost einklappen.«

»Aber ich bitte Sie ...!«

»Na, bitten Sie doch!«

Cuba ... sí!

Als die Condor gegen 20 Uhr 20 auf dem Flughafen Havanna aufsetzt, liegen elfeinhalb Stunden Flugzeit hinter uns. Draußen ist es dunkel, mein Nacken ist verspannt und Joe, der mich begleitet, guckt schief in die Gegend. Wir hatten auf Abendsonne und eine zügige Abfertigung gehofft. Dann natürlich auch auf die nette Dame von *SoliArenas*, die uns abholen würde. Nichts von dem sollte sich erfüllen, aber davon später.

Zunächst hatte ich ein komisches Gefühl im Magen. Es rührte von der Ansage her, die mir gut eine Stunde vor der Landung aus dem Bord-Lautsprecher entgegenschlug. Es ging um den Zoll. Man müsse – so hieß es – auch Geschenke deklarieren – so sie denn für Kubaner bestimmt seien. Nun, ich hatte etwas bei mir: zwei Kartons, die mir ein UNESCO-Mitarbeiter aus Bonn geschickt hatte. Sie waren für einen kubanischen Ex-Botschafter bestimmt. Was so drin war im Paket, konnte ich nur ahnen. Die Absender hatten das *Autoersatzteil* genannt. Ich war nicht neugierig, hatte das Paket einfach nicht aufgeschnürt. Jetzt, im aufgegebenen Koffer verstaut, wog es doppelt schwer. Sollte ich auf das Geschenk hinweisen, es aufführen, obwohl nicht sicher war, dass es das war, wofür ich es halten musste. Würde die Anonymität des Gegenstandes oder dessen unbedachte Einfuhr mich oder aber den Empfänger in Schwierigkeiten bringen? Nun, ich hatte kaum Zeit, die Varianten durchzuspielen. Joe und ich gingen bereits die Gangway hinunter. Ein paar Augenblicke später standen wir vor der Passkontrolle. Ich beschloss, gar nichts zu tun, sprich: den Koffer einfach passieren oder eben auffliegen zu lassen.

Nun, ich hatte Glück – und kam unbeschadet in die Eingangshalle. Dort bot sich ein buntes Bild – auch bestimmt durch den Schilderwald derer, die Leute aus Frankfurt abholen wollten. Ein Logo unseres Reiseveranstalters war nicht dabei. So war es Joe vorbehalten, die Leute einzeln zu befragen, ob denn irgendwer irgendwo unsere Namen verschluckt habe. Die Suche dauerte. Dann aber hatte Joe Glück und wurde fündig – unter einem Schriftzug, der uns unbekannt war. Als Mensch mit wenig Nachsicht, als Mensch mit wenig flexiblen Vorstellungen zu Information, Kommunikation und Logistik ist man verkehrt auf Kuba. Wer bleiben will, tut gut daran, deutsch-übliche Abfolgen und Verknüpfungen schnell zu vergessen. Die Dinge kommen auch so ins Lot – manchmal etwas spät, dafür aber höchst unaufgeregt.

Wir saßen schließlich in einem Bus, von dem wir nicht wussten, ob er uns ins richtige Hotel bringen würde. Der dann aber losfuhr und genau dort ankam, wo wir hin mussten. Im Foyer stieß José zu uns. Er war Reiseleiter und vertrat *Cubanacan*, eine inländische Reiseagentur, von der wir bisher nichts gehört hatten.

Wer jetzt vermutet, dass die Reiserei auf Kuba ein Problem ist, irrt heftig. Joe und ich jedenfalls würden das nie behaupten. Denn zum einen wussten und wissen wir nicht, ob unser Fall typisch ist. Noch machte uns die höchst undeutsche Art zu reisen, wirklich zu schaffen. Immerhin hatte sich im Verlauf der Tour so etwas wie eine Schicksalsgemeinschaft gebildet, die jeder neuen Wendung gespannt entgegen starrte. Abenteuer pur, ungeplant, quasi aus der Hüfte heraus. Während der Standard-Tourist auf den morbiden Mix aus kolonial und »Castro-light« wartete und beides im Regelwerk des ihm Zugedachten auch vorfand, waren wir im richtigen Kuba. Und kaum mit den geführten Hochglanzfotos beschäftigt.

Die organisatorischen Pannen waren also weniger wichtig. Und José natürlich ein netter Kerl – stämmig, einsachtzig und Patriot. Wie zu erwarten, war der Mann stolz – nicht nur auf Job und Fidel, sondern auch auf sich und wie er aussah. Es gebe auf Kuba zweiunddreißig Hautschattierungen, witzelte er: von ganz weiß bis ganz schwarz. Er selbst habe sich bei siebzehn eingeordnet.

Der nächste Morgen verging wie im Zeitraffer: aufstehen, frühstücken, Koffer fassen und los. Kaum dass wir saßen, lag halb Havanna schon hinter uns.

Zuerst war der Westen dran: ein Ausflug ins Zigarren-Tabakland, in die Cuhiba-Geheimkammern, in denen niemand fotografieren oder filmen durfte, wo die Blattsortierer, -schneider und -roller, eng aufgereiht, am Werk waren – den Betrachtungen, Bemerkungen und gelegentlichen

Lachsalven der Besucher ausgesetzt. Dass hier eines der wichtigsten Exportgüter zum Leben fand, war angesichts des druckvollen, aber irgendwie puppenkistenhaften Aufeinandertreffens von Touris und Tabaceros nicht recht greifbar. Gerochen hat es dennoch gut.

Wir haben natürlich die Hemingway-Runde mitgemacht, wir haben die Villa des Schriftstellers besichtigt und bei Cojímar nicht nur an ihn, sondern auch an die vielen Flüchtlinge gedacht, die von hier aus – legal oder illegal (letzteres auf tausenden, selbst zurecht gebastelten Flößen) – in Richtung Florida abfuhren. Da überkam einen glatt das zweifache Heulen, einmal wegen der Ertrunkenen, zum anderen wegen der noch immer prekären Lage im Land.

Bei aller Emotion: Der Versuch, Kuba einfach zwischen links und weiter rechts anzusiedeln, misslingt natürlich. Wer Land und Leute verstehen will, muss sicher für Jahre dort leben, Zugang zu offiziellen Stellen und Systemkritikern haben und dennoch die eigene Unabhängigkeit bewahren. Doch auch dann, wenn man glaubt, fündig geworden zu sein, muss man eines wissen: Unsere Auffassungen über die rote Insel sind entweder gar nicht oder wenig gefragt. Kuba war fast immer auf sich selbst gestellt bzw. sich selbst überlassen – im Leid ebenso wie in kraftvoller Befreiung. Allenfalls die fünfzehn, sechzehn Jahre, die Kuba im Verbund mit dem Ostblock verbrachte, haben die Rosskur kurzzeitig unterbrochen. Mit dem Sturz des Sozialismus begann dann das neue, moderne Elend: Zuckerwasser, gemischt mit ›haben wir nicht‹.

Niemand von außerhalb, schon gar nicht der unbedarfte Tourist, wird begreifen, was diese Menschen ausmacht, anfüllt und ausfüllt. Das Bewusstsein, Jahrhunderte lang gelitten, sich Jahrhunderte lang befreit und bis heute nicht wirklich gesiegt zu haben, zementiert die Sinne. Fidel Castro und die Seinen haben das mitbestimmt, haben das Unterste nach oben gekehrt und weiter gedacht. Sie haben Großartiges in Medizin und Bildung für ihr Volk getan, durch sinnlose Enteignung von kleinen und mittleren Unternehmen, durch Rufmord an der Bauernschaft, durch Reglementierung und Gleichmacherei aber auch vieles zerstört. Doch auf die Not dieses Beieinander muss sie niemand aufmerksam machen. Kubaner wissen selbst, wie groß die Kröte ist.

Wenn von Kuba und Revolution die Rede ist, ist diese Stadt, ist Santa Clara nicht wegzudenken. Hier triumphierte Che Guevara über die Truppen Batistas und hier ist Ches Leichnam bestattet. Sein Memorial mögen manche für martialisch halten. Ich fand das durchaus angemessen.

Im Innern des Baus war ich nicht minder berührt. Joe fand neben den Wandplatten von Che und Mitkämpfern auch den Stein für Tanija, die einzige Frau, die hier mitmischte. *Hasta Siempre Comandante* tönte es in mir und ich hielt inne.

Und dennoch: Vieles, was mit der Revolution nach Erfüllung geschrien hatte, ist bis heute nicht ausbuchstabiert. Der neue Mensch, den Che formen wollte, dieser Mensch ist auch jetzt noch Fiktion. Che muss vergessen haben, dass selbst kleine Veränderungen im menschlichen Erbgut der Jahrhunderte bedürfen. Oder er hat die Erkenntnis einfach in den Wind geschlagen. Wir aber wissen: Kulturelle Evolution läuft nicht im Jetstream und schon gar nicht durchs Wurmloch. Und das Ergebnis ist … immer offen. Folglich muss der Kampf um mehr Mensch und Gerechtigkeit mit dem geführt werden, was da ist. Das setzt großen Wünschen und Erfolgsquoten abrupte Grenzen. Ob der brauchbare Rest für eine neue, bessere Welt reicht, wird sich zeigen.

Ich hatte im Guayanara-Nationalpark so etwas wie Tarzans Urwald erwartet. Ein Irrtum. Hier gab es weder Mangroven noch Lianen und feucht-heiß war es auch nicht. Dafür schossen zahllose Bäume und Sträucher auf, türmten Wände und spannten ein undurchdringliches Netz aus Grünstich. Auch das imponierte. Der Pfad, der durch die Wildnis führte, war oft extrem schmal, und die Bachläufe mussten auf Baumstämmen überquert werden. Überall waberten Ruhe und Spannung gleichermaßen, überall gab es Sauerstoff und die Möglichkeit, abzuschalten.

Wir sahen Kaffeestauden, Bambus und gefiederte Palmen, stiegen durch Höhlen, spürten Kolibris und Tocororos nach und folgten den Blüten, die rot, weiß und gelb unseren Weg säumten. Der Park wird stark bewandert. Menschen aus aller Welt trampelten vor sich hin, badeten am Fuße der Wasserfälle und strömten zu Hunderten in die Talsenke. Das alles tat gut und war angesichts der vielen BusSitzerei mehr als erfrischend. Wäre da nicht der blöde Tourismus gewesen – dem wir natürlich selbst anhingen.

Die Winter-Abende auf Kuba beginnen früh. Gegen achtzehn Uhr ist es schlagartig dunkel. Was nicht heißt, dass dann alle Lichter angehen. Hier und da bleibt es finster, woanders springen Lampen an, um zu leuchten oder gleich wieder auszugehen, und nur an den zentralen Punkten der Städte herrscht gleißende Helle. Wir hatten von Strom-Abschaltungen gehört. Es hieß, dass die Energie knapp sei. Doch als wir unterwegs waren, gab es zwar hier und da dunkle Straßen, aber nirgendwo Blackouts. Gleichwie: Die Versorgungsleitungen mit ihren abenteuerlich aufgehängten Trafos und Isolatoren erinnerten mich an die USA. Alles ist querbeet ohne sichtbare Zuordnung verlegt und immer mal Opfer von Hurricans. Auch *Sandy* hatte hier schwer reingeschlagen.

In Santiago waren Joe und ich privat untergebracht, in zwei Reihenhäuschen an der Hartman-Straße. Bei mir ging es seltsam zu: Sobald ich klingelte, öffnete eine dunkelhäutige Frau mittleren Alters. Sie ließ mich ein und das war es. Denn sprechen konnten wir nicht miteinander. Sie verstand kein Wort Englisch, ich kein Spanisch. So tippelte sie still vor mir her – den langen, mit geöffneten Fenstern versehenen Gang entlang – bis ans hintere Ende der Wohnung. Dort fand sich eine ältere, gehbehinderte Frau. Ihr linker Fuß lagerte auf einem Schemel. Diese Frau lächelte und winkte flüchtig, als ich eintrat. Ich gab diese Gesten etwas hilflos zurück und verschwand dann in meinem Zimmer. Das Ganze wiederholte sich mehrmals an diesem Tag – weil wir stramm unterwegs waren und immer mal Pausen brauchten.

Als ich abends auftauchte, konnte ich die Haustür selbst öffnen. Ich trat ein und fand alles beim Alten. Wieder saß die Frau mit geliftetem Fuß und erneut winkte sie. Mich nervte das etwas. Deshalb verschwand ich, diesmal ohne ihr Zeichen zu erwidern, sehr umgehend in meiner Kemenate. Nahm dann aber doch etwas Seife und die Flasche Eau de Toilette, die ich mitgebracht hatte, um beides – quasi in Rückwärtsgang und -besinnung nach hinten zu schaffen. Die Frau lächelte, als sie die Präsente sah, nahm sie entgegen und gluckste etwas. Irgendwie machte sie dann Zeichen und kramte ein paar englische Brocken hervor: Girl … fuck … Girl … fuck? Und mit einer unsteten, obzönen Bewegung unterstrich sie: fuck, fuck? Ich glaubte, Augen und Ohren nicht zu trauen, aber sie bot mir an, etwas für die Nacht zu besorgen. »Gracias«, sagte ich stockend, grinste gequält und zog mich langsam, aber bestimmt zurück.

Joe und ich – wir haben uns bei Siboney dem US-Stützpunkt Guantanamo bis auf wenige Kilometer genähert. Nicht, dass wir ihn unmittelbar ansteuern wollten, nicht, dass es der Grenzzäune bedurft hätte. Mir genügte das Gefühl, ganz in der Nähe zu sein. Dieses unbestimmte Stechen zu spüren – unweit und dann inmitten der Seele.

Kuba ist hinreißend. Das hat mit seiner Geschichte, der teils leidvollen, teils stimulierten Zuwanderung von Menschen, dem daraus erwachsenen freundlichen Naturell der Bewohner, das hat mit Kolonialbauten, aber auch mit diesem Schuss Sozialismus zu tun. So etwas gibt es woanders nicht. Oder haben Sie jenseits von Kuba schon mal einen schwarzen Moskwitsch-Fahrer mit leuchtend grünen oder asiatisch geformten Augen gesehen?

Havanna, Trinidad, Camagüey und Santiago beeindruckten mit ihren Sehenswürdigkeiten. Das Land dazwischen mit reicher Vegetation, Fuhrwerken und bäuerlicher Idylle. In den Städten luden Kneipen, Restaurants und tausende Verkaufsstände zum Probieren und Kosten ein. Das Angebot auf den Straßen war bunt und vielfältig. Die kleinen Händler führten vieles, was das Herz begehrte – vom Holzdomino über Hähnchenschenkel und belegte Brötchen bis hin zu Handy und Notebook. Vieles davon gab es nur für CUCs, die konvertible Zweitwährung des Landes. Eben das brachte und bringt die Menschen zunehmend auseinander. Denn die einen haben sie, die anderen nicht.

In Santiago, in der Casa de la Trova schließlich der Höhepunkt. José hatte uns abends dort eingeschleust. An den Türwächtern vorbei – durch das große Doppeltor und die Treppe hinauf. Der Saal oben war mit Touristen bereits vollgestopft. Sie kauerten an Vierertischen, gestikulierten oder starrten in die Runde. Wir selbst kamen am äußeren Seitenflügel zum Sitzen. Wir konnten so nicht nur den vorderen Teil des Saales, sondern links durch die Balustrade hindurch auch Kubaner sehen, die ebenfalls nach oben wollten – das aber wegen der Türsteher vergessen mussten.

Etwa zehn Minuten vergingen. Dann setzte – quasi aus dem Nichts – ein ohrenbetäubendes Spektakel ein. Sorry! Aber zunächst kam nur das an bei mir: fünf bunt bekleidete Typen, die gnadenlos auf die Holzdielen eintraten, sich quasi aus dem Stand in Rage brachten und wie irre auf Gitarren, Bongos und Guiros einschlugen. Es trommelte, schabte, zirpte und trompetete, dass der Boden zitterte und die vorn Sitzenden erschrocken in Deckung gingen.

Damit nicht genug. Der Sound schwoll an, ja, es schien, als würde das, was schon dröhnte, völlig frei drehen. Die Fünf sprangen, tanzten stakkato auf der Stelle oder bogen sich rundwärts. Ihre Instrumente vollführten Sprünge, die atemlos machten. Alles rührte, klopfte, riss und trötete, bis der *Son*, der Inbegriff dessen, was kubanische Musik so ausmacht, endlich gar war.

Unvermittelt tauchten zwei Tanzpaare auf – zwei hoch geschlossene Kleider, dunkel und geschlitzt und dazu ihr Pendant: enge Hosen und weiße Hemden – mit Kragen, die zuweilen aufblitzten. Irgendwo auch ein Hut – zumindest anfangs. Ich fand das sportlich. Doch was da mitschwang, war mehr als Judo und Bodenmatte. War Ekstase, Wildwuchs und ein Stück hemmungslos. Wirbelnde Körper, Kreise mit unbekannten Radien, ein Drehen und Schieben – erst nach oben, dann ab in die Tiefe. Doch nicht wirklich auf die Bretter, immer haarbreit über dem Dielenboden, niemals abgeschnitten, voneinander gelöst. Immer wie durch Fäden verbunden, gezogen, gestaucht oder sonst wie gebogen, aneinander gepresst, seltsam ineinander verrieben oder sonst wie. Die Figuren waren atemberaubend, in einer Abfolge erbracht, die undenkbar schien und doch im Takt ihr Biegen, Verdrehen und fassungslos fand.

Ich habe nie zuvor und nirgendwo auf der Welt Vergleichbares gesehen. Die Luft brannte förmlich und die Anwesenden sprangen auf, wippten mit Knien und Füßen und trommelten, was das Zeug hielt. Es war eine Höllenstimmung, die nur zweimal nachließ, als die Band Pause machte.

Einfach unglaublich: Die Casa de la Trova war das Verrückteste, was mir jemals begegnet ist. Schließlich auch der Ort, wo uns die Prostituierten anmachten – mit aller Frechheit, diesem Augenaufschlag und ordinärem Getue. Eine der Jeniteras – es waren bestimmt diese berüchtigten *Reiterinnen* – rieb ihre Hot Pants an und über meiner Stuhllehne, und Joe hatte

Mühe, die hässlichste der drei nachrückenden Gestalten abzuwehren. Mit je einer drehten wir uns dann doch beide, weil die Mädchen einfach nicht abließen – und wir selbst glaubten, sie nach einem der Tänze abschütteln zu können. Das Gegenteil war der Fall. Kaum, dass die Musik aussetzte, drängelten sie erneut vor, schoben uns vor die Tischreihe und zeigten in die Mitte des Raumes. Das führte unweigerlich an die Bar und wir wussten schon: Es ging um CUCs und Mojitos. Auf beiden Baustellen mussten wir bluten und dabei mehrfach nachlegen. Erst als José laut brüllte und mit beiden Händen Richtung Ausgang fuchtelte, war der Spuk zu Ende.

Wir haben in den fünfzehn Tagen auch die Atlantik-Hotels in Guardalavaca erlebt: Traumstrände, bunte Hotelanlagen, Restaurants, Bars und Belustigungsprogramme bekannter Spielart. Die Erinnerungen daran sind schnell verflogen, weil badende und herumturnende Kanadier oder saufende Briten nichts Besonderes waren. Dort zwischen den streng gepflegten Anlagen, den meist fetten und hässlichen Touris und den überfüllten Büfetts war Kuba fast out. Was blieb, war die Kopie des touristischen Wahnsinns, der weltweit brandete.

Als zwei Tage um waren, hatten wir genug und hofften, dass auch der letzte Akt, die Taxifahrt zum Flughafen Holguín planmäßig verlaufen würde. Nun, das Taxi landete da, wo es nicht erwartet wurde, und wir verloren vierzig Minuten. Dann aber bretterte der Fahrer ans vorletzte Ziel.

Auf Kuba kann man viel verpassen. Wir hätten Buchhandlungen, ein Krankenhaus und eine Universität besuchen, wir hätten eine Sporthalle oder die Brigade ›José Martí‹ aufsuchen müssen. Wir haben es versäumt, die afrokubanischen Santería oder eine der vielen anderen Religionen kennenzulernen. All dies passte nicht ins schmale Programm. Auch die Sprachbarriere haben wir nur indirekt aufbrechen können. Manche Gelegenheit zu Information und Kommunikation ging so verloren. Dennoch sind Joe und ich nicht unglücklich. Immerhin verbrachten wir sechs Stunden mit acht Kubanern und einem englisch sprechenden Spanier, überbrückten eine Busreparatur mit vier Sängern aus Trinidad, gondelten mit einem Professor für deutsche Literatur umher und interviewten Miguel, den Ingenieur. Natürlich könnten wir auch von der Tschechin erzählen, die von Kuba nicht los kommt, sprich: zweimal im Jahr dort ist, in Guardalavaca ein Pferd stehen hat und am Touri-Pool immer mal ihre Che-Tätowierung frei legt. Aber reicht das?

Natürlich haben wir auf Kuba vor allem das gesehen, was wir sehen sollten. José hat vor allem Juwelen präsentiert: Museen, Paläste, Friedhöfe, Memorials, Amischlitten, Zigarren und Rum. Der Zaun dahinter war hoch und wer über ihn hinwegschauen, ja vielleicht hinwegsteigen wollte, musste mehr tun als im Bus hocken. Wir haben das täglich versucht – mit unterschiedlichem Erfolg. Vor allem unsere privat organisierten Ausflüge – die in Santiago und Guardalavaca – waren hoch spannend. Wir wollten natürlich im kubanischen Alltag ankommen. Manchmal gelang das, aber nie so, dass wir wirklich mitlebten.

Wir saßen in Havanna und Camagüey auf belebten Plätzen, wir streiften über Bauernmärkte, wo die Schweine halbiert über den Ladentisch gingen und die Hunde vom Maismehl verjagt werden mussten. Wir zogen mit privaten Guides durch Santiago, schlichen zwischen Plattenbauten umher und starrten in offen stehende Wohnungen.

Ich filmte und fotografierte, was Linsen und Speicherkarten hergaben. Niemand nahm das übel. Im Gegenteil: Viele der Leute posierten und lachten – ohne gleich CUCs zu fordern. Auch wir versuchten, freundlich zu sein, wo immer das angebracht schien. Und waren doch erschrocken, weil die deutsche Brille so fest saß.

Wir haben in kein Gefängnis geschaut und niemanden befragt, der in Not war. Wir hörten keine Polizeisirenen und sahen niemanden fliehen. Kuba gab sich äußerlich ruhig, sonnig und meist malerisch. In die Menschen hineinschauen konnten wir nicht. Mehrheitlich betrübt schienen sie jedenfalls nicht. Aber frei und unbeobachtet eben auch nicht.

Carlos, mein kubanischer Freund, brachte es später auf den Punkt: Auf Kuba wird viel diskutiert, die freie Rede aber ebenso oft beschnitten. Es wird denunziert, es wird überwacht. Immer wieder geschieht es, dass Fachleute von Partei-Idioten geduckt werden und Erfolgsmeldungen bloßes Papier bleiben. Parallel dazu gibt es – quasi aus dem Stand heraus – ein Kontrastprogramm: innerhalb von wenigen Monaten 430.000 private Unternehmen, das Breit-

band-Internet und Reisefreiheit. All das schlägt irrational – mal brutal, mal freundlich – aufeinander. Es trübt Sichten und Einsichten. Der Außenstehende ist im Nachhinein einfach nur baff.

Die Situation vor dem Flughafen war überschaubar. Nichts deutete darauf hin, dass irgendetwas nicht klappen würde. Was mich störte, waren die Toiletten am Eingang. Sie waren winzig und zu schmal für das fällige Auspellen und Umziehen. Und dass ein Mädchen an den Urinalen Klo-Papier austeilte, war alles andere als berauschend. Aber egal. Sehr viel schlimmer war der Heimflug. Der Mittelplatz in der Condor war so eng, dass sich alles in mir verformte. Ich konnte meine Position kaum ändern, war zwischen den Nachbarsitzen eingeklemmt und aufs Verrecken in diese Lage verbannt. Und das für 970 Euro. Zweimal lief ich auf dem Gang umher. Aber das änderte wenig. Ich fluchte und dachte genervt: Scheißabschluss. Später in Frankfurt standen wir 70 Minuten am Gepäckband, waren stinksauer und verpassten den Anschlusszug. Aber das – Gott sei Dank – war schon Deutschland.

Wem zwei Wochen außerhalb des
eigenen Kulturkreises ausreichen,
um über Erlebtes
ein Buch zu schreiben, der ist ein
Land-, Leute- und Bildfälscher …

ReiseLeider

Wilfried ist stur. Er besteht auf diesem etwas komisch anmutenden *Fernweh und Ach.* Als ob bloße Sehnsucht, gepaart mit *Ach* die Dinge beschreiben könnte. Ich meine, es geht um mehr. Zumindest darum, ob man ausreist, wegkommt, wie ein Verrückter unterwegs ist oder nur in Gedanken schwelgt. Sich *Fernweh und Ach* verzehren, herumwundern und bedauern kann man eh noch.

Tatsächlich haben wir beide Recht. Die einen träumen sich wund, die andern schnappen den 60-Kilo-Rucksack. Irgendwie schmerzhaft wird's immer. Entweder geht's im Heißluftballon den schwarzen Löchern entgegen, im Flieger zu Pool und Rafting oder im Kohlefrachter nach Australien. Nichts kann weit, hoch und halsbrecherisch genug sein. Sind das Zeichen der Zeit? Dass die Leute immer weg und ihr schönes, ausgelegenes Bett gegen etwas Hartes, zu Schmales oder Unhygienisches tauschen wollen.

Wilfried, der früher oft und ähnlich weit unterwegs war wie heutige Reiseverrückte, spürt diese Sehnsucht kaum noch. Gewiss, damals war er jung und voller Elan. Da lag er schon mal feucht auf der Iso-Matte, wenn's die Schlanke gegenüber so wollte. Da gab er schon mal die Nacht zur Flotte. Hauptsache, die Tiefen überwogen die Untiefen. Heute – so meint der Protagonist – habe sich das gedreht. Nicht, dass er niemals feucht liege. Im Gegenteil. Aber hierzu schweige er lieber.

Es ist das in die Jahre gekommene Leben, das sticht. Mehr das Weh als das Ach und keineswegs die Ferne, wie man mutmaßen könnte. Ja, Wilfrieds Wissensdrang, die alte Begierde, ständig etwas Neues, Interessantes aufspüren zu müssen, hat Federn gelassen. Vor allem deshalb, weil die Knochen zu knacken begannen. Das freilich gibt er nur ungern zu. Vielmehr tarnt er die entstandenen Leerstellen mit frommen Sprüchen, schwadroniert vom Hier und Heute und schiebt Goethe vor: *Warum in die Ferne schweifen ...?*

Seine Nach-Nach-Folger, die Enkel – da ist Wilfried sicher – werden darüber witzeln. Und weil es so schwer fällt, den iPad-versessenen Monstern das schmerzende Kreuz oder den Unterschied zwischen Lang- und Kurzatmigkeit zu erklären, wird sich das fortsetzen. Dabei hatte Wilfried fast alles versucht, was generationenübergreifend so lief, war bei Pokémon eingestiegen, hatte sich mit den Facebookligen gefetzt und bis siebenundsechzig gezeltet. Aber Schlafsack mit fünfundsiebzig ...?

Ja, das Reisen kann schön, sinnlos oder einfach unmöglich sein. Nehmen Sie das Great Barrier Reef, nehmen Sie Ballermann, Lisa von Hartz IV oder Leo im Rollstuhl. Das Spektrum ist weit. Da findet jeder irgendwo seinen Poller, der ihn anzieht oder ausbremst.

Vieles, was Wilfried in fernen Gefilden sah, hat ihn begeistert, manches auch erschreckt. Alles, was den Hauch von Abendland hatte, war unproblematisch. Nicht so das Exotische, oder besser gesagt: der schier unbegreifliche Teil davon. Viel davon geisterte jahrelang. Einiges lag verschüttet im Gedächtnis, um sich später – eher schlecht als recht – aufzublähen. Da half auch nacheilendes Lesen nicht. Die Wirklichkeit war verpasst.

Anderes blieb anders haften: die Hämatome, die Verstauchungen aus touristischem Gedränge, in Florenz etwa, wo man schnell mal, ohne die Richtung zu kennen, über den Piazza del Duomo gepresst wird. Klar, solche Qualen sind hausgemacht. Niemand zwingt uns, sie durchzustehen. Immerhin hätte man auf die südlichen Sporaden ausweichen können – wo man durch nichts und niemand gestört würde. Wo es dann aber außer rasender Natur nichts gäbe – weder Süßwasser noch ‘ne Handyverbindung.

Nicht viel besser lief das in Spannungsgebieten – mit den Terrorristen und Kommunisten. Wobei Wilfried die Frage *Holt mich die Regierung hier raus oder ende ich enthauptet?* echt nervte. Wenn BILD schon vor Kuba warnte, was musste da erst in Teheran, Benghazi, Damaskus oder Mogadischu los sein? Nix als Stress! Wie heißt es so schön im Neuen Testament: *Wer sich in Gefahr begibt* .... Tja, das zielt auf Missbildungs-Tripps nach Tschernobyl ebenso wie auf banales Bergsteigen und bloßes Platttreten von Inseln oder indigenen Empfindungen.

Niemals gelingt es, den Bedrohungen vollständig auszuweichen. Schon gar nicht nachts. Finster und dann noch Alpträume? Nicht auszudenken. Wilfried weiß nicht, was Sie so im Dunklen drauf haben. Er jedenfalls träumt abgesichert und nur das, was im Umkreis von hundert Metern abgeht. TigerPranken, Bungee Jumping mit geflickten Seilen und Tse-Tse im Mangrovensumpf sind da ausgeblendet. Das gibt Abstand und dosiert Reize.

Ja, ja, stressfreies Schlafen ist wichtig. Wer es kann, sollte auf dem Rücken … und dann nicht sabbern! Nicht sabbern und schon gar nicht mutmaßen, wer was wann in die Matratzen gepresst haben könnte. Immerhin gibt's nur eine Schicht … Laken.

Nein, nein … im Grunde hält Wilfried nichts mehr vom Reisen, und die Formel *Fernweh und Ach* kippt er gern in *Hier bin ich, hier darf ich …*

Wilfried hat dreiundsechzig Komma vier Prozent von Europa und zwei Komma drei Prozent von der übrigen Welt gesehen. Das – so meint er – sollte genug sein. Einfach deshalb, weil sich wirklicher Genuss- und Erkenntnisgewinn nur noch selten einstellen. Früher war das zweifellos anders. Aber heute verkürzt sich das: zu billigen Touri-Fotos und Erkältung im Flieger. Vielen Zeitgenossen reicht das. Doch richtig erlebt haben sie damit nichts. Wer die Welt verstehen möchte – so Wilfrieds Hinweis – müsse sich mehr bewegen, sich ein paar Jahre vor Ort einnisten, dieselben Highlights ausleben und denselben Dreck fressen, trinken und wegschaffen wie die, die dort ständig hausen. Und selbst dann könnte das, was er sehe und erlebe, völlig untypisch, eben zufällig sein.

Wer abseits dieser These glaubt, die Welt besser zu verstehen, wenn er ständig auf Reisen ist, läuft Gefahr, sich ebenso ständig zu irren. Denn die Kombination von Kurzem und Vielem führt nicht zwangsläufig zur großen Erkenntnis. Was Otto N. nach sechzehn SpritzTouren zweitausendelf und sieben Stippvisiten zweitausendzwölf aus Kopf und Koffer entlässt, sind oft Kraut und Rüben, ist häufig ein bedenklicher Mix aus potemkinschen Fassaden und Folklore. Gewiss: Städte und Landschaften sind heute mehr als Pappmachee, und mancher Individualtourist pinkelt mit Ureinwohnern in die gleiche Tonne. Dennoch: So richtig haften bleibt nichts, und wer fühlt schon, was dem Blätterbeschurzten die Sinne bewegt?

Wilfried, den es sechs Mal nach Japan verschlagen hat, weiß, dass Japaner gern Fleisch essen, auf Sitzungen schlafen, sich auf Bahnhöfen am Einstiegs-Strich anstellen und konsterniert sind, wenn man ihnen unliebsame Wahrheiten ins Gesicht bläst. Doch wie sie zu Hause essen und schnarchen, ob sie die Dinge lieber von vorn als von hinten angehen, warum Kriegverbrecher frei umherlaufen und japanische Frauen so folgsam sind, wissen wir nicht. Da müssten wir schon in Familie sein, monatelang im Verbund leben, den Mädchen auf der Straße nachstellen und gemeinsam Tee bereiten. Will sagen: Wilfried kennt eben nur das Außen und weiß deshalb … fast nichts.

Zu DDR-Zeiten hatte er diesen Traum. Diese vage Ich-bin-mal-Wohnwagen-weg-Vision, die er allerdings nicht umsetzen, geschweige denn ausleben konnte. Was landauf landab waberte, war die *Rentner-Hoffnung*, die abstruse Sehnsucht nach dem fünfundsechzigsten Jahr. Jeder Zweite wollte künstlich altern und damit westreisefähig werden. Dieser Zeitraffer – Wilfried erinnert sich deutlich – war mehr als unwirklich. Genau genommen hatte er die, die sich wertvolle Jahre weg wünschten, für Idioten gehalten.

Als die Mauer stürzte, als Wilfried plötzlich jenseits von Helmstedt das Pedal durchtreten konnte, schien der Traum greifbar. Er wuchs und bäumte sich, um dann aber – einem defekten Fahrradschlauch gleich – dünner und schlapper zu werden. Nicht, dass ihm die Fernsicht irgendwie versperrt worden wäre, nicht, dass ihm das Geld gefehlt hätte, um einen seiner Wünsche zu erfüllen. Nein, was ihn antrieb, was ihn schließlich abbrachte von der großen Verwirklichung, war die Pflicht, dieses Muss, sich neu aufzustellen. Und genau das fraß Zeit, Kraft und Geld. Die große Reise jedenfalls – die mit zwei Jahre aussetzen und so – war nicht drin. Was sich überkoloriert immer mal anbot, hieß vierzehn Tage Mallorca, Antalya oder Korfu …

Das alles war nicht wirklich schlimm. Ob in China oder hier vor Ort der berühmte Sack Reis umfiel, schien unwichtig. Die Welt drehte sich einfach, ganz gleich, ob Wilfried sie durchstehen oder durchfahren wollte.

Gleichwohl hatte auch er ein paar letzte Verrücktheiten im Kopf: Man konnte für zweitausend Euro komplett um die Erde fliegen, irgendwo aus- und später wieder einsteigen. Genau das schien reizvoll, und Wilfried kannte bereits die Stationen: Bora Bora, Yukatan, Machu Picchu, die silberne Pagode, die Victoria-Fälle, Naomi Klein, Mandela ... Mein Gott ... die Südsee, Kanada und dann ... Afrika. Afrika hatte Wilfried nur am Tellerrand besucht: ein Stück Ägypten ohne Tahrir-Platz.

Na wenn schon. Vieles im Leben war Illusion und mancher Gedanke ein vertaner. Wo zuviel Puder staubte, musste abgeschminkt, mussten die virtuellen Gespenster – so man sie überhaupt ordnen wollte – unter *Ach* abgelegt werden. Er, Wilfried M., war eben kein Wundertäter. Er war und ist allenfalls er selbst und damit freilich ein völlig anderer als zum Beispiel Herr Müller.

Müller ist Verreise-Manager. Wilfried beneidet ihn ein wenig – wenn auch widerwillig. Dieser Müller powert sein Reisebüro und sitzt fett mitten drin. Seine Kunden durchwuchern ganze Erdteile. Ob das Sinn macht oder irgendwie gut tut, hinterfragt Müller nicht. Hauptsache, die Kasse klingelt. Müller kann auch schnell mal Schnäppchen verordnen, muss die aber nie auskosten. Ein Glück für ihn, sagt er manchmal, Überraschungen könnten weh tun.

Am anderen Ende der Skala lebt Jörg. Jörg reist kaum und fliegt überhaupt nicht – und ist auch glücklich. Kommt Wilfried aufs Thema Reisen, dann rechnet Jörg. Durchschnittlich vier Liter Kerosin pro einhundert Personen-Flugkilometer macht zehn Kilogramm Kohlendioxid. Der Normalbürger, der das hört, kommt schnell ins Grübeln. Was schon sind hundert Kilometer?

Jörg ist da gelassen. Er bleibt am Boden. Sein Sein ist vegetarisch-nachhaltig gestimmt. Alles, was die Umwelt schädigt, alles, was die Tiere dem Gnadenhof entfremdet, missbilligt er heftig. Haus und Garten von Jörg sind mit SolarPaneelen bepflastert, dazu gibt es trichterbewehrte Flaschen, in denen sich Wasser sammelt. Jörg ist autark und grinst selbstbewusst. Wenn es nach ihm ginge, müssten die Spritpreise verzehnfacht, die Fleischpreise verdoppelt und die Politiker in die Wüste geschickt werden – ohne Sprit, Fleisch und Desertec.

Wenn Jörg reist, dann mit dem Fahrrad zum BioLaden. Allenfalls mit dem Auto auf die Insel Poel zur Schwester. Doch auch das ist selten.

Wie auch immer, und welche Ferne letztlich gemeint ist, die räumliche, die zeitliche oder sonst eine – sie wird stets mit Sehnsucht und Abscheu gepaart und *weh und ach* offen sein.

Geht es wirklich zur Sache oder doch nur mit dem Finger auf die Landkarte, geht es um Erleben oder … Abtanzen-Wollen? Diese Fragen werden bleiben, und niemand wird sie je erschöpfend beantworten. Hamburg kann bereits das Verderben bedeuten, und Zukunft muss nicht wirklich fern liegen. Genau genommen beginnt sie jetzt, in eins durch unendlich Sekunden nach … soeben.

Wohin sollte Wilfried, mit Blick auf diese Erkenntnisse, greifen? Nach vorn oder ganz nach hinten? Sind seine vierzehntausenddreihundertunddreiundsiebzig Tage DDR wichtig und relevant oder sind es doch eher die noch vor ihm liegenden Tage, Wochen, Monate, vielleicht Jahre?

Vorerst hockt er vor seinen etwa tausend briefmarkenlosen Postkarten, die er weltweit gesammelt hat. Er ist ihrer überdrüssig. Dennoch wird er einige von ihnen dahin zurückschicken, wo sie herstammen. Hier in seinem Kaff wird sie ohnehin niemand mehr anschauen. Die Kinder nicht und die Enkel schon gar nicht.

Im Grunde sitzt Wilfried, im Grunde sitzen wir alle wie zu Steinzeiten auf immer denselben Bäumen, lieben, lügen, vertrauen, betrügen, reiben uns und entfernen uns voneinander – meist etwas wehklagend und wohl wissend, dass sich all das umkehrt oder einfach von vorn beginnt. Niemand wird daran etwas ändern – auch dann nicht, wenn weiter globalisiert und im Netz nach … noch mehr gezoomt wird. Der Mensch muss dort sein, wo er immer ist, zu fünfundachtzig Prozent auf seinem ihm angestammten Fleck Erde und ansonsten jott we de – janz weet draußen …

Der schnöden Satire bedarf es dafür … nicht.

plan gewirtschaftet

Sechs Mal Nippon und zurück

Zwischen August 1978 und Oktober 1987 war ich insgesamt sechs Mal in Japan – etwas, dass sich angesichts meiner Stellung seltsam ausnahm. Aber als Gutachter in der Stahlindustrie hatte ich einfach Glück. Ich kam in den Genuss einiger Referenzreisen, die im Zuge der großen Kompensationsvorhaben der DDR-Metallurgie anstanden. Dass ich im Land der aufgehenden Sonne mehr als nur Walzwerke sah, versteht sich. Dennoch hatten die Besuche nichts Touristisches an sich. Eigentlich waren es nur die Wochenenden, die uns interessante, landestypische Eindrücke versprachen – und dann die Fahrten und Flüge durchs Land. In der Woche gab es jenseits der fälligen Besichtigungen viel Arbeit: Es wurden Aufgabenstellungen erarbeitet, Angebote diskutiert und Vertragstexte vorbereitet. Das ging dann von früh um neun bis abends um acht.

Ich habe Japan, ja, sagen wir etwas genauer: die japanische Kultur, den japanischen Menschen nur stückweise begriffen. Das mag daran liegen, dass mir eingehende Analysen verwehrt wurden. Denn private Kontakte waren uns DDR-Bürgern untersagt. Immerhin hätte man ein einigermaßen realistisches Gesamtbild von Japan nur dann erfahren können, wenn es neben dem technischen auch das menschliche Gegenüber gegeben hätte – und das über große Zeiträume.

SZENE 1

Am 21. August 1978 stehe ich mit QICK-Generaldirektor Hermann G. und KITT-Egel-Hauptabteilungsleiter Franz P. vor dem Hauptsitz eines der größten Maschinenbauunternehmen der Welt. Man hat uns gebeten, einen Moment zu verharren. Aus einem Lautsprecher erklingt Musik – die heimische Hymne. Was sich noch mehr einprägt: Sie hissten die DDR-Flagge. Sechs Japaner stehen stramm und dann … wir drei Ostdeutschen.

Und um es eindrucksvoll weiterzuführen: Wir verkörperten damals die erste hochrangige WirtschaftsDelegation, die in Japan an Land ging. Wir stießen also das Tor auf – für kommerzielle Beziehungen, die sich in den

Folgejahren allerdings mehr schlecht als recht entwickelten. Die Leute aus Fernost aber behielten den Fuß in der Tür und wir waren fasziniert vom technischen Leistungsvermögen der Gastgeber. Heute ist die Euphorie weitgehend verflogen. Aber damals wähnten wir uns am Nabel der TechnikWelt. Völlig zu Recht. Es gab den ersten HochgeschwindigkeitsZug Shinkansen – mit 210 Stundenkilometern über 1800 km im 20- und 40-MinutenTakt. Toshiba offerierte den ersten TV-Großbildschirm von einhundert mal einhundertfünfzig Zentimeter und die metallurgischen Ausrüstungen gehörten zu den modernsten ihrer Art weltweit.

Am 23. August bekommen wir bei NIPPI FUKU, Fukuyama, das größte Grobblechwalzwerk der Welt zu sehen. Hier werden aus gigantischen Brammen dicke Bleche bis 60 Meter Länge erzeugt – in bestechender Qualität. Sie liegen völlig plan und gerade. Ähnliches widerfährt uns einen Tag später bei KIWI Steel in Mizushima. Formhaltige Bleche bis 5 Meter Breite – fast ebenso lang wie in Fukuyama. Uns treten die Augen aus dem Kopf. Wir sind zum Staunen verdammt.

In den Fertigungsstätten des Konzerns geht es uns ähnlich. Es gibt Öfen, die so hoch sind wie ein vierstöckiges Haus und Drehmaschinen von mehr als zehn Metern Länge. Alle Maschinenteile, auch die kleinsten, sind durchnummeriert und liegen auf vorbestimmten Plätzen. Der Boden ist ganzflächig mit Plastik beschichtet. Etwas Ähnliches ist mir noch nie untergekommen.

»Wie finden Sie das?«, fragt mich Omori-san.

Ich bin überrascht, dass der Mann mich auf Deutsch anspricht, stammle verdattert, was mir japanisch in den Sinn kommt:

»Hai, Arigatou!« Und als ich Ratlosigkeit ernte: »Aska wari maska, aska wari maska …« Etwas, das ich aufgefangen hatte, etwas, von dem ich meine, dass es Zustimmung bedeuten müsse. Aber ich irre mich: Diese Worte sind unbekannt. So zumindest die Gesichtszüge meines Gegenüber. Verdammter Schaden! Ihn zu begrenzen, wechsele ich schnell auf Englisch:

»Well, Mister Omori, it's a famous assembly and maintenance building.«

Das Projektierungsbüro von HII ist in einem riesigen Gebäudekomplex untergebracht. In fast jeder Etage gibt es Großraumbüros. Dort sitzen dicht bei dicht bis zu 60 Ingenieure in drei Reihen – an jeweils gleichen Schreibtischen. Über ihnen, wo Schmal- und Breitseite des Raumes aneinanderstoßen, thront der Chef. Sein Büro ist verglast und über dem allgemeinen Level der Untergebenen angeordnet. Auf meine Frage, was diese Tisch-an-Tisch-Genossen so verdienen, antwortet Omori: »Viereinhalbtausend D-Mark«.

Meine Güte! Sechzigmal, dicht auf dicht, für je viereinhalbtausend D-Mark. Nicht zu glauben.

Im angeschlossenen Chef-Office liegt das Angebot der Japaner auf dem Tisch. Sie wollen und können liefern: ein Grobblechwalzwerk frei Haus. Das wollen die konkurrierenden Österreicher auch. Deren Angebot liegt in I. Obwohl das Vorhaben an genau diesen Standort gehört, ist keiner aus I. dabei. Weil sie im August 1978 niemanden haben, der NSW-Reisekader ist, sprich: in den Westen reisen darf. Schlamperei, gezielte Diskriminierung – es gibt keinen, der das irgendwie benennt oder aufklärt. So bleibt es beim FachWissen, das andere – nämlich wir – übertragen. Ein für meine Begriffe unhaltbarer Zustand.

Zurück zur Sache: Technologisch sind die Offerten beider Anbieter vergleichbar. Überzeugende Referenzen gibt es auf beiden Seiten. Hier aber besticht die Größe.

25. August: Um 17 Uhr 12 startet der Shinkansen *Hikari 142* von Shinkurashiki Richtung Kyoto. Er trifft die alte Kaiserstadt auf die Minute genau. Wir verlassen ein Picobello-Bahnhofsgebäude und steigen ins Taxi. Diesmal haben wir Glück: Die Stadt wird nicht von Hochhäusern dominiert und es riecht anders. Bäume, Bäume und der Odem schwarz-roter Tempel. Unser Ziel ist schnell erreicht: das Kyoto Grand Hotel. Jetzt heißt es auspacken, sich einnisten, fertig machen zum Abendessen und kulinieren. Ziemlich spät geht es dann benebelt-satt in die Federn.

Der nächste Tag ist ein Samstag – und er ist laut Ablaufplan der Japaner frei. Wir wissen bereits, dass es jetzt durch die Tempel und Gärten geht.

»Sieh mal«, schreit Franz wenig später, »die Räucherstäbchen …«

»Ach, und die vielen Papierknifflinge am Zaun«, ergänzt Hermann.

»Und schaut mal«, füge ich hinzu, »diese phantastische Sumpflandschaft mit den eingelassenen WegeSteinen.«

Soweit unsere Ausbrüche. Alles Weitere im Reiseführer.

Abends sind wir gegen 20 Uhr irgendwo im Fischrestaurant. Obwohl alles piekfein aussieht, herrscht Massenbetrieb. Zum Beispiel an den Büfetts, wo strikt und flink nachgelegt, aber auch angestanden wird. Ich bin erschrocken! Zwei mit Kochmützen bestückte Männer schneiden die noch lebenden Fische vor unseren Augen kreuzweise. Kaum, dass es geschieht, stechen die Wartenden zu, zerren die entstandenen Quader aus den noch zuckenden Leibern. Nun, ich muss es präzisieren: Wer da zusticht, ist Japaner.

Hermann wird gegen 22 Uhr beiseite genommen. Omori-san bedeutet uns, auszuharren. Er ruft ein Taxi, was uns komisch vorkommt. Aber Hermann ist der Chef. Hermann darf vielleicht mal. Der Gedanke bleibt irgendwie stecken. Franz und ich – wir können uns nicht entscheiden. Weg ist weg und in der Direktive steht: Weg geht nicht! Jeder muss schließlich auf jeden auf ... passt schon! Franz und ich – wir fahren ohne den General zurück, trinken an der Hotelbar noch ein Bier und stürzen anschließend in die Betten. Am nächsten Morgen ist alles wie immer.

Am 27. August – auf der Rückfahrt von Kyoto nach Tokio – wird es zur Gewissheit: Hämorrhoiden. Ich tanze von einer Arschbacke auf die andere und habe so gar keine Lust auf das Abendessen, das wie immer reichlich auszufallen verspricht und auf den heimlich geäußerten Wunsch der Japaner beim Chinesen stattfindet. Es ist einfach ein Desaster: Ich muss auf die schöne drehbare Tafel mit den darauf befindlichen Köstlichkeiten verzichten. Die anderen hauen rein. Aber Fleisch und Bier sind – was meine Beschwerden angeht – pures Gift. Dass ich beides ausschlage, wird von den fleischgeilen Gastgebern fassungslos zur Kenntnis genommen. Erst später begreift man: Ich bin im A... und ab sofort zu Diät und Kälte-Schocks verdonnert.

Reste des 27., den kompletten 28. und 29. August erlebe ich im Bett und aus dem Bett heraus. Nach den beeindruckenden Besichtigungen in

Fukuyama und Mizushima, nach dem Schlendern durch Kyoto ist die Werksbesichtigung in Ohgishima, sind einige Treffen mit Fachleuten für mich gestrichen.

Wir drei kampieren im größten Hotel Ostasiens, dem New Ohtani. Ich aber stehe unter Sonderbehandlung. Mein Zimmer 467 ist groß und komfortabel ausgestattet. Es kostet 11.700 Yen pro Nacht und erlaubt den Blick auf Himmel, Parkhäuser, Funktürme und Straßen. Direkt unter mir tobt der Verkehr, von dem ich zum Glück nichts höre. Die Fenster sind schalldicht und ich wohne hoch – vermutlich in der vierzigsten Etage. Wenn ich den Blick nach rechts wende, sehe ich die Tennisspieler. Sie machen sich auf einem der Hochhausdächer zu schaffen. Die Netze ringsum punkten mit Gelb, wenn die Bälle auftreffen. Am Horizont steht die Sonne. Sie verspricht glutrot zu enden und ertränkt sich dann auch.

Es ist der 28. August. Gegen 9 Uhr klopft es. Ich rufe *herein*, und ein Kellner erscheint, braungelb livriert mit einem Tablett in der Hand. Es sieht aus wie ein Silbertablett mit Alpaca darauf. Genau kann ich das nicht feststellen. Auf jeden Fall glänzt das Ganze metallisch. Innen – den Speisen und Getränken benachbart – schimmert Glas. Ohne Zweifel: Ein vornehmes Arrangement.

Der Ober setzt das ab, fragt mich auf Englisch nach meinem Befinden. Ich lächele freundlich und murmele: »It's all okay«. Kurz darauf ist auch mein Tee da.

Gegenwart und Zukunft, beides gibt sich kurz nach dem Aufwachen sperrig. Dann aber, als der Kellner hinaus schiebt, weicht die Spannung. Alles wird transparent und fast scheint es, dass Freude aufkommt. Wäre da nicht …

Aber es ist. Nicht nur die große rote Metallschachtel, auch die daneben befindlichen Salbentuben und Plastikkanülen markieren mein Un-sein. In der Schachtel liegt die gelbe Masse, lagern etwa zwei Kilo eines Stoffes, die ganz sicher vom hoteleigenen Arzt für mich ausgewählt wurden. Das Zeug hat die Konsistenz von Waschpaste, so dass es einigermaßen schwer fällt, es dort zu platzieren, wo es hingehört. All das vorfrühstücklich und unappetitlich. Ich arbeite sorgfältig, wohl wissend, dass jede Abweichung vom vorgeschriebenen Procedere nach hinten losgehen könnte.

Das vegetarische Frühstück ist heftig fad: Es gibt Weißbrotweichlinge, in denen statt des Schinkens Salatblätter auf Ei lauern. Das Ganze kaut sich wie Schaumstoff. Na ja!

Weil mich das Beisammen von schalldicht und Klimaanlage nervt, öffne ich alle Nase lang das große Panoramafenster. Dann aber brüllt die Stadt, was gleichfalls schwer auszuhalten ist. Ich öffne und schließe, blättere in einigen Magazinen und zappe die Fernseherkanäle durch.

Es gibt nichts, was mich wirklich interessiert. Die siebzehn Sender scheinen aus einem Guss. Fünf Mal Sumo, sechs Mal fliegende und schwerterschwingende Samurais, viermal PermanentReklame und zweimal News – Englisch, fünf Minuten.

Gegen 12 Uhr 30 wird ein schön dekoriertes Essen gereicht. Wiederum in Glasbehältern. Alles schmeckt großartig. Auf das Fleisch muss ich leider verzichten, aber der Rest tut es auch.

Abends kommen Hermann und Franz vorbei. Sie sind irgendwie aufgedreht und kaum herunter zu holen. Ich kann mir vorstellen, dass sie einiges erlebt haben. Was es ist, sagen sie nicht. Tun stattdessen betulich und streicheln die rote Dose – ganz so, als spürten sie, was ich spüre.

Dann kommen sie doch auf Ohgishima zu sprechen, auf das Abendessen und die Geishas, die wieder mal rundrum saßen. Um halb zehn zischen beide ab. Ich schalte das Licht aus.

Der folgende Tag bringt, wie erwartet, keine Besserung. Ich schmiere und injiziere, was Dose und Salbentuben so hergeben, lege Kältebeutel an und krieche. Krieche breitbeinig und selbstvergessen im Zimmer umher, starre schließlich auf die Häuserfronten, die blassblau, gelb und grau vor mir liegen und – das scheint sicher – tief nach unten reichen. Weiter hinten, irgendwo jenseits des Horizonts liegt Europa. Es ist schwer das zu glauben.

Nächster Tag ist letzter Tag. Ich muss raus aus dem Bett, um mein Image aufzubessern. Der Schmerz ist nach wie vor schlecht kommunizierbar. Ich fürchte, dass meine Überzeugungskraft schwindet. Hermann und Franz geben sich zwar mitfühlend, doch überzeugend ist das nicht. Als ich am Frühstückstisch anlange, wird mein Eindruck bestätigt. Franz lästert sofort:

»Kaum ruft die See, da rührt sich der englische Patient …«

Ich lass das mit der Antwort, weil die sowieso nicht glücken würde. Schaue stattdessen in die aufblühende Sonne. Aus dem Top-of-the-Tower-Drehturm heraus ist links der Fuji zu sehen. Ein beeindruckendes Bild. Fuji, Fuji – vorvorgestern vom Shinkansen aus, und beim Rückflug werde ich im Flugzeug an ihm vorbei schweben. Kein Berg der Welt hat mich je so fasziniert.

»Nu sprich mal mit uns«, sagt Hermann.

»Alles okay …«, antworte ich abgeschlafft, »wenn ihr meint, dass ich das mit dem Schiff lassen soll, dann sagt es!«

»Unsinn«, widerspricht Hermann. Franz aber setzt noch einen drauf:

»Auf dem Kahn sieht das niemand. Kannst dort ruhig auf allen Vieren herum kriechen. Hermann grinst nur. Ich sortiere mich neu auf meinem Stuhl, schiebe nervös am Besteck herum und greife nach der Tasse.

»Wann geht's denn los?«

»Um zehn, die haben bei der Hayama Marina 'ne Yacht gechartert«, sagt Franz, »jetzt beiß die Zähne zusammen!«

Ich beiße, beiße in das mit Gemüse gefüllte ungeröstete Toastbrot.

»Ekelhaft, dieses schwammige Zeug!«

»Hier gibt's nichts anderes«, sagt Franz und schiebt sich zwei der Brote in den Anorak.

»Lass das!«, mahnt Hermann, »du hast schon die halbe Minibar ausgeräumt …«

Unten am Hotel erwartet uns Yamamoto-san. Gemeinsam mit ihm steigen wir in die schwarze Limousine und reihen uns in den Stau ein. Er wird dreietagig und vielfarbig. Eine Stunde später passieren wir den Außenring von Yokohama. Nach weiteren vierzig Minuten sind wir am Meer, besser gesagt: vor dem großen Hügel, der ins Meer ausläuft. Über diesen Hügel führen Rolltreppen, die bis zum Strand reichen.

»Dass die nicht versiffen«, sagt Franz.

»Keine Randale und gute Instandhaltung«, antworte ich.

Vorn am Anleger begegnen uns drei weitere Japaner. Sie begrüßen uns mit Verbeugung und einem zurückhaltenden *Konnichiwa*. Wir erwidern das und strecken die Hände vor. Doch die will niemand. Wir lachen etwas gezwungen, weil wir auch diesmal die verwehrte Geste nicht begreifen wollen, berappeln uns aber und stürmen lustvoll der SegelYacht entgegen. An Deck ist reichlich Platz. Einer der Japaner, wir hatten ihn bisher nur im Anzug erlebt, hat sich in einen legeren T-ShirtTräger verwandelt. Er gestikuliert aufgeregt und versucht, seinen ebenfalls salopp bedressten Kollegen zur Übernahme des Ruders zu bewegen. Der nimmt das und dreht es. Überall knallt die Sonne, es ist absolut windstill. Dennoch wird heftig aufgetakelt.

Als die Segel weiß-schlaff herunterbaumeln und Franz zweimal vollbakkig dagegen geblasen hat, gibt sich das Team zufrieden. Zwei von der Mannschaft reichen jetzt Cola und Säfte. Hermann übernimmt die Strohhalme. Wir saugen gemütlich und grinsen in die Gegend. Dann heult der Motor auf. Es gibt einen Ruck und wir jagen hinaus auf den Pazifik. Das klingt großspurig, wird aber später in den weitläufigen Erzählungen genauso wiedergegeben. Natürlich kamen wir über die eher unspektakuläre Sagami Bay nicht hinaus. Die nun mündet tatsächlich im großen Stillen.

Nach etwa einer Stunde nähert sich uns ein Fischerboot. Sein Insasse – ein alter Mann – schwenkt hilfesuchend die Arme. Er ruft etwas, das wir nicht verstehen können. Die Japaner lachen und schreien etwas zurück. Der Mann wisse nicht, wo er sei, erklärt Yamamoto. Ihm die Koordinaten zu übermitteln, bringe nichts. Sein Funkgerät streike. Kurz darauf dreht der Kahn und fährt in Gegenrichtung davon.

Später stehen wir barfuß in Badehosen. Das Schiff liegt ruhig, leichte Wellen schlagen an die Bordwand. Einer der Japaner rafft sich auf und springt von der Kajüte. Wir sind weniger abrupt. Franz macht sich nass, der General steigt die verchromte Leiter hinab. Ich setze direkt von Deck ins Wasser.

»Ganz schön forsch mit den Hämos«, lästert Franz.

»Schön kühl am Orsch!«, tröte ich zurück und tauche. Das Wasser ist glasklar.

Als wir ins Hotel zurückkommen, ist es weit nach Mitternacht. Franz schlägt vor, noch einen Bummel zu machen. Ich zeige auf die kleinen Pavillons jenseits des Boulevards.

»Bis dahin und nicht weiter!«
Auch Hermann ist laufmüde.
»Genau, wir hocken uns noch ein bisschen hin.«
Die bunten Fressbuden sind ganznachts geöffnet. Im Innern der ersten sind zwei Japaner zu Gange, rühren, schwenken Töpfe und suppen vor sich hin.
»Ein Spiegelei!«, flötet Franz, »Egg on mirror!«
Der General feixt.
»Du bist hier nicht an der Krummen Lanke!«
Der Mann hinter dem Tresen ist unschlüssig. Franz macht die EiBewegung, zeigt ein Oval und gackert. Plötzlich dämmert's. Der Japaner geht nach hinten und tatsächlich: Er bringt ein Ei.
»In die Pfanne damit!«, ruft Franz. Doch das bleibt unerwidert. Der Mann starrt auf Franz und Franz auf das Ei. Schließlich gelangt es Franz vor die Nase und der greift es. Rutscht von seinem Schemel, geht um den Tresen herum, steigt die vier Stufen empor und ist zwischen den Pfannen – Pfannen, die schwarz umherbaumeln. Eine steht noch auf kleiner Flamme. Franz schlägt zu, schlägt das Ei auf den Pfannenrand, gibt alles zur Mitte und schiebt am Dotter.
»Spiegelei!«, brüllt er dazu. »Hey Fuji-san – eto, das ist Spiegelei!«
Es ist 3 Uhr 20.

Ja, und dann die *Akihabara* – die umwerfende Elektronikmeile, die keinem Japanreisenden je aus dem Kopf geht. Wer diese Straße ignoriert, wer sie scheut, wer nie auf sie aufmerksam gemacht worden ist, der kennt dieses Land nicht. Anheimelnd, kulturell inspirierend, kontaktstiftend ist die Akihabara nicht. Eher das Gegenteil. Denn was sich dort abspielt, hat ausschließlich mit Konsum, genauer gesagt: mit überschäumendem Konsumismus zu tun. Was hier wuchert und extremste Formen entwickelt, war schon in den siebziger Jahren ein SuperShopping – etwas, das jenseits der herkömmlichen Vorstellungskraft lag. Jede in Japan ansässige Elektronikfirma hat in der Akihabara ein eigenständiges Domizil, ein komplettes, 4-6-stöckiges Warenhaus, das ausschließlich die eigenen Produkte präsentiert. Eine solche Vielfalt – gepaart mit umlaufenden Videos, Sounds und quirliger Verkäuflichkeit – ist mir im Leben nie wieder begegnet. Ganz klar: Die Japaner setzten schon damals ganz gezielt auf internationale Käufer. Denen sollte die Akihabara ihr Siegel auf die Stirn knallen. So gesehen und so bis heute empfunden.

Uns DDRlern jedenfalls schlug das Gesicht nach hinten. Wir waren zwar geschult, wir waren zwar vorbereitet. Doch das, was hier auf uns niederging, sprengte jeden Maßstab. Hier traf der Audio- und Video-Narr tausendfach auf alles, was ihm bisher niemand vorgefilmt hatte. Natürlich war dieses Einknicken, war dieser innere Kotau vor Sony, Hitachi, Canon, Denon etc., dieser Kniefall vor den Exponaten eines im Überfluss schwelgenden Kapitalismus das Schändlichste, was sich DDR-Funktionäre in der Heimat vorstellen konnten. Eigentlich galt es, Fassung zu bewahren und nicht auszurasten. Wir gaben uns Mühe. Dennoch fühlte sich jeder von uns magisch angezogen.

Wir durchstreiften die ElektronikTempel, und wir hatten die Tagegelder angespart, um sie hier – genau an dieser Stelle – am vorletzten Tag der Reise hinzublättern, auszugeben, zu vernichten. Nahezu jeder hatte dann ein imposant ausschauendes Radio, einen VideoRekorder oder Farbfernseher beim Wickel. Und war aufs Äußerste bemüht, die Errungenschaft unbeschadet über die Grenze und durch den deutschen demokratischen Zoll zu bringen. Dazu wurden die ElektronikRiesen auf das Mikrigste verharmlost, die Wattzahlen der Lautsprecher heruntergelogen und die Größe der eingebrachten Pakete mit der irrwitzigen Neigung der Japaner erklärt, alles, aber auch das kleinste Bauteil, in ein Monster aus Polystyrol zu verpacken.

Kurz und gut: Die Mitbringsel gelangten ausnahmslos vor die Augen finster dreinblickender Chefs – dabei auch zu Leuten, denen Westreisen stets verweigert wurden. Diese Leute nun mussten entscheiden, ob das importierte Stück, die importierte Sammlung am Mann blieb oder aber eingezogen wurde.

Was warum wie beanstandet oder durchgewunken wurde, blieb unklar. In der Regel behielt der Reisende das, was er mitgebracht hatte. Sehr fair war das nicht. Denn fast immer konnten Reisekader, die schon durch ihr Reisenkönnen privilegiert waren, ihr Tagegeld schonen. Die vielen Einladungen des Klassenfeindes machten es möglich. So bedenklich das nach außen hin schien, die Betroffenen gaben sich arglos. Sie hatten ihre Arbeit getan und basta. Einmal heimgekehrt, machten sie wenig Gewese, verteilten Schokolade unter den Kollegen oder luden zu WestSchnaps ein. Groß kommentiert wurde da nicht.

Hier und da war einer als Ersatzmann gereist, für einen, dem die Tour gesperrt war. Je nach Naturell verdampfte die Tatsache des Stellvertretens naiv arglos. Oder sie löste Beklemmung aus. Auf jeden Fall schwiegen sie oft – die Überbringer der i.V. eingeheimsten Nachrichten. Schwiegen und schrieben ihren SofortBericht. Die fachlichen Texte gingen an den fachlich Zuständigen. Fast immer klebte ein Praliné drauf.

Hier und da wurden Souvenirs, aber auch Geschenke der Gastgeber, eingezogen. Sie gingen zu verschiedenen Anlässen an verdienstvolle Mitarbeiter, die nicht in den Westen durften.

SZENE 2

Wir sind mitten im Winter, genauer gesagt: Wir schreiben den 21. Januar 1986. Minister Klinghuber will sich persönlich vom Stand der japanischen Warmwalz-Technik überzeugen. Er hat neben Mura und mir zwei Leute vom ZK an Bord, dazu zwei weitere Leute, auf die ich mich nicht mehr besinne. Auch der DDR-Botschafter in Japan taucht ab und zu auf.

Die Reise verläuft ohne Zwischenfälle und übertriebenen Pomp. Wir besichtigen die Fertigungsstätten von IHM und NELO sowie die Warmbreitbandwalzwerke in Hirohata, Kimitsu und Ohgishima. Auch Hiroshima wird ein kurzer Besuch abgestattet.

Dazwischen laufen Mittag- und Abendessen, auf die mich Klinghubers Spezi, Fritz G,. einstimmt. Ich erfahre etwas über Besteck- und Speisereihenfolgen und darüber, dass es in Japan weder Soljanka noch Sättigungsbeilagen gibt.

Klinghuber weiß bei Besichtigungen alles besser – obwohl er die Details der Materie nicht kennt. Sein Objektverantwortlicher darf erfahren, dass er als WiMi eben nur Handlanger und nicht der Chef ist. Dass auf meiner Visitenkarte, einem vor der Reise bedruckten Stück Pappe *Direktor* steht, hat nichts zu bedeuten. Klinghuber muss diesen Status vortäuschen. Wie auch sähe es aus, wenn sich ein Minister mit einfachen Mitarbeitern umgäbe. Also aufpumpen und zum Schnauzehalten vergattern.

Die Tour durchs Werk geht weiter. Irgendwann halte ich Abstand auf den Lichtgitterrosten, betrachte Klinghubers Getöne als in den Wind gesprochen und stecke es weg.

Wie schizophren ministerielles Gebaren ausfällt, erfahre ich später. Klinghuber setzt fachlich fast nur auf mich – bis zum bitteren Ende, bis zur Aufkündigung des Vorhabens.

Am 30. Januar schickt mich Klinghuber gegen 16 Uhr ins Hotel. Ich muss mit zehn Japanern das vorliegende Angebot von IHM für die Warmbreitbandstraße durchsprechen. Es ist eine Offerte, die in keine japanische Welt passt und auf Gefälligkeit getrimmt ist. Man vermutet, dass der Auftraggeber (die DDR-Seite) nur das eine, das westdeutsche Anlagen-Layout akzeptiert. Ich erkläre, das sei ein Missverständnis, brauche aber zwei Stunden, um die Japaner davon zu überzeugen, dass sie ihr eigenes, das IHM-Konzept vorlegen müssten. Mit einer Walzstraße, die der japanischen *Dickband-Philosophie* entspreche.

Das Ganze dauert.

Bis die einzelnen Fraktionen kapieren, worum es geht, wird es Abend. Zwischendurch schlafen einige der Fachleute – es sind die, deren Spezialwissen gerade nicht abgefragt wird. Sie nicken ein, um sich nach fünfzehn Minuten frisch, fromm, frei neu aufzubauen – ein Vorgang, dem ich noch öfter begegnen sollte.

30. Januar 1986, abends: Keine Ahnung, wie ich damals – und dann ausgerechnet mit Habicht – auf das eher unscheinbare Restaurant *Donau* stoßen konnte …

Wir stiegen die sechs Stufen empor, öffneten die Tür und starrten ins Innere. Vor uns ein Mann, der Zeichen machte, dahinter zwei weitere Japaner, die Notenblätter vor der Brust hielten und offenbar daraus vorsangen. Das klang verdammt deutsch und doch irgendwie unvertraut.

Wir schlichen uns vorsichtig an einen der Tische und ließen uns auf zwei der umstehenden Stühle nieder. Was dann folgte, war gleichermaßen logisch wie aufschlussreich. Zwar sangen die Japaner unverdrossen weiter, doch die Atmosphäre im Raum hatte sich schlagartig verändert. Sehr wahrscheinlich, dass ein Gerücht die Runde machte – uns betreffend, uns, die wir Europäer, ja vielleicht sogar Deutsche sein konnten. Die Blicke der Zuhörer jedenfalls hatten sich plötzlich auf Habicht und mich gerichtet – ganz so, als gäbe es eine Absprache. Die Sänger – ein wenig irritiert – wurden lauter, ja es hatte den Anschein, als verwendeten sie alle Mühe darauf, im Blickfeld zu bleiben.

Tatsächlich verstanden wir einige Brocken des Textes, der uns altertümlich vorkam. Möglich, dass der den Hölderlin touchierte oder – sehr viel weiter zurück – den braven Hadubrand. Wie auch immer: Die beiden intonierten unbeeindruckt, blätterten ihre Papiere synchron um und vermieden es, ins Publikum zu schauen. Irgendwann aber waren sie fertig, verbeugten sich und kassierten den Beifall, der, salopp gesagt, schlapp ausfiel.

Dass jetzt etwas Außergewöhliches geschehen würde, war klar. Und tatsächlich: Ein sehr kleiner Mann, einer, der sich kurz nach unserem Eintritt strikt nach vorn gearbeitet hatte, sprang auf und eilte an unseren Tisch. Er verbeugte sich zwei Mal und fragte:

»Sie aus Deutschland?«

»Wir aus Deutschland«, antwortete ich.

»Wenn Sie aus Deutschland, dann singen können!«, sagte der Kleine, und was zunächst wie eine Feststellung klang, wurde im Handumdrehen die Aufforderung, etwas Donau gemäßes, etwas Deutsches beizusteuern. Habicht schaute mich kurz an und nickte:

»Wir Deutsche, wir singen!«

Er vereinnahmte geschwind das Klavier und begann zu klimpern. Und er sang dazu. Zunächst ruhig und wortfaul, dann bestimmt und kraftvoll. An einer Stelle, die mir bekannt vorkam, fiel ich ein. Habicht schien ziemlich textfest. Sodass ich mich gut bei ihm einhängen konnte – mit dieser kleinen, nachäffungsbedingten Verzögerung.

Es waren nur zehn Minuten vergangen. Doch die reichten, um meinen Begleiter in Hochform zu bringen Er schlug akzentuiert auf die Tasten, trampelte am Pedal und trällerte, was das Zeug hielt.

Ich selbst hatte mein zweites Pils am Wickel, stellte es kurzerhand ab, atmete durch und trötete mit. Es dauerte nicht lange und wir landeten nicht nur bei *Röslein rot*, sondern auch bei *Brunnen und Tor* – bei Liedern also, die hier gang und gäbe sein mussten. Denn alles, was japanisch drein blickte, fiel jetzt ein in den Sound. Es schnulzte und tirilierte, dass einem schlecht werden konnte.

Je weiter der Abend vorrückte, desto mehr Schub bekam die Sache. Jetzt musste auch die *Haselnuss* dran glauben. Habicht hatte mir zugeflüstert, dass genau das zum zentralen Liedgut der Japaner gehörte, folglich auch von ihnen erwartet wurde. Scheiß Lied, scheiß WehrmachtsLied, scheiß NVA-Lied, dachte ich. Aber egal. Die Augen glänzten.

Dass wir den Text von Lied vierzehn nur lückenhaft beherrschten, spielte keine Rolle. Wir hämmerten die Strophe eins, hämmerten die erste zwei Mal, drei Mal, ja fünf Mal hintereinander, was sich bei Bier sechs prächtig anließ und in den Köpfen festsetzen musste. Ob die Japaner das auch so sahen, was sie vom ständigen Repetitio wirklich hielten, war nicht festzustellen. Zunächst folgten sie weiter, sangen und klapperten mit Fingern und Bierdeckeln auf die Tischplatten. Irgendwann aber mussten sie die Fehlstellen spitz bekommen haben, ließen von uns ab und verkrümelten sich. Manche grüßten noch freundlich, einige litten unter Schlagseite, andere hatten ihre Programmblätter zu Tauben, Hunden und Giraffen gefaltet, die schwunglos auf dem Sideboard landeten. Übrig blieb ein letzter einfältig wirkender Mann. Der wies auf den Rest in unseren Gläsern und redete japanisch auf uns ein. Zweimal tauchte das Wort *Donau* auf. Wir nahmen es als Verabschiedung, verbeugten uns leicht und suchten das Weite. Drei Stufen abwärts und das Tokioter Pflaster hatte uns wieder …

SZENE 3

Im Oktober 1987 bricht eine weitere DDR-Delegation nach Tokio auf, diesmal, um das IKO-Warmwalzwerk abzusagen. Ich erlebe die Visite als ein beschämendes Etwas, das von uns lax serviert, von japanischer Seite mit Sprachlosigkeit quittiert wird. Die Gastgeber sind aufs Heftigste irritiert, wahren aber die Contenance. Sie ziehen das Besichtigungs- und Besprechungsprogramm – selbst das in Südkorea – durch. Dabei gibt es nichts Ehrenrührigeres als das Abblasen eines Investitionsvorhabens, an dem Auftraggeber und Anbieter jahrelang gearbeitet haben.

Je mehr Luxus die Japaner in die Rundreise einbauen, desto schmerzhafter empfinde ich unser Vorgehen. Wir übernachten in den besten Hotels des Landes und werden in die angesagtesten Restaurants geführt. Die Atmosphäre ist freundlich und sie bleibt es auch.

Die von IHM gelieferten Warmbandwalzwerke, die wir bei USCO in Gwangyang besichtigen, gelten als die modernsten ihrer Art. Sie sind in ein integriertes Hüttenwerk eingebettet, das Weltruf genießt. 1987 gibt es weltweit nichts Vergleichbares.

GedächtnisProtokoll über den Abbruch der Verhandlungen zum Projekt *Warmbreitbandwalzwerk IKO.*

Anwesend sind am 19. Oktober 1987 von Seiten des japanischen Anbieters IHM: die Herren Umori/Leiter des Vorhabens, Watsuda, Inuba, Zuma, Narazawa – von Seiten der DDR: die Herren Habicht, Bauer, Gribsch, Rückgrat und ich.

Habicht: Wir müssen die Ökonomie unseres Projektes Warmbandwalzwerk noch einmal genauer untersuchen. Und stoppen die Verhandlungen deshalb. In einer 2-3 Jahre währenden Überlegungspause sollen die weiteren Schritte der DDR-Seite präzisiert werden. Besuche in Westeuropa haben uns verdeutlicht, dass die konventionelle Warmbanderzeugung zu teuer ist, resp. dass man in dieser Stufe kein Geld verdienen kann. Es wird allerorten darüber nachgedacht, wie die Erzeugung kostengünstiger gestaltet werden kann. Zur Debatte stehen das Dünnbrammen- und das Dünnbandgießen. *(Diese Ansage ist durch nichts gedeckt; nirgendwo gab es Infos darüber, dass die Warmbanderzeugung Kopfschmerzen bereite. Natürlich wurde darüber nachgedacht, wie der Gesamtprozess verkürzt – und damit rationeller – gestaltet werden könnte. Doch vom Erfolg einer solchen Spar-Strategie ist jeder Anlagenbauer der Welt meilenweit entfernt – die ersten Produktionsanlagen zum Dünnbrammengießen und -walzen bei NATOR in den USA decken nur einen Bruchteil des IKO-Sortiments ab. – A.d.V.)*

Omori: Das heißt, dass die Warmbandstraße erst einmal nicht gebaut wird und Sie auch künftig weiter umwalzen?! Wenn das so ist, dann verstehe ich nicht, warum Sie uns besuchen …

Habicht: Das ist eine Entscheidung, die letzte Woche gefällt wurde …

Omori: In der Regierung?

Habicht: Ja, in der Regierung, mit Zustimmung der Partei.

Omori: Der japanische Außenhandelsminister hat mit dem DDR-Außenhandelsminister im März gesprochen. Ihr Minister hat gesagt, dass das Projekt realisiert wird.

Habicht: Es ist in der Zwischenzeit viel diskutiert worden. Da trafen sehr unterschiedliche Meinungen aufeinander. Glauben Sie mir, wir lassen nicht alles fallen. Unsere jetzige Absage heißt nicht, dass es nie eine Anlage zur Warmbanderzeugung geben wird. Wir verschieben nur den Zeitpunkt der Inbetriebnahme. Auch in einem denkbaren neuen Konzept bliebe die Fertigwalzstraße als wichtiger Anlagenbestandteil erhalten. Sie können also weiterhin mit dabei sein. Und natürlich ist es für uns von großem Interesse zu erfahren, was Sie mit ihrer Konzeption des *›Umformens mit gekreuzten Walzen‹* in ihrem Referenzwerk USCO/Gwangyang in Südkorea erreichen. *(Damit wollte Habicht IHM bei der Stange halten und die Weiterreise zu USCO als sinnvoll erscheinen lassen. Allerdings wusste der Mann sehr genau, dass die Vorbehalte gegen ›gekreuzte Walzen‹ im IKO-Team so tief saßen, dass zusätzliche Infos keine Meinungsänderung bewirken konnten. Die Argumentation war also eine reine Farce. – A.d.V.)*

Die Tatsache, dass Sie auch am Dünnbandwalzen forschen, ja sogar eine entsprechende Pilot-Anlage errichten, zeigt mir, dass die Überlegungen auf der DDR-Seite gar nicht so falsch sind. *(Ein technischer Blödsinn, denn im Bandgießverfahren könnte das erforderliche IKO-Sortiment nie erzeugt werden. – A.d.V.)*

Wir wissen, dass beide Seiten sehr viel Zeit und Kraft in das vorliegende Angebot gesteckt haben ….

Omori: Das hat Dr. Klinghuber so gewollt …

Habicht: Solche Entscheidungen kommen von oben, und da ist Dr. Klinghuber selbstverständlich beteiligt.

Omori: Als Dr. Klinghuber im Januar 1986 in Japan war, hatten wir den Eindruck, dass das Warmbandwalzwerk Hirohata auch von ihrer Seite als Maßstab für modernste Anlagentechnik des 20. Jahrhunderts akzeptiert wurde. Der DDR-Außenhandelsminister hat das bestätigt. Und jetzt drehen Sie sich um 180 Grad?!

Habicht: Es gibt einfach unterschiedliche Auffassungen zur Lösung des Problems. Wir müssen warten, bis sich alle hinter das eine, von allen akzeptierte Konzept gestellt haben.

Omori: Wird nun auch der Inbetriebnahmetermin von 1994 verschoben?

Habicht: Das ist noch unklar, das muss später entschieden werden.

Omori: Sie stellen heute fest, dass das Umwalzen von Brammen bei Fremdfirmen günstiger ist als die eigene Erzeugung von Warmband. Das muss ihnen doch schon vor sieben Jahren, also vor Beginn der Angebotsverhandlungen, bekannt gewesen sein, oder?

Habicht: Damals herrschten, was die Investitionsmöglichkeiten und Umwalzkosten betrifft, völlig andere Bedingungen. Beispielsweise sind die Umwalzkosten heute erheblich geringer. *(Beide Argumente sind m. E. vorgeschoben. Ich kenne keine Berechnungsgrundlagen .– A.d.V.)*

Omori: Was Sie mit dem Dünnbrammengießen und –walzen vorhaben, ist ein großer Fehler. Solche Anlagen sind ausschließlich für kleine Mengen und dann speziell für die Herstellung von nichtrostenden Stählen geeignet. Beim Bandgießen sieht es ähnlich aus. Frühestens 1989/1990 ist mit der Produktionsreife auf diesem Gebiet zu rechnen. Folglich kann ich ihre Auffassung, erst einmal die neuen Technologien prüfen zu wollen, nicht nachvollziehen. In Japan wird die Einführung des Dünnbrammengießens und -walzens bisher nicht erwogen. Wohl aber die Modernisierung von Fertigstraßen nach dem Prinzip der *gekreuzten Walzen.*

Habicht: Es gibt bisher keine Entscheidung für eine neue Technologie, sondern lediglich den Auftrag, etwas in dieser Richtung zu untersuchen. Wir wissen heute ziemlich genau, was konventionelle Walzstraßen nicht können. Mit den neuen Technologien kündigt sich möglicherweise eine Revolution an. Deshalb möchten wir keineswegs in konventionelle Technik investieren, in eine Technik, die sich schlecht oder gar nicht amortisiert. *(Völliger Blödsinn: Habicht weiß weder etwas über die Kostenstruktur beim Walzen auf konventionellen Walzstraßen – diese Infos sind Werksgeheimnisse und Außenstehenden nicht zugänglich. Noch kann er die neuen Technologien – Dünnbramme und Dünnband betreffend – zur Revolution erklären. Bis heute ist das Dünnbrammengießen und -walzen nur für ein eingeschränktes Sortiment anwendbar. Konkrete Kostenanalysen sind unbekannt. Vom Dünnbandgießen hört man inzwischen nichts mehr. – A.d.V.)*

Omori: Wir sind überzeugt von unserer Technologie. Südkorea wird mit hoher Wahrscheinlichkeit zwei weitere Warmbreitbandstraßen bei uns ordern … *(Ich bin von dieser Technologie auch überzeugt. Man muss sich nur mit der etwas komplizierteren Instandhaltung anfreunden. – A.d.V.)*

Habicht: Das bisherige Konzept hätte unsere Wirtschaft immens belastet. Wir müssen auch die gesamte Peripherie mit bauen. Bei ihnen wird neue Technik oft nur in eine bestehende Matrix eingepasst, was wesentlich kostengünstiger ist. *(Habicht versucht eine Begründung, die auf schiefen Vergleichen beruht. Natürlich wird in Japan beides praktiziert. – A.d.V.)*

Omori: Bei RCS wird auch am Dünnbrammen-Gießen und -Walzen geforscht. Neue Erkenntnisse sind allerdings erst in drei Jahren zu erwarten. Auch bei NATOR in den USA werden keine Wunder vollbracht. Auch dort gibt es deutliche Sortimentseinschränkungen. Sollten Sie den bisherigen Inbetriebnahmetermin aufgeben, dann wäre es sicher denkbar, auch mit RCS über das Dünnbrammengießen zu sprechen – vielleicht schon anlässlich der nächsten Zusammenkunft.

Habicht: Das ist unsere Bitte. Wir möchten die Vorstraße einsparen und die Dünnbramme direkt einsetzen. Darüber muss man sich verständigen. *(Ein unsinniger Vorgriff – mit Blick auf den unzureichenden Stand der Technik. – A.d.V.)*

Omori: Ich kann nur wiederholen, dass ich über ihren Kurs sehr erstaunt bin. Sogar die Herren Honecker und Nakasone hatten im Januar 1987 über das Projekt gesprochen. Die Zeitungen schrieben darüber. Auch der DDR-Botschafter hatte sich positiv geäußert.

Habicht: Ja, auch der Wirtschaftsausschuss DDR-Japan hatte mit aller Kraft daran gearbeitet.

Omori: Ich habe Sie verstanden. Das bisherige Angebot wird nicht weiter verfolgt. Sie sagen die für Ende Oktober geplanten Gespräche ab.

Habicht: Die ursprünglich geplanten Präzisierungen des Projektes sind nicht mehr erforderlich. Sollten die Dinge wieder heiß werden, dann nehmen wir die Beratungen erneut auf. Vorerst sparen wir die Kosten.

Omori: Es wird ja sicher von Seiten der DDR, also von höchster Stelle, noch eine offizielle Mitteilung geben!?

Habicht: Das kann ich ihnen jetzt nicht sagen. Immerhin haben wir das Vorhaben nicht abgebrochen, sondern nur um eine Denkpause gebeten. Aber ich kann ihnen gern ein vom Chef des INDUIMPO unterzeichnetes Protokoll über die heutige Besprechung anfertigen. Im Übrigen erwarten wir weitere Signale von ihnen – die neuen Technologien betreffend. USCO soll ja wohl auch den Einsatz von gegossenen Dünnbrammen an der Fertigstraße erwägen.

Omori: Sie sprechen von Projekten der Konkurrenz …

Habicht: Aber auf der von ihnen gelieferten Fertigstraße …

Omori: Wir möchten, dass Sie USCO besuchen. Haben aber die Bitte, dass Sie vor Ort nichts von Ihrer Entscheidung verlauten lassen. Wir haben die Koreaner gebeten, ihnen die von uns gelieferte Walzstraße in allen Details zu zeigen.

Habicht: Danke für dieses Angebot. Wir werden uns so verhalten, wie Sie das wünschen.

Omori: Bitte informieren Sie sich darüber, was USCO in Zukunft vorhat …

Habicht: Ja, und danke für ihre Bemühungen!

Die Frage

Er sitzt in seinem ausladenden Sessel, kurzhaarig und mit blankem Gesicht. Er heißt Klinghuber, ist Minister für Erze und Metall und damit ein von Partei und Staat ausgehaltener Halbgott. Und er sitzt dort in der achten Etage, Luxemburgstraße 42, die Beine gegen den schweren, hölzernen Tisch gestemmt. Sein Blick ist auf ein Stück Papier gerichtet, etwas Weißes, Undefinierbares. Klinghuber hat mich, den parteilosen Mitarbeiter und Objektverantwortlichen *Warmbreitbandwalzwerk IKO* vor diesen Tisch, und ich weiß es nicht genau, vielleicht auch genau vor dieses Papier, beordert. Ein Vorgang, der mich befremdet. Denn Kling lässt mich einfach stehen – unbeachtet, unbegrüßt – und das fünf Minuten lang. Erst danach schaut er mich an und stellt diese Frage:

Fiedler, wo ist das Dokument?

Welches Dokument? frage ich und spüre, wie meine Leihkrawatte, dieses Ding, das ich immer anfummeln muss, wenn es nach oben in die Achte geht, eng wird. Klinghuber mustert mich erneut, knüllt an dem weißen Zettel herum und donnert unwirsch in meine Richtung:

Wir haben von den Japanern dieses Dokument bekommen. Es ist verschwunden.

Aha, denke ich, um dieses angeknüllte Etwas auf dem Tisch geht es gar nicht. Es geht um eine Akte oder etwas ähnlich Großes, um ein offizielles Schriftstück.

Tut mir leid, Genosse Minister, ich weiß nicht, was Sie meinen.

Mich interessiert nicht, donnert Kling dagegen, *was sie nicht wissen. Sagen Sie mir, wo das Dokument ist.*

Ich überlege fieberhaft, wie ich mit der Situation klar kommen soll. Nichts scheint hier geeignet. Mir war auf der JapanReise zu keinem Zeitpunkt ein offizielles Schriftstück anvertraut worden. Was ich hatte, waren meine eigenen Unterlagen, ein paar Fachartikel, Teile des technischen Angebots und ein Wörterbuch.

Ich weiß wirklich nicht, vielleicht hat der Genosse Püller …

Erzählen Sie nicht solchen Quatsch. Püller hat das nicht!

Einen Moment lang ist Ruhe im Raum. Ich habe Gelegenheit, den Blick ein wenig umherschweifen zu lassen. Er fällt auf eine geschmacklose Komposition aus braunen Möbeln plus Kerzenleuchter. Beides bildet mit dem Grünteppich und Klinghubers blauem Anzug einen sonderbaren Kontrast.

Mir fällt auf, dass die Sonne noch immer senkrecht steht. Nur ein flacher Spot am Fenster gelangt auf den Boden. Ich glaube, dass das unwichtig ist, und doch hängt mein Blick gerade dort – drängt weg vom Tisch und dem Fleischberg dahinter.

Wo ist das Dokument?

Klinghuber wiederholt die Frage, monoton und doch nervig. Ich spüre, wie meine Finger feucht werden. Mir jetzt und an diesem Ort selbst einzureden, dass es hier nur um Müll gehe, dass das alles wie Gischt bald vom Boot sei, genau das … funktioniert nicht. Immerhin stehe ich hier – wahrhaftig und überaus wach. Hinzu kommt, dass mein Auftritt erbärmlich und trotz meines inneren Trotzes auch unterwürfig wirkt. Wer so ein Repetitio regungslos hinnimmt, wer so gar keinen Einfall hat, wie er dem Ganzen begegnen könnte, wer einfach nur den Erwartungsvollen mimt und dann auch noch beifällig dreinschaut, ist eben auch Mittäter. Zwar nur der Neben-Mime im lächerlichen Prozedere – aber immerhin einer, der sich einlässt. Gegen solche Erkenntnis ist kein Kraut gewachsen. Immerhin baut sich Wut in mir auf – keine große, keine in sich gefestigte. Aber ich schäume. Bläschenweise kommt die banale Lust auf, die Gegenfrage zu stellen, nämlich die, ob es sonst noch was gäbe. Doch den Mumm, so etwas auszusprechen, habe ich nicht wirklich. Immerhin sitzt ein Minister vor mir. Und wie käme der kleine parteilose WiMi dazu, dem Halbgott des A+B-Staates, also einem Führer der herrschenden Arbeiterklasse, so einfach den Abgang vorzuschlagen. Nein, nein! Gegengefragt wird hier gar nichts.

Gut möglich, dass das vermisste Papier wichtige Interna enthält, dass Püller – für wen auch immer – einfach zufasste, um zu kopieren. Keine Ahnung, wer hier wen ausspielt. Ich jedenfalls weiß nichts.

Wo ist das Dokument?

Die Frage kommt plötzlich, aber nicht unverhofft. Klinghuber bringt sie diesmal leicht pfeifend. Wohl aber in derselben, etwas verkrampften Haltung, die durchzustehen nicht einfach scheint.

Ich weiß nicht, Genosse Minister.

Wir sind jetzt etwa einundzwanzig Minuten in diesem Dialog, der gleichermaßen sinnlos wie dürftig anmutet. Von einem Minister hätte ich anderes erwartet. Aber Klinghuber ist nicht einfach Minister, er ist auch trockener Alkoholiker und Potentat – ein Typ, der andere zu verzwergen weiß, der jeden, einfach jeden, der sich anschickt, zum unrechten Zeitpunkt den Mund zu öffnen, mit einem Schlag, nun ja: mit einem verbalen ZuHau, einfach zu Boden wirft. Diese unheilvolle Machtfülle, dieser Trieb zur Versklavung, ist Bestandteil der achten Etage. Jeder, der dort rumturnt, hat das über die Jahre inhaliert, verinnerlicht und in vorauseilendem Gehorsam adaptiert.

Der Alte ist – und ich glaube, dass er sich in diesem Punkt von keinem der cholerischen Konzernbosse im Westen unterscheidet – ein gnadenloses AlphaTier, jemand, der rücksichtslos seine Gewaltphantasien ausspielt. Viele seiner Untergenossen hat er wegen Bagatellschäden in die Wüste geschickt, und selbst seine Stellvertreter vermeiden es, ihm nahe zu kommen.

Mir selbst ist Klinghuber vor der Japanreise nur zwei Mal begegnet. Ein Mal im Fahrstuhl, wo er meinen Gruß freundlich erwiderte, dann Monate später im Vestibül, wo er mich nicht bemerkte. Dafür haben wir seit sechsundachtzig indirekten Kontakt. Denn als Objektbeauftragter muss ich über eines der größten Investitionsvorhaben der Republik wöchentlich berichten. Das geschieht über formlose Blätter, die ich umfangreich beschriftete, genauer gesagt: mit endlosen Texten versehe, über Blätter, die dann mit ministerlichen Frage- und Ausrufezeichen, zuweilen auch mit großen Paraphen versehen, zurück in meine, die dritte Etage, gelangen. Fragen muss ich außerhalb des RoutineChecks sofort beantworten, was dann denselben Rundlauf erneut in Fahrt bringt. Klinghuber kennt mich also, denn er diskutiert wöchentlich mit mir. Gewiss, er tut es ausschließlich auf Papier. Aber heißt das, dass er mich als Menschen nicht wahrnimmt?

Wo ist das Dokument?

Die Frage schlägt diesmal knallig auf. Wenngleich das Gesicht nach ihrem Austritt in die gleiche farblose Maske zurückfällt. Ich hatte erwartet, dass Klinghuber diesmal ein weiteres Wort, ja vielleicht einen Halbsatz hinzufügen würde, etwas, das den Sachverhalt verdeutlichen konnte. Nichts dergleichen. Nur diese monotonen, stereotypen vier Worte. Und genauso formlos, genauso unverändert fällt meine Antwort aus:

Ich weiß nicht, Genosse Minister!

Nun, mein Gott, so ein Ping-Pong würde jeden Außenstehenden zum Lachkrampf reizen. Dieses blöde Hin und Her, das keinen Sinn macht. Aber Außenstehende sind nicht zugegen. Es gibt nur uns zwei, zwei Menschen in sehr unterschiedlichen Lagen, zwei, die sich – nicht nur in dieser Sache – wenig zu sagen haben. Denn wo ein Dokument fehlt, gibt es wenig Gesprächsstoff. Es sei denn, sein Inhalt wird offenbar. Damit allerdings ist nicht zu rechnen.

Klinghuber macht auch in dieser sechunddreißigsten Minute keine Anstalten, seine Sitzhaltung zu verändern. Er hockt wie Buddha und glotzt ins Bücherregal. Ob auch ihm Schweiß auf die Stirn tritt, kann ich nicht feststellen. Mir aber läuft er und die Chose nervt mich. Zumal ich jede Sekunde mit dem völlig anders gearteten, nämlich … unbeherrschten Ausbruch rechne.

Fühlt er sich verarscht oder bin ich es, der sich dämlich vorkommt? In diesem Spannungsfeld kann ich nicht ausschließen, dass Klinghuber die Zeit zwischen den Fragen steuert, ja vielleicht auszählt. Um dann bei zehntausend in die Luft zu gehen. Zählen ist möglich, zählen liegt ziemlich nahe, denn zu denken gibt es ja nichts.

Dass diese Vernehmung etwas Systematisches hat, ist klar. Kling will mich nach dem Steter-Tropfen-höhlt-den-Stein-Prinzip klein machen. So ich denn etwas wüsste – mag er folgern – würde ich irgendwann umkippen.

Aber Kling irrt sich. Sein Fageritual beginnt mich – obwohl ganz sicher Gefahr droht – zu langweilen. Würde Kling das jetzt ahnen, er brüllte ganz sicher auf. So aber geschieht gar nichts. Allenfalls überkommt mich ein Schwall Müdigkeit. Aber darf ich angesichts möglicher Eskalation einfach losgähnen? Wohl kaum.

In der nunmehr fünfzigsten Minute habe ich nebst grauen Gardinen auch zwei lieblos gehängte Drucke an der Längsseite des Raumes entdeckt und mich gefragt, ob ein Dekorateur oder aber Übervater Kling hier selbst

Hand, Hammer und Geschmack angelegt hat. Eine Antwort darauf gibt es nicht. Sicher ist nur, dass Kling diesen Mix aus Sachlichkeit und Einöde zuließ.

Wo ist das Dokument?

Japan und dann wieder hier, hier in diesem öden Gelass, das alles verschluckt, das jedem Wort, kaum dass es ausgesprochen, den Klang zu entziehen scheint. Dennoch bleibt der blöde Begriff, dieses ausgelutschte *Dokument* diesmal länger haften als zuvor. Unsinniges Nebelfischen, überlege ich, sucht er vielleicht die Mappe mit den Referenzen?

Genosse Minister, meinen Sie die Referenzlisten?

Ich weiß nicht, wie Sie ticken, Fiedler, ich hab' mich doch deutlich ausgedrückt …

Ist es Resignation, schlägt jetzt die Erkenntnis durch, dass es so nicht weiter geht?

Obwohl Kling deutlich schärfer formuliert, spüre ich die Zäsur. Sie hat sich abrupt eingestellt. Die letzte Fehlfarbe scheint ausgespielt, die letzte Chance auf Zweisilbigkeit … vergeben. Klinghuber sitzt in sich selbst fest. Und mich hat er gleichfalls genagelt, denn bis auf meine gedanklichen Ausflüge habe ich nichts erlebt.

Wieder muss ich absondern, was sechs Mal erfolglos gegen die Wand ging:

Ich weiß nicht, Genosse Minister!

Keine Frage, der Alte hätte den Zirkus bis zum Folgetag ausdehnen können. Ganz sicher mit dem Ergebnis, dass die zehnfache Zeit nicht mehr erbracht hätte. Solche Logik bedarf der Gedankenübertragung. Und tatsächlich:

Klinghuber springt plötzlich auf, zieht sein Jackett straff und läuft ein Stück auf mich zu. Ich sehe seine Augen und wie der Mund böse aufgeht.

Sie wissen also nicht, wo das Dokument ist?

Nein, Genosse Minister!

Dann verschwinden Sie gefälligst! Ab – ab, ab, ab!

Moskau ist heute eine blühende Metropole,
über die im Westen wenig berichtet wird.
Leider!

Moskau, damals

Ja, ja, das alte Rossija. Ein quadratischer RingBau – fünfhundert mal fünfhundert Meter – architektonisch bedeutungslos, aber … bis zu seinem Abriss 2005 Europas größte Herberge. Ja, ja, mit diesem Rossija verbindet sich vieles. Wir haben oft dort übernachtet – in schmucklosen Zimmern, deren immer gleiche Deckenlampen ein immer gleiches Interieur beleuchteten.

Das wirklich Aufsehenerregende in diesem Hotel waren die Büfetts. Sie befanden sich in jeder Etage und an jeder Ecke des RiesenBaus, und sie boten mehr, als sich ein Normalsterblicher vorstellen konnte. Matroschkas, mit weißen Hauben und Schürzen versehen, schoben da nicht nur Suppenschüsseln, sondern mehrmals am Tag goldgelbe Büchsen auf den Tresen. Büchsen, die flink mit dem Öffner traktiert, Massen von Kaviar frei gaben – mal den schwarzen, mal den roten. Keine Ahnung, wie viele dieser Köstlichkeiten in so eine Dose passten. Fest steht, dass die Behältnisse blitzschnell in Schräglage versetzt und dann per Suppenkelle geleert wurden. Allein der Anblick konnte sprachlos machen.

Wer es wünschte, konnte sich neben Kaviar auch geräucherten Lachs oder Stör aufschichten. Beides war nicht sonderlich drapiert, geschweige denn fein geschnitten. Doch es schmeckte fabelhaft. Fans traten immer mehrmals an, denn das Zeug war nicht nur köstlich, sondern auch preiswert.

SZENE 1

»Hey, Gerhard«, brüllte ich, »das sind minus fünfundzwanzig.«

Tatsächlich stand ich ohne Jackett, dafür aber angeschlagen vor einem der vier Ausgänge des Rossija. Gerhard, der ebenfalls voll war, lachte schallend:

»Bist du jeck, so im Hemd? Das hältst du nicht hundert Meter durch!«

Ich fasste dahin, wo bisher die blöde Krawatte hing und stolperte zurück.

»Wartet mal, ich muss noch mal hoch!«

Hoch – das war die Bar, in die man uns am späten Nachmittag gegen Bakschisch eingelassen hatte. In der wir drei Flaschen Wodka kalt gemacht und das Büfett leer geräumt hatten.

Ich brauchte nur fünf Minuten. Der Aufzug lief geräuschlos und in der Garderobe hing mein Mantel. Wo mein Jackett war, konnte ich zunächst nicht feststellen, fand es dann aber halb ausgebreitet unter dem Tisch. Bingo!

Einigermaßen gut verzurrt gelangte ich nach unten. Gerhard und Paul hatten derweil in den Schnee gepinkelt. Sie nestelten an ihren Hosenställen und schwankten wie Kuttermasten.

»Zur U-Bahn«, rief ich und setzte mich in Bewegung.

Die beiden anderen folgten. Wir liefen hundert Meter und stießen dann auf den Eingang, nahmen ein paar Stufen und kamen zur Rolltreppe.

»Ab geht's«, rief Paul und klemmte sich auf die erste Stufe.

Ich sprang kurzerhand hinterher und stand dann etwa drei Meter von ihm entfernt – oberhalb. Mit ziemlichem Tempo ging's abwärts. Moskauer U-Bahngleise liegen tief, und als Gerhard auf die Treppe rutschte, waren es noch gut fünfzig HöhenMeter bis zum nächsten Absatz. Wir glaubten, dass Gerhard den Treppentritt gut gemeistert hatte und … täuschten uns. Gerhard strauchelte, vergriff sich am mitlaufenden Gummigurt und stürzte … stürzte mir entgegen, brachte auch mich zu Fall und schuf so das unheilvolle Duo, dass dann auf Paul niederging. Letzteren traf es heftig. Nicht nur, dass er durch uns niedergerissen wurde. Er kegelte – ähnlich wie wir – nur eben besonders beschleunigt, treppab. Er war quasi der Frontmann, der, dessen Mantel sich unten als erster verfing.

Rutschen, Knirschen und schleifende Geräusche. Ehe Paul stabil stehen und am hellbeigen Stück ziehen konnte, kamen wir schwer in die Quere. Schlugen auf, fuhren mit den Händen in seine Weichteile, stießen auf den kalten Granit und rappelten uns auf. Anders Paul: Er war quasi niedergeschlagen, stöhnte am Boden und hatte Mühe, auf die Beine zu kommen. Irgendetwas zog an ihm. Es war sein Mantel, der seitlich in die Fahrtreppe geraten war und nun mit schrillem Pfiff abriss. Was Paul schließlich in die

Finger geriet, war ein Restfetzen – schwer ölig, aber im Innern noch warm.

Ich habe Paul nie wieder so brüllen hören:

»Scheiß Mantel«, schrie er und warf das ausgedünnte Etwas in den nächsten Papierkorb.

Zwei Minuten später röhrte die U-Bahn heran. Kaum, dass wir ihre Lichter erblickt hatten, war sie schon im Bahnhof. Ich fixierte eine der Abteiltüren und hatte Glück. Sie öffnete sich und wir sprangen ins Innere. Paul, der im Jackett herumfröstelte, sah mitgenommen aus. Aber er stand, die Lederschlaufe fest im Griff, ziemlich gerade. Bis der Zug anzog und in höllischer Beschleunigung alles schräg stellte. Ich selbst hatte mich vorgehangelt und fest in einen der Sitze gekrallt. Anders Gerhard. Er war von einer der Haltestangen abgeglitten und ging abwärts. Nicht so, wie man das hätte erwarten können, nicht einfach so … in die Knie. Nein. Er fiel, als die Bahn Fahrt aufnahm irgendwie parallelogrammhaft – gleichermaßen von Beschleunigung und Schwerkraft bewegt – wie eine Zaunlatte zu Boden. Einen solchen Sturz hatte ich mein Lebtag noch nicht gesehen. Gerhard fiel ohne Gegenwehr. Keine vorgeschobene Hand, keine Abwehrbewegung, nichts als die platte Klatsche. Schlecht für ihn, dass die Nase aus ihm herausragte. Sie war es, die kurzerhand einbrach, irgendwie wegknackte, ohne dass wir das Geräusch im Zuglärm hätten ausmachen können.

»So ein Mist!«, schrie Gerhard, der plötzlich wie ernüchtert nach oben schnellte und seitlich auf die Sitzbank fiel.

Paul griff blitzschnell zu, drückte Mund wie Nase ins Polster und verhinderte so den Rückfall. Jetzt war schnelle Hilfe von Nöten. Ich zog ein Paket Taschentücher aus der Jacke und steckte es Gerhard in die Hand. Der reagierte fahrig und schob Plastik nebst ausfallendem Papier schrägt ins Gesicht.

»Auuu, Scheiße!«, brüllte er erneut, »die ist hin!«

Die war hin. Bei dem Schiefstand bestand kein Zweifel.

»Ich werd' nicht mehr«, setzte Gerhard hinzu, pfiff das ein zweites Mal durch die Zähne und schob sich zentimeterweise nach oben. Überall tropfte Blut. Es lief in Fäden zu Boden und sickerte hemdwärts. Keine Frage: Das Zeug unterm Mantel war nun auch rot – zumindest für die nächsten Tage unbrauchbar. Gerhard musste das, ob er wollte oder nicht, hinnehmen. Paul und ich waren auch platt, aber immerhin unverletzt. Wir rollten unschlüssig mit den Augen und standen breitbeinig umher.

Zwanzigminütiges Zugpoltern, wechselnde Griffe ins Abteilgestänge und Luft, die aus Klappfenstern in unsere Gesichter schlug. Ganz allmählich wichen die WodkaNebel, machten einem Zustand Platz, der Betroffenheit zuließ. Wohin fuhren wir?

Ich schaute aus dem Fenster und hoffte, ein Stück der vorbei rasenden Außenwelt einzufangen. Vergeblich. Es war nicht festzustellen, ob wir in Richtung Vystavka oder auf der Gegenspur unterwegs waren. Der Streckenplan im Waggon war verschmiert, und die Namen der Bahnhöfe rutschten aus dem Bewusstsein.

Erst sehr spät, erst als Gerhard provisorisch versorgt war, wurde das Umfeld sichtbar. Fünf Meter entfernt von uns standen vier junge Russen. Sie hatten sich zunächst zurückgehalten, drängten dann aber in unsere Nähe und redeten auf uns ein. Wir verstanden Bahnhof, nun bitte – nicht U-Bahnhof! Um genau zu sein: Unser Russisch war angesichts der Promille spärlich – noch mieser als ohnehin schon. Und so missverstanden wir die Leute, gingen eher in Deckung als aus ihr heraus.

»Ne ponimaju, ich verstehe nicht«, flüsterte ich und »Vystavka.«

Die Russen lachten etwas, offenbar, weil die Betonung falsch war. Vielleicht auch, weil wir Mühe hatten, den Mix aus bedrohtem Gleichgewicht und Vokabeln im Zaum zu halten. Gleichwie: Die Russen wirkten bedrohlich.

Erst am Ende der Reise, erst als der Zug in einen großen, blau getünchten Bahnhof einfuhr, als diese Leute mit wilden Gesten auf das Bahnhofsschild wiesen und laut *Vychod* schrien, begriffen wir: Wir waren die Säufer und sie die freundlichen Wegweiser. Der feine Rückschluss – das wussten wir plötzlich – war wichtig. Er hat uns für einen Moment aufgebaut, dann aber auch beschämt.

Keine Frage, das Moskau der 80er Jahre hatte Charme – wenn auch einen eher strengen. Die Butter wurde vom Würfel, der Käse vom Halbmeter-Rund und das Schwein quer geschnitten. Niemand in der Stadt fror, alle hatten zu essen und jeder war zu jedem unterwegs. Die Straßen waren breit, die Polizisten streng und bestechlich. Alles schien geregelt – manchmal auf eigentümliche Weise. Ich erinnere mich an die großen Fallrohre. Die führten direkt auf den Gehsteig, und wenn es dann goss, wurde man weggespült.

Der Winter 85/86 traf uns besonders hart. Draußen herrschten minus 38° C, und der Atem gefror, sobald er aus Mund und Nase ins Freie geriet. Auf den Straßen hatte sich eine dreißig Zentimeter dicke Schneedecke gebildet, die – man konnte es kaum glauben – von allen Fahrzeugen mühelos befahren wurde.

Wir wohnten damals in Wohnblöcken, die zu Billighotels umfunktioniert waren und deren Fenster bei extremer Kälte von innen abgeklebt wurden. Denn Luft von draußen war bei diesen Temperaturen tödlich. Nicht minder furchtbar war es allerdings, in schlecht oder nicht gelüfteten Zimmern zu schlafen.

Die Situation zwischen LuftZug und zuglos war uns aus den Vorjahren bekannt. Aber jetzt eskalierte sie. Eskalierte, weil der Betreiber des Hotels auf die Idee gekommen war, den Standard der Zimmer und damit auch den Hotelpreis anzuheben. Beides sollte durch den Einbau von Toiletten und Waschbecken in jedes der Zimmer bestätigt und gerechtfertigt werden. Was diesen Einbau anging, so folgte der aber weder den DDR-, geschweige denn internationalen Ansprüchen. Das krasse Gegenteil war der Fall: Die Handwerker hatten unmittelbar neben der Eingangstür einen oben geöffneten Verschlag errichtet, der auf Stelzen ruhte und folglich die Füße des sitzenden oder stehenden Protagonisten freigab. Braune Schuhe, das konnte Willi bedeuten, und schwarze – die würden entweder Rolf oder Rudi gehören. Kurz und schlecht: Die Tätigkeiten in diesen Boxen mussten allesamt peinlich und ätzend auslaufen. Doch was sollten wir tun? Die Gemeinschaftsklos auf den Gängen gab es nicht mehr.

Horst hatte das Netz mit dem Shigoljovsker Bier und dem Portwein auf dem Stuhl abgesetzt.

»Boing … Saufen!«, rief Wilfried, »macht die Pullen auf!« Doch die anderen vier, die auf den Betten saßen, blieben reglos. Siegfried und Fred gähnten abwechselnd, die anderen rollten apathisch mit den Augen. Kein

Wunder: Der Tag bei GOPRI hatte ziemlich genervt. Alles war schwieriger gewesen als zuvor vermutet. Die Verhandlungen liefen zäh und Abweichungen von den sowjetischen Standards, von den auf Solidität gleich Masse fußenden Konstruktionen schienen unmöglich. Wir aber, infiziert von westlichem Leichtbau, wollten etwas Flexibleres, weniger Kompaktes. Keine Querteilanlage, die 500.000 Tonnen Stahlblech pro Jahr produzierte und viertausend Tonnen wog, sondern eine weniger leistungsfähige mit der halben Masse. Frau Momikova, die die Verhandlungen auf sowjetischer Seite führte, wollte da nicht einlenken. An spezifische, auf DDR-Verhältnisse abgestimmte Veränderungen war nicht zu denken. Entweder wir nahmen, was sich in der SU bewährt hatte, oder wir gingen leer aus. Weder der Außenhandel – der die DDR-Delegationen anführte und alle ausländischen Aktivitäten der Industrie beäugte – noch unsere Bosse aus der Metallurgie konnten diese Pattsituation durchbrechen. Hopp oder Topp! klang es aus den Führungsetagen. Und es blieb beim Hopp.

Momi, deren Enthusiasmus wir insgeheim bewunderten, spulte weiter ihren Draht ab, überreichte Zusammenstellungszeichnungen und Stücklisten und stöhnte erst, wenn es 21 Uhr wurde.

»Bez pollitra ne razberjoshsja, ohne einen halben Liter kommst du hier nicht klar«, raunte sie dann, und wir wussten, dass es ohne Hochprozentiges nicht weiter ging. Das aber war bei GOPRI – vor allem, wenn es international zuging – streng verboten. In der Regel wurden die Verhandlungen dann ausgesetzt – bis zum nächsten, ähnlich verlaufenden Treffen.

Lutz Borg vom Außenhandel, der querteil-bezogen wenig zu sagen hatte, wurde bei solchen Abbrüchen schlagartig wach. Fast immer nutzte er die Gelegenheit, um sich fortzustehlen, schnappte sich ein Taxi und fuhr zum Rossija. Dort frönte er, völlig auf sich gestellt, einem Mix aus Kaviar und Wodka, der ihm für wenige Rubel einmal oder auch mehrmals aufgetischt wurde.

Am Folgemorgen wirkte er weder blau noch nüchtern. Er ruderte einmal mehr mit den Armen als er den Linienbus bestieg, sog – wie jeder von uns – die Knoblauch gesättigte Luft ein und schwieg dann für den Rest des Tages.

DokumenTakel E.

Ein Stück MetallurgieGeschichte – aus der Sicht des wissenschaftlichen Mitarbeiters, der vertrauliche Verschlusssachen einsehen konnte und auch sonst einen besonderen Zugriff auf die Geschehnisse hatte. Eine Story, für die akribisch recherchiert wurde, die dennoch in Teilen unvollständig, ja, unwahr sein könnte. Weil die Sicht von unten natürlich beschränkt war – so wie sie es von oben bis heute ist.

SZENE 1

Es ist achtzehn Uhr. Wir sitzen in einem mit rotem Samtteppich ausgelegten Raum, der viel hermachen soll, bei genauerem Hinsehen aber eher einem schnell drapierten Schuhkarton gleicht. Um genau zu sein: Wir sitzen in der Telefonzentrale des Berliner Hotels *Palace*, das in zwanzig Jahren dem Abriss anheimfallen wird. Letzteres tut nichts zur Sache.

Wichtiger ist, dass für die unbestimmte Zeit X eine Mannschaft geordert ist, eine Gruppe, die aus drei Spezialisten vom IKO-Werk, aus zwei ProjektIngenieuren von KIT-Egel, Habicht vom INDUIMPO, Poi Blasser von der Staatlichen Plankommission, aus dem Abteilungsleiter im Ministerium E., Rüdiger Kraut, Bert Moser vom Zentralkomitee der Partei und mir besteht. Diese zehn Leute sollen heute Nacht den Schlusspunkt unter einen Import-Vertrag setzen. Unter ein Werk, dessen Fertigstellung seit nunmehr zehn Jahren mit Mühe und Akribie vorangetrieben worden ist und dessen Bedeutung alles bisher in der DDR Verhandelte übertreffen dürfte. Denn was zur Debatte steht, ist die größte bisher importierte Industrieanlage, mehrere zehntausend Tonnen schwer und geeignet, sämtliche Ebenen, Berge und Täler des Landes mit Bändern und Blechen zu bedecken. Vorausgesetzt, dass man die zur Produktion anstehenden Bunde aufrollen und gemeinsam mit den entstehenden Tafeln auslegen könnte. Das hat niemand der hier Anwesenden vor, für den Laien aber macht es deutlich, wozu Technik im Vergleich zu den Geisteswissenschaften fähig ist. Sorry, Herr Heidegger, sorry, Herr Sloterdijk!

Der Gedanke, eine solche Anlage zu bauen, geisterte ewig. Er wurde geboren, als sowjetische Ingenieure in E. zwei große metallurgische Komplexe aufbauten, die den Anfang und das Ende einer gewaltigen Produktionskette bildeten. In diese Kette – und zwar direkt in deren Mitte – gehörten ein Stahlwerk und ein großes Walzwerk, deren Ergänzung mit dem 17. Juni 1953, sprich: nach den Auseinandersetzungen um verschärfte Arbeitsnormen und sinkenden Lebensstandard ausgesetzt wurde. Es dauerte fast drei Jahrzehnte, bis das Stahlwerk dann doch zu Stande kam. Von der Walzstraße hingegen war bis dahin nichts zu sehen. Es bedurfte weiterer endloser Vorgänge, um auch dieses letzte Teilstück zu konzipieren und durchzuverhandeln. Dabei stand zunächst fest, dass die Grundausrüstung aus der UdSSR kommen würde, weil ein solcher Import keine Valuta, sondern allenfalls DDR-Austauschware erforderte.

Irgendwann indes wurde klar, dass die in Frage kommende Technik veraltet und keineswegs geeignet schien, ein warmgewalztes Band zu erzeugen, das in der Folgestufe die Herstellung eines qualitativ hochwertigen kaltgewalzten Bandes für den Export gen Westen ermöglichen würde. Folglich musste darüber nachgedacht werden, ob es Sinn machte, sowjetische Ausrüstungen so zu veredeln, dass sie im Mix mit ›westlicher Edelmechanik‹ höheren Ansprüchen genügte.

Fachlich war dies ein Unsinn, weil eine miese Grundstruktur durch kein noch so hippes Aufmotzen 1a werden konnte. Die netten Funktionäre sahen das anders. Sie schleppten die Idee jahrelang mit, obwohl deren Aufkündigung Millionen von Ostmark gespart hätte. Nichts gegen die fähigen sowjetischen Ingenieure in M. und N. Wir haben gern mit ihnen gelacht, fachlich diskutiert und Wodka getrunken. Doch ihre Technik war die der fünfziger Jahre. Was einen Teil der DDRler sofort bewog, nach Alternativen zu suchen.

Das nahm viel Zeit in Anspruch, führte aber schließlich zu einem aussichtsreichen Versuch: Er bestand darin, die Kernausrüstungen des Walzwerkes, die Warmbreitbandstraße, komplett von der Firma IHM aus Japan zu importieren. Eine solche Anlage sollte etwa 700 Millionen DM kosten und durch DDR-Ausrüstungen im Wert von etwa 3 Milliarden Ostmark zum Warmwalzwerk komplettiert werden. Gegen diese Vorstellung wurde von Anfang an polemisiert: von Seiten der Politgrößen, weil man fürchtete, dass sowjetische Partner frustriert sein könnten, von Seiten des künftigen Betreibers, weil er zwar auf westliches Know-how stand, das aber nicht aus Japan wollte.

Letzteres hatte damit zu tun, dass man mit Technik aus Fernost (wenngleich von einer anderen Firma) schlechte Erfahrungen gemacht hatte und im konkreten Fall der komplizierten Mechanik misstraute. Dem stand entgegen, dass im modernsten Hüttenwerk der Welt, im südkoreanischen Gwangyang, drei gewaltige, von IHM gelieferte Warmbandstraßen erfolgreich betrieben wurden.

Ich selbst hatte monatelang für eine in sich schlüssige, also in einem Stück konzipierte Anlage gestritten. Dass diese, begründet durch Guthaben in der Handelsbilanz, aus Fernost kommen musste, hat mich zwar gestört, meine grundsätzliche ingenieurtechnische Haltung aber nie in Frage gestellt. Ich wollte die Walzstraße aus einer Hand, weil nur, was aus einer Hand kommt, optimal zusammenpasst und -arbeitet. Logisch!

Als kleiner wissenschaftlicher Mitarbeiter, als Mitglied im Verhandlungsteam, schließlich als Gutachter konnte ich zumindest die Alarmglocken läuten, sprich: auf mein Veto, die Mix-Variante betreffend (sowjetische *Kernausrüstung* plus westdeutsche *Edelmechanik*), aufmerksam machen. Ich hatte im Verlauf des Gesamtprozesses viele Referenzanlagen gesehen, ich hatte an Verhandlungen mit Teams aus Österreich, Westdeutschland, Großbritannien, Italien und Frankreich teilgenommen und dabei die aus Technologen und Anlagenbauern bestehende Arbeitsgruppe *Qualitäts- und Leistungsparameter des Warmbandwalzwerks* geleitet. Es mag anmaßend klingen: Aber ich glaube, dass die Tätigkeit dieser Arbeitsgruppe besonders wichtig war. Hier entschied sich, ob der Betreiber die in E. vorhandene technologische Lücke sinnvoll, sprich: mit bestem Ergebnis schließen konnte.

Spätestens 1987 war der Minister für E. – was die technische Auslegung der WBS anging – derselben Auffassung wie ich. Er folgte der gleichen Logik und ließ sich diese – besonders nach seinem Japan-Besuch – nicht streitig machen. Mir fiel die Aufgabe zu, Klinghuber ständig zu informieren. Was in der Regel über aktuelle, handschriftliche Zettel erfolgte, die aus der dritten in die achte Etage wechselten, um dann von ihm abgezeichnet, respektive mit Anmerkungen und Rückfragen versehen zu werden. Auf diese Weise entstand – was das Warmbandwalzwerk betraf – ein enger Kontakt, nicht etwa zwischen Personen – denn ich sah den Alten fast nie – wohl aber zwischen virtuell anmutenden Technikern, die im gleichen Fach zu Hause waren.

Zurück zum Startpunkt, zurück zum Ereignis: Niemand der hier Anwesenden beabsichtigt, die Produkte eines – derzeit noch virtuellen – Warmbandwalzwerkes auf die vierzehn Bezirke der DDR, geschweige denn über ganz Deutschland auszubreiten. Was nicht heißt, dass wir ohne Ehrgeiz sind. Es geht um höchste Ansprüche, so hohe, dass selbst westliche Anbieter Mühe haben, ihnen ohne PokerSpielchen gerecht zu werden. Gestern Abend noch hieß es, man arbeite an den Kennziffern, sei aber nicht sicher, dass man sie erfüllen könne. Beide Seiten hatten sich monatelang belauert. Niemand wusste, ob irgendwer, irgendwelche Parameter auf die andere Seite getragen oder unwissentlich dem Gegner überlassen hatte.

Wie auch immer: Die DDR-Mannschaft scheint über jeden Zweifel erhaben. Sie hüllt sich in Schweigen, weiß aber wohl, was sie konkret fordert. So gesehen ist die heutige Stichwahl weder ein formaler Akt, noch ein polizeirelevanter Vorgang. Sicher aber der spannendste Moment im Gesamtrennen. Monatelang ist an den nunmehr dreißig (!) Bänden des Vertrages gearbeitet worden – am technischen Teil wie am kommerziellen. Die Struktur des Gesamtsystems ist klar. Was noch fehlt, sind die Garantieparameter für Produkte, Tonnen-Stunden-Leistungen und Anlagenauslastung. Alles mündet jetzt in der Frage: Was kommt raus?

Im EreignisRaum, im drapierten Schuhkarton, wird es warm. Moser zieht seine Jacke aus und diskutiert mit Blasser. Blasser, der Abgesandte der SPK, hat den Lageplan bei der Hand. Niemand weiß so recht, warum. Habicht schaut gewichtig in immer dieselbe Ecke und Moser vom ZK quatscht mit Kraut und Adamek.

Welch ein Heerlager und welche Akteure! Im Westen – das wissen wir – ist man erstaunt darüber, dass so viele Leute mit diesem Warmband-Zauber beschäftigt sind. Das geht hoch bis in Zwischendecken von Partei und Regierung. Ein Unding in der Marktwirtschaft, wo der Konzernboss, allenfalls der Aufsichtsrat, entscheidet und der Minister allenfalls bei Jubelposen dabei ist.

Nun, in der DDR läuft alles anders – wegen der Planwirtschaft, des überzogenen Zentralismus, aber auch deshalb, weil es hier um Beträge geht, die im Vergleich zum Staatshaushalt stärker ins Gewicht fallen. Darüber hinaus haben alle Aktionen politischen Charakter – mit völlig anderer Deutungshoheit.

Soviel ist sicher: Wenn an diesem Abend das richtige Papier übers Fax liefe, dann dürfte das bei einigen Leuten den Orgasmus, bei anderen, vor allem bei den Altvorderen der Partei, äußerst gemischte Gefühle auslösen. Denn selbst wenn der heutige Akt erfolgreich verliefe, wäre das kein Zeichen für Vollendung.

So eine Walzstraße, so ein Werk müsste erst einmal gebaut werden. Dass dabei neue Wenn und Aber auf die Agenda gerieten, war klar. Partei und Staatssicherheit sahen überall Gefährdungspotenziale – sei es im Hinblick auf mögliche Terminverstöße, sei es, weil Einzelpersonen, in diese Verantwortung gebracht, zu Verrätern, Vertuschern, Beschwichtigern werden konnten. Hier war alles heikel, was nach Valuta roch.

Adamek, der Aufbauleiter von IKO, holt seine Mitkämpfer zusammen. Er empfiehlt ihnen, etwas Distanz zu wahren.

»Wir halten uns an die Fakten, Emotionen bleiben zu Hause!«, sagt er und weiß genau: Was in den kommenden Stunden entschieden wird, ist mehr als brisant.

Auch für mich ist das Seil fest gespannt. Ich fühle mich aber – im Gegensatz zu manch anderem – total sicher, weiß ich doch, dass der Alte, der Minister für E., hinter mir steht. Soviel Selbstbewusstsein schürt den Eifer: Ich würde, so gebot ich mir, die bestmöglichen Eigenschaften dieser Bänder und Bleche einfordern und garantieren lassen. Komme, was wolle.

Obwohl ich diese Festigkeit ausstrahle, knickt keiner der internen Gegenspieler vorzeitig ein. Sowohl Moser als auch Habicht und SPK-Blasser setzen politisch relevante Gesichter auf. Sie haben bis zuletzt auf ihren Mix aus Sojus und Firma SIM/BRD gesetzt, wobei auch ihnen gesteckt worden war, was es mit der konkurrierenden Lösung auf sich hat. Die Japaner sind technisch komplizierter, aber als *Ein-Stück-Lieferanten* im Vorteil.

Punkt acht kommt die erste Anfrage der Japaner: Man erkundigt sich, ob Habicht-san mit seinem Team empfangsbereit ist.

Habicht und Adamek nicken, IKO-Nieles und Seifert von KIT scheinen gleicher Meinung und schließen sich an.

»Los geht's«, sagt Adamek und formuliert das Antwort-Fax: *Wir erwarten ihre Zahlen.*

Monatelang hatten wir an den Qualitäts-Kennziffern gearbeitet, europäische und japanische Normen gewälzt und doch nur Mindestanforderungen ausfindig gemacht. Wie ein Band/Blech aus einer der modernsten Anlagen der Welt wirklich aussehen müsste, wussten wir kaum. Woher auch? Vergleichbare Anlagen gab es nirgendwo in Osteuropa und die Know-how-Lieferanten beider Seiten hatten natürlich gemauert. Hier gab jeder nur das preis, was angesichts der Verhandlungslage für die jeweilige Seite vertretbar/sinnvoll schien. Nur der unmittelbare Clinch, der straffe Wettstreit zum Vertrag konnte die Wahrheit, zumindest aber Teile davon, ans Licht bringen. Die Japaner hatten RCS, die Westdeutschen ÜSSE als Technologielieferanten im Geleit. Das waren Schwergewichte mit jahrzehntelangen Erfahrungen, denen wir mit unseren Erkenntnissen aus Literatur, Verhandlungen und Referenzreisen etwas zwergenhaft gegenüber standen. Dennoch hat uns dieser Umstand nie verunsichert. Es kam überall vor, dass solche Anlagen zum ersten Mal verhandelt wurden. Das barg Risiken, konnte aber auch zu Höchstleistungen animieren.

Im Hotel ›Palace‹ setzten die DDR-Spieler auf Letzteres. Und entfachten ein Feuer, das alle Beteiligten von Anfang an in Bann hielt. Ich hatte unsere Qualitätsforderungen vor mir auf dem Zettel. Die mussten jetzt mit den einkommenden Daten verglichen werden.

Zunächst tut sich nichts. Wir hocken fast dreißig Minuten auf unseren Plätzen, Moser und Blasser gehen raus – eine rauchen. Habicht redet leise mit Adamek, die Projektanten spielen mit ihren Fingern. Ich habe mich mit Halbes vom IKO unmittelbar am Fax aufgebaut.

Als sich das Papier in Bewegung setzt, ist es kurz vor sieben. Was schließlich auf der Ablage landet, sind vier dicht beschriebene Blätter. Adamek, der schnell hinzugetreten ist, greift zu.

»Wir garantieren«, liest er vor, »die 2-Sigma-Werte für die Dickentoleranzen im Bereich von 1,8-3 mm bei Breiten von 800-1200 mm.«

»Noch mal langsam, Helmut!«

Adamek wiederholt: »Die 2-Sigma-Werte …«

Es folgt eine endlose Litanei von Daten, die sich im Raum breit machen. Kein Mensch auf der Straße könnte das nachvollziehen: diese heraustretenden Augen, diese Zahlenkolonnen ...

Nieles vom IKO-Werk ist der erste, der losschreit:

»Nicht schlecht, gar nicht schlecht!«

»Nun mal ruhig«, fahre ich dazwischen, »eines ist wohl klar: Die haben sich dort angestrengt, wo es wenig Mühe macht. Schaut mal auf die breiten und dünnen Bänder!«

»Scherf hat Recht«, bestätigt jetzt auch Fritz Seifert von KIT-Egel, und wenn Seifert etwas sagt, hat das Gewicht.

Eine Unterstützung wie diese konnte entscheidend sein. Denn sobald Fakten das gegnerische politische Kalkül überrollen würden, hätte die Japan-Variante gute Chancen. Eines allerdings spricht gegen meine Vermutung: Seifert ist abhängig vom Auftraggeber, also von Adamek, und der hat – wie schon vermerkt – Vorbehalte. Hinzu kommen die Rangordnungen, hinzukommen die Wichtungen, was Politik und Physik angeht.

Es ist total unwahrscheinlich: Aber sollten die technischen Fakten gleichauf liegen, sprich: als Entscheidungskriterium ausscheiden, würden ZK & Co. sofort das Feld aufmischen. Habicht und Moser würden einmal mehr die SU-Karte zücken und Blasser mitziehen.

Ich hatte den Streit noch gut im Gedächtnis – von unseren Moskaureisen her. Immer wenn die Spitzenleute von INDUIMPO, IKO und KIT dabei waren, gab's massiv Ärger. Jeder von denen wusste, dass ich konsequent auf dem bestand, was Klinghuber mit mir abgestimmt hatte, dass ich alles daran setzen würde, die Tricksereien zu Gunsten der Mix-Variante (UdSSR/BRD) aufzudecken. Und da gab es tatsächlich reichlich Anhaltspunkte. Wo immer möglich, wurden die VerhandlungsErgebnisse mit den sowjetisch-westdeutsch gemischten Trupps so dargestellt, dass sie politisch passten. Fachlich klappte das nicht, denn speziell meine Forderungen zu Qualität und Leistung wurden nicht erfüllt. Folglich ging ich in Berufung, was regelmäßig zu Wutausbrüchen in Teilen der DDR-Mannschaft führte. Ich wurde belagert, in meinem Hotelzimmer beschimpft oder geschnitten.

Den Höhepunkt der Kontroverse erlebte ich auf einem Rückflug von Moskau nach Berlin. Habicht hatte mir kurz nach Beginn des Fluges das Verhandlungsprotokoll in die Hand gedrückt. Es war bereits von ihm, den Leuten des IKO und KIT abgezeichnet. Nun sollte ich unterschreiben, und zwar unverzüglich. Der komplett abgestimmte Text sollte bei Ankunft in Berlin vorliegen. Ich las die zwei Seiten und stieß sofort auf Passagen, die die Mix-Variante zu Unrecht aufwerteten. Kaum, dass ich mit dem Text durch war, reklamierte ich. Habicht sollte an entscheidenden Stellen ändern – ich hatte die Korrekturvorschläge dazu gelegt.

»Kommt nicht in Frage!«, donnerte der, »entweder, du unterschreibst jetzt, oder ...«

»Oder was?«, fragte ich.

Habicht war rot angelaufen. Er riss mir das Papier aus den Händen und wankte bedrohlich:

»Hier wird nichts geändert, und wenn du dich weigerst zu unterzeichnen, ist das auch scheißegal!«

»Wenn ihr das so abliefert«, knurrte ich bösartig zurück, »mache ich eine Gegendarstellung.«

Man mag es nicht glauben, aber es kam dazu – natürlich glaubte Klinghuber ... mir. Die Jungs um Habicht hatten zunächst schlechte Karten.

Ich hatte, wie schon gesagt, nichts gegen die Moskauer Genossen, im Gegenteil: Ich habe selten so sympathische Leute auf der anderen Seite des Tisches erlebt. Aber hier ging es nicht um den Austausch von Freundlichkeiten, hier mussten Fakten entscheiden. Und die sprachen leider gegen die sowjetische Technik – übrigens so, wie sie auch gegen jede US-amerikanische Technik gesprochen hätten. Auch die Amis – ich denke an die jahrzehntelang führenden Firmen UNITEC, BLEU KNOT und LEAN – hatten den Trend zu modernen technologischen Lösungen in den siebziger Jahren verschlafen und damit ihren Niedergang eingeleitet.

Um 19 Uhr 30 melden sich auch die Westdeutschen. Sie haben heute Abend das Sagen im Mix-Team. Das Ganze läuft also Deutsch und nicht Russisch. Irgendwie anfragen wollen die Düsseldorfer nicht. Sie schicken sofort die Parameter. Tonnen-Stunden-Leistungen und Zeitgrade der

Anlage stimmen. Das können wir problemlos abhaken. Als dann aber die Qualitätskennziffern rüber tuckern, ist schnell klar, dass hier einiges fehlt. Was aus meiner Sicht kein Wunder ist, denn die Anlagenkonzeption gibt nichts anderes her. Immerhin versucht man nicht, gefakte Daten zu offerieren. Man bewegt sich im Bereich des Wahrscheinlichen. Diejenigen in der Gruppe, die auf Mix stehen, machen fast schlagartig zerdepperte Gesichter. Moser und Habicht, die technisch unbeleckt sind, müssen sich ihre Mimik bei den Fachleuten abholen. Und trauern dann zeitversetzt.

»Ja, Leute«, sagte Adamek, »mit dem, was Düsseldorf bietet, könnten wir leben. Wir wären instandhaltungstechnisch auf der sicheren Seite und müssten uns nicht mit der komplizierten Mechanik der Japaner abgeben. Allerdings wären die Exportchancen in der Folgestufe – also bei kaltgewalzten Bändern und Blechen – eingeschränkt.«

Augenblicklich tritt Stille ein. Ein unkompliziertes Arbeiten will niemand gegen Ausfuhren gen Westen abwägen. Selbst Blasser schweigt betreten.

Sicher – und daran habe ich übrigens keinen Augenblick gezweifelt – wäre eine komplette Walzstraße von der Firma SIM die technisch beste Lösung gewesen. Doch dieses Konstrukt war reine Illusion und als solches vom Tisch verbannt. Die DDR hatte nun einmal weder ein ausreichendes D-Mark-Guthaben im Handel mit Westdeutschland, noch die politische Freigabe für eine technologisch ganzheitliche bundesdeutsche Lösung.

Ich habe sie nicht herbeigerufen, die große Stunde. Aber sie bricht an, tut es einfach, bricht und bricht an. Es beginnt damit, dass ich Ruhe einfordere, einfach so ein *Jetzt Ruhe* herausblase. Was – ich kann es auch im Nachhinein spüren – sichtliches Erstaunen hervorruft.

»Danke«, sage ich, »wir wiederholen jetzt unsere Forderungen!«

Dabei blicke ich Adamek und Seifert direkt in die Augen. Beide scheinen zunächst unschlüssig, nicken dann aber. Die Prominenz aus ZK, SPK und Handel wirkt etwas aufgescheucht. Aber niemand sagt etwas. Um uns herum wird die Luft klamm und Nieles, der die Bogen ins Fax schiebt, schwitzt sichtlich. Einmal Japan, einmal Düsseldorf (plus Moskau im Hinterkopf) – tausende Kilometer in drei Minuten.

Dass ich – ich, der einfache wissenschaftliche Mitarbeiter und Gutachter – an dieser Stelle die Regie übernehme, ist nicht vorgesehen. Ich tue es einfach. Dass mich niemand dafür lyncht, hat mit Klinghuber zu tun. Alles duckt sich und linst verstohlen in meine Richtung. Auch Kraut kommt sich komisch vor. Kraut – der mir Vorvorgesetzte – ist klug, aber als Ingenieur-Ökonom, zumindest in diesem Metier, hilflos. Offiziell muss er den Standpunkt des Ministers vertreten – und mir folglich zur Seite stehen. Was er wirklich denkt, lässt sich nicht feststellen.

Ein künftiger Anlagenbetreiber hatte in der DDR wenig Gestaltungsfreiheit. Über fast alle Investitionen entschied das übergeordnete Ministerium. Vor allem, wenn es sich um valutaträchtige Neubauten handelte. Nahm ein Vorhaben allerdings die Größe des hier diskutierten Warmwalzwerkes an, dann landeten die Vorlagen ganz oben. In der Regel waren allenfalls der Chef der Staatlichen Plankommission und der zuständige Sekretär im ZK der SED befugt, die Ampel auf grün zu stellen. In diesem Procedere kam den Gutachterorganisationen IISZ (der Staatlichen Plankommission unterstellt) und MIZ (dem Ministerium E. unterstellt) eine ziemliche, aus heutiger Sicht auch bedenkliche Bedeutung zu. Ihre Aufgabe war es, den Investitions-, besonders aber den Valutaaufwand zu minimieren. Was naturgemäß zu Deformationen und Konfrontationen führte.

Zum einen wurde der Generaldirektor des Betriebs, der Neuanlagen betreiben, ja mehr noch: sie mit progressiver Anlaufkurve zu hoher Leistung treiben musste, quasi entmündigt. Er, der für die Instandhaltung und die spätere Modernisierung der Anlagen verantwortlich war, bekam für beides kaum Valuta. Er musste vielmehr um jede D-Mark betteln und für jedes größere Ersatzteil, höchst bürokratisch, immer neue Vorlagen erstellen – ein schon für damalige Verhältnisse unhaltbarer Zustand. Unter der Decke galt dann: Anlaufkurven, wie sie vom ZK oder dem zuständigen Minister gefordert wurden, waren nur zu erreichen, wenn man zusätzliche Sicherheiten einbaute. Im konkreten Fall hieß das, bereits mit dem Importvertrag der Anlage sehr viel mehr Ersatz- und Verschleißteile einzukaufen als normalerweise (sprich: bei Betrieb im Westen) notwendig waren.

Die Gutachter nun schickte man vor, um diesen, z. T. auch überflüssigen, ›Speck‹ abzubauen, sprich: den Valutaaufwand für die Erstausrüstung zu minimieren. Die Läuse im Pelz des Betreibers waren dann auch verhasst. Sie wurden von den Mächtigen installiert, um die Ohnmächtigen – eigentlich: die vom System drangsalierten Wertschöpfer – auf das zu schrumpfen, was ihnen ›zukam‹. Was im Gegenverkehr eine Bewegung vom Anlagenbetreiber in Richtung Ministerium, Staatliche Plankommission und ZK auslöste – mit dem Ziel, die Ergebnisse der Begutachtung zu relativieren, sprich: die konfiszierte Substanz als völlig überzogen darzustellen.

Für mich, der ich als Gutachter des MIZ an Verhandlungen und Referenzreisen teilnehmen durfe, war die Lage besonders zweischneidig: attraktiv und deprimierend zugleich. Denn ich war nicht nur in meiner Funktion, sondern auch als Spezialist gefürchtet, hatte praktisch Einsicht in alle Unterlagen und wusste fast immer, wo die Leichen im Keller lagen. Das erklärte so manche Hassgefühle, die mir vor allem von seiten des Anlagenbetreibers entgegenschlugen. Der musste meine Mitarbeit dulden, andererseits aber auch in Kauf nehmen, dass ihm sichtbare Fettpolster abgeschnitten wurden. Bösartige Anwürfe, Ausgrenzungen bei Veröffentlichungen waren die Folge, auch Anfeindungen bei Referenzreisen. Letztere waren auch im eigenen Haus ein Thema, war doch derjenige, der ins kapitalistische Ausland reisen konnte, ein Bevorzugter, ein Privilegierter. Dass er zudem ein Beobachteter, zugleich aber auch ein Beobachter werden konnte, blieb unausgesprochen. In den Köpfen allerdings geisterte auch das – virtuell und vielfarbig.

Referenzreisen wurden vom zuständigen Importbetrieb organisiert. Der war es auch, der sämtliche Gespräche mit ausländischen Partnern anbahnte und leitete. Und damit auch auf dieser Ebene Überwachnung und Gängelung sicherstellte. Wieder traf es vor allem den Anlagenbetreiber, die Führungskräfte der Produktion, die eigentlichen Wertschöpfer.

Selbst unter dem Einfluss von Glasnost hatten es die maßgeblichen Akteure nicht verstanden, die Eigenverantwortung auf den jeweiligen Führungsebenen so zu stärken, dass ein intelligentes, koordiniertes und arbeitsfähiges Ganzes entstand. Trotz gewisser Reformversuche wurden sogar hohen Funktionären in der Produktion bis zuletzt wichtige Befugnisse vorenthalten. Angesichts der Bürokratie und grotesken Gewaltenteilung fiel mir nur eines ein:

›Kotz mich nicht an, künftiger Betreiber des Warmwalzwerkes, gehe zu deinem ZK und lass die Weltordnung ändern. Ich bin auch nur Teil der von dir gelebten politischen Absurdität. Amen!‹

Boooh! Jetzt kommen die Antworten im Minutentakt. Beide Parteien verbessern ihre Angebote, in kleinen, oft sehr unübersichtlichen Schritten. Allein die Fachleute können dem folgen oder protestieren.

Ich bin praktisch der Einzige, der offen für die Japan-Variante votiert. Alle IKOs und KITs pendeln zwischen Mix und mir – sichtbar hin- und her gerissen. Ausdruckslos starren sie auf die Papiere, eingesogen in den unnachgiebigen Ablauf des Geschehens, das einer gnadenlosen Direktive folgt: Die Anbieter sind bis aufs Blut zu fordern. Nur der eindeutig Bessere kann das Rennen machen. Und der … zeigt tatsächlich bald Flagge.

Moser, Habicht und Blasser haben sich in eine der Ecken verzogen. Ihre Gesichter sind zur Hälfte verkniffen, zur Hälfte gerötet. Jetzt, konstatiert Moser, falle die Entscheidung. Ob im Technik- oder im Sowjet-Wahn scheint nicht mehr wichtig. Man ist drauf und dran, die über Monate gehaltene Position zu verlieren.

»Scheiße«, ruft Habicht und das ist bis hin zum Fax zu hören.

Die Westdeutschen haben ihre letzte Karte ausgespielt. Das Angebot steht unbeweglich. Nun kommt es darauf an festzustellen, ob die Japaner zulegen. Dass sie das tun würden, ist klar für mich.

Auutschschsch! Da kommt die Antwort. Autsch, da ist es aus mit Mix & Co. Tatsächlich finden wir in fast allen Punkten das, was wir gefordert haben. Vor uns liegen – groß, breit und unmissverständlich – die Garantiewerte, die besser nicht ausfallen könnten.

Wir Technologen sind die Sieger – wenngleich auf unterschiedlichen Positionen. Sogar Halbes muss grinsen, verbirgt das aber schnell, weil Adamek rüberschaut – mit einem Blick, der töten könnte. Seifert scheint nicht recht zu wissen, wie er sich verhalten, ob er mir, seinem einstigen Studienkollegen, gratulieren oder doch besser Distanz halten soll. Vielleicht täusche ich mich auch. Vielleicht ist alles anders – weniger halluzinös.

Der Gedanke, dass hier fachlich und nicht politisch entschieden wird, ist faszinierend. Dass ich dabei ein gewichtiges Wort mitrede, macht den Tag zum wichtigsten in meinem beruflichen Leben. Mir ist über zwei Jahrzehnte hinweg – aus politischen Motiven heraus – jede Beförderung verweigert worden. Heute war es mir vergönnt, für Minuten ein Rad zu drehen, ein Riesenrad!

Als sich der Trupp der Befaxten kurz vor Mitternacht auflöst, als zehn Leute übermüdet und genervt das Interhotel *Palace* verlassen, steht fest: Die neue Warmbreitbandstraße wird aus Japan kommen.

Für ein paar Tage ist dies die einzige, unumstößliche Wahrheit.

Dann aber knallt es. Anlagenbau-Minister Grau kündigt von einem Tag zum anderen die DDR-Bilanzen, sprich: Er sieht sich – aus welchem Grunde auch immer – außerstande, die für das Warmbreitbandwalzwerk vorgesehenen DDR-Lieferungen und -Leistungen bereit zu stellen. Minister Klinghuber, sein Partner im Vorhaben, ist schockiert. Er hält den ausverhandelten Import-Vertrag in der Hand und muss plötzlich die Frage der politischen Führung der DDR beantworten, ob er sein Walzwerk auch ›komplett‹ importieren und refinanzieren könne.

Warum, wieso, warum ich? Hier hätte es viel Zeit zum Durchatmen geben müssen. Aber Klinghuber reagiert abrupt. Seine Antwort ist ›Nein!‹ Sein Valutahaushalt – so vernimmt man – sei schon in der alten Konstruktion stark angespannt gewesen. Eine weitere Belastung im Gegenwert von etwa drei Milliarden Ostmark käme nicht in Frage. Die könne und wolle er nicht auch noch auf sich nehmen.

Zwei Wochen später ist die Zerstörung komplett. Eine DDR-Delegation hat IHM in Tokio die Absage erteilt und damit einen Vorgang ausgelöst, der viele Japaner das Gesicht kostet. Jeder Anbieter – so auch IHM – muss damit rechnen, einem anderen, vom Auftraggeber bevorzugten Partner zu unterliegen. Hier aber wurde ein Vorhaben quasi zurückgezogen – mit der deutlichen Feststellung, dass es für absehbare Zeit nicht realisiert würde. Eine solche Haltung ist ein Affront – muss doch der Anbieter sämtliche Kosten, die bis zum fertigen Vertrag angefallen sind, als Aufwand für ›nichts‹ abbuchen. Denn konkrete Anschlussverhandlungen sind nicht in Sicht. Für IHM ging es vermutlich um Verluste in zweistelliger Millionenhöhe.

Zwei Monate später hat sich die Situation noch einmal verändert. Auch für mich. Ich muss die Unabdingbarkeit der Abläufe akzeptieren, mich mit den neuen Gegebenheiten arangieren. Jetzt gilt es, aus dem Trümmerhaufen das noch Verwertbare zu schöpfen. Schweren Herzens springe ich auf den neuen, parteigemäßen Zug auf und segne ab, was ich noch vor Monaten vehement bekämpft hatte.

Die Führung versucht einen neuen Anlauf für eine preiswertere Lösung. Sie will im Kernbereich des Walzwerkes das wenig erprobte Dünnbrammengießen mit dem Walzen kombinieren. Ausgerechnet Habicht, die technische Null, ist Vorkämpfer der neuen Linie. Er kommuniziert das, weil die Sache mit dem Sturz des bisher Verhandelten nicht aus der Welt ist, weil die Lücke im IKO-Werk nach wie vor existiert und weg muss. Doch ein zweiter wichtiger Beweggrund kommt hinzu: Habicht steht im Verdacht, den Angriff auf den ursprünglichen Vertrag maßgeblich mit betrieben zu haben. Vermutlich auch, weil die Mix-Variante geplatzt ist und SIM, für die er, Habicht, bei INDUIMPO persönlich zuständig ist, leer ausging.

Jetzt schiebt er eine theoretisch machbare, preiswertere Lösung vor und glaubt sich elegant aus dem Schneider. Zumal er Vertanes wieder gut machen könnte. Denn die Anbieter für den ›Neuaufguss‹ sind dieselben. SIM verfügt über das Know-how für das Dünnbrammengießen.

SZENE 2

Thema ist das ›abgespeckte Ding‹. Benno Ewertz., stellvertretender Minister für E., hat zwei unabhängig voneinander arbeitende Teams in die Luxemburg-Straße nach Berlin bestellt. Sie sollen die Hauptdokumente für den KEV, den Entscheidungsvorschlag, ausarbeiten, der irgendwann der Staatlichen Plankommission und dem zuständigen Sekretariat im ZK der SED vorgelegt werden muss. Es kommt, wie immer bei diesen Vorlagen, darauf an, die Genossen an der Spitze von der Sinnhaftigkeit der geplanten Investition zu überzeugen. Diesmal müssen die mögliche Ablösung von NSW-Warmband-Importen, aber auch hohe Produktivität und ProduktQualität für eine Technik nachgewiesen werden, die nur spärlich mit Referenzen belegt und qualitativ unausgereift ist.

Es ist 7 Uhr 30.

Benno Ewertz kommt wie immer – auf leisen Sohlen. Zwar hat er angeklopft, aber weder die Ausbreitung des Schalls, noch mein *herein* abgewartet. Benno ist ein König, ein klein geratener, ein nett anmutender, ein freundlich lächelnder, aber doch König. Einer, der auch unaufgefordert, ohne zu klopfen, eintreten könnte – es sei denn, er käme aus nichtigem Grunde: so einfach privat. Doch für Letzteres gibt es keinen Anlass. Ich bin zwar – als parteiloser Genosse – per Du mit ihm, ansonsten aber total unverbandelt.

Benno durchläuft die metallurgischen Laubengänge – in einem Gebäude, das als Festung gilt, das ein Heer von Bürokraten und Spezialisten beherbergt, Leute, die einander schätzen, belauern oder kaum wahrnehmen. Benno ist vor allem in der sechsten und dritten Etage unterwegs. Heute durchgeistert er den Flur der dritten. Nicht ahnend, dass das alles – so auch dieser Flur – dem Erdboden gleich gemacht werden könnte. Eines Tages, eines Jahres, eines Jahrhunderts.

Benno nimmt die ersten zwanzig Meter auf dem bordeauxfarbenen Linoleum, erreicht so die Büros der Experten, der Aufschäumer und Stänkerer, jener Mischwesen, die er immer mal ausschickt, um Investoren an die Leine zu legen oder – was immer mal vorkommt – der Form zu genügen.

Benno muss offenbar zuerst bei mir – und nicht, wie sonst, bei Kulle oder Kunzrich geklinkt haben. Das mag weniger mit Sympathie als mit mir in meiner Funktion als Objektverantwortlicher zu tun haben. Ich bin noch immer für das Warmbandwalzwerk zuständig – jetzt für die kleine Variante.

Es geht um die neue Konzeption für das Warmwalzwerk, besser gesagt um das Kernstück: die Dünnbrammengieß- und Walzanlage – immer noch ein Objekt von mehreren hundert Millionen, das als kompliziert gilt und deshalb von Benno erst spät angefasst wurde. Ich glaube sogar, dass es des ministerlichen Machtwortes bedurft hatte. Des schnöden, diskussionslosen Befehls: Du ziehst das jetzt durch!

Was auch immer in den heiligen BetRäumen mit Kling besprochen war: Benno ist hier und Sekunden nachdem er eintritt, direkt vor meinem Schreibtisch.

»Na, kommst du vorwärts?«, fragt er mich und grinst sein übliches Grinsen.

»Klar«, sage ich, »aber für die Eckziffern brauch ich noch etwas – so zwei Stunden …«

»Mach das ordentlich, du weißt, was unser Freund B. erwartet.«

»Ich gebe mir Mühe, aber du weißt ja: die Zahlen werden wehtun!«

»Wo hast du denn das her?«

Benno zieht eine ZigarettenSchachtel aus der Tasche, rückt den zweiten, abseits stehenden Stuhl heran und setzt sich.

»Die Jungs vom IKO sind unten. Die machen die Punkte zwei und vier.«

»Wie? Zwei und vier? Überprüfen die nicht auch meine Zahlen? Ich dachte, du veranstaltest so eine Art Wettbewerb ...«

»Nö«, sagt Benno und zündelt an der Zigarette. Die für Punkt eins erforderlichen Zahlen machst du. Und sonst gar niemand.«

Ich drehe mich zu Benno und starre etwas.

»Du willst, dass ich das im Alleingang ...? Es geht um eine knappe Milliarde D-Mark und die Eigenleistungen.«

»Ist doch egal, das Procedere ist immer dasselbe. Valutaaufwand, Valutaerlöse, Rückflussdauer und die DDR-Bilanzen – zunächst mal geschoben auf neunundachtzig ...«

»Aber für den KEV müssen auch Effekte her, die sich aus der Qualitätsverbesserung ergeben. Ich meine Importablösungen bei warm- und kaltgewalzten Blechen, bei kaltgewalzten und veredelten Bändern etc. ... Das sieht ja jetzt anders aus ...«

»Und wenn schon. Kriegst du das nicht hin?«

»Das ist Sache des Kombinats. Die haben die Importlisten ..., und was die Einschränkungen im Sortiment betrifft ... »

»Okay, die Import-Zahlen holen wir dann von unten ... «

Benno zieht die Brauen hoch, saugt den letzten Rauch aus der Lulle, stößt die Kippe etwas unwillig in meinen Kaffeegrund und erhebt sich. Auf die Vorbehalte von mir geht er nicht ein.

»Wir sehen uns dann um zwölf – oben«, sagt er und entfernt sich.

»Okay, um zwölf.«

Es ist 12 Uhr.

Ich klopfe in der sechsten. Hannelore, die Chefsekretärin, ruft *herein.* Ich drücke die Klinke und bin drin. Drin im Vorzimmer des stellvertretenden Ministers, drin in einem Zimmer, dass von zwei Schreibplätzen dominiert wird. Hier die Vordame des stv.M., dort die des zugeordneten Abteilungsleiters. Monika, die Sekretärin des Abteilungsleiters, ist wieder verheult. Warum sie es ist, lässt sich nicht ausmachen. Mit der Arbeit wird es nichts zu tun haben. Monika ist Profi und in allem, was ihr Chef begehrt, gleichermaßen fit wie zuverlässig.

Hannelore auf der meinen, der linken Seite, ist nicht verheult. Im Gegenteil: Sie scheint gut aufgelegt, gibt mir sogar die Hand und wiegelt ab, als ich auf Moni zeige.

»Ist kein Weltuntergang, aber doch irgendwie bitter! Ihre Kleine hat Masern. Die muss ins Krankenhaus.«

»Na ja, allein erziehend … «

»Und ohne Auto.«

»Und dann die Ausfallzeiten. Sonderlich gut bestückt seid ihr ja nicht gerade …«

»Für ein, zwei Tage ist das kein Problem«, sagt Hannelore, »ihr Chef fängt das ab«, und zu ihrer Kollegin gewandt, »die Genossin macht das schon!«

Ich will zu Benno. Ob mir das im Gesicht steht, weiß ich nicht, aber Hannelore hat bereits angeklopft und die Tür aufgerissen.

»Unser Uwe …«, sagt sie und grinst.

»Unser Uwe!«, echot Benno und winkt mir zu.

Ich gehe vor an die schmucklose Platte, die quer zum langen, blassgelben Konferenztisch aufgebaut ist. Ich schiebe mich vor zu Benno, der rechts neben sich die Frühstücksstullen ausgebreitet hat und anfragt, ob ich mitessen möchte.

»Nee, danke, Benno, hab schon …«

Benno sortiert Wurst gegen Käse, beißt noch einmal ab und schiebt das Paket von sich. Er nimmt ein Taschentuch aus der Hose und reibt es in die Hände.

»Na, dann mal los!«, sagt er und zieht mein Papier an sich. Ich versuche es festzuhalten. Aber er hat es schon.

Es sind drei A4-Seiten, drei Seiten, auf denen ich fünf Texte und verschiedenen Berechnungen untergebracht habe. Benno stürzt sich auf Seite drei – das Ergebnisblatt. Es enthält Schlussfolgerungen, kritische Hinweise auf Risiken, zwei Einschätzungen zu den technischen Kennziffern und dann … Zahlen. Zahlen zum Valutaaufwand, zu den voraussichtlichen

Effekten und Realisierungszeiten. Außerdem ein Vorschlag für die Anlaufkurve.

Benno schweigt. Benno sagt kein Wort. Er blättert in dem Bestand aus drei Seiten. Legt Seite zwei nach oben und dreht die eins auf den Kopf.

»Das kann nicht dein Ernst sein!«

Benno ist weder auf eins noch auf zwei fixiert. Er starrt die drei an und ist weiß im Gesicht.

»Was meinst du?«, frage ich arglos.

»Also wenn du glaubst, dass uns das ZK diese scheiß Rückflussdauer abnimmt, bist du falsch gewickelt!«

»Aber ich habe doch bereits …«

»Papperlapapp! Du hast ... gar nichts!«

Benno versucht einen Moment lang böse zu sein. Zieht sein Kinn hoch und versteift die Nase. Das wirkt lächerlich, wirkt gekünstelt, gelingt nicht. Weil es einem Menschen wie Benno – schon aus dem Naturell heraus – schief gehen muss. Benno ist ein Grinser, kein Henker, ein Von-Natur-aus-Grinser, ein schein-freundlicher SchulterKlopfer. Dass ein Mann wie er rot anlaufen oder – wie sein Boss, der Minister – durchdrehen und abheben könnte, käme niemandem in den Sinn. Ob das gut ist oder eher problematisch, steht jetzt, steht in dieser Minute nicht zur Debatte. Wichtig scheint allein, dass Benno anders tickt, andere Zahlen im Kopf hat und sofort bereit ist zu revidieren – grinsend natürlich. Denn dieser gesichtliche Rückfall ist nicht aufzuhalten. Oder um es klarer zu sagen: Benno versucht Schläge – ohne Rücksicht auf das Wiedererstarken von Grins- und Lachfalten.

Ich bin einigermaßen überrascht. Möchte mein Konzept zurück und greife danach. Aber Benno ist schneller. Er hält die drei Blätter wie ein Giftzwerg, dem Schneewittchen an die Kanüle will.

»Nein!«, ruft er entschlossen. »das bleibt hier … und nicht nur das.«

»Wie bitte?«, stottere ich.

»Wir bringen das jetzt auf Vordermann!«

»Auf Vordermann? … Wieso denn und auf welcher Grundlage …?«

Benno schaut nicht so aus, als ob er irgendwelcher Grundlagen bedürfe. Er hat auch keinen Schnellhefter mit Alternativzahlen zur Hand, und er greift schon gar nicht zum Telefonhörer, um die da unten, die IKO-Leute, nach oben zu rufen. Nein, Benno, ist sich selbst der Nächste und als solcher … besagter König, der kraft eines unsichtbaren Zepters regiert. Und auf eben diese Weise … auch Zahlen erfindet.

»Also, das hier mit dem Aufwand ist schon mal zu hoch gegriffen.«

Benno macht aus den von mir eingeschätzten Von-bis-Millionen eine absolute Zahl – Millionen max minus x. Weiter unten greift er auf die von mir eingeschätzte Untergrenze – unterschlägt also die von mir angeführte Spanne – und notiert erneut eine Fix-Summe. Meine Zahlen werden durchge-ixt, ihre Herkunft wird bedeutungslos.

Benno schreibt jetzt sehr schnell. Er hat seinen blauen Kuli ins Papier versenkt, formuliert neben besagten Zahlen passende Kommentare. Meine, die ursprünglichen, die bleistiftgeschriebenen, bleiben auf der Strecke. Monika wird sie beim Abtippen kaum bemerken.

Klar schon! Benno hat das Papier blauschriftlich geschönt, die Argumente von Habicht eins zu eins übernommen und sich willig gestellt.

Schade für ihn!

Mir ist das Ganze immer wie ein Machtkampf vorgekommen. Mit Klinghuber auf der einen und zwei mächtigen Gegnern auf der anderen Seite: dem ursprünglich Klinghuber unterstellten Grau und dem Ministerium für Außenhandel. Grau, der sich als Generaldirektor mit Klinghuber überworfen hatte, war Monate zuvor zum Minister für Anlagenbau avanciert und damit in den Besitz eines mächtigen Hebels gelangt. Er konnte die DDR-Bilanz für das Warmwalzwerk stürzen, und er tat es. Aus Gründen, die nie überzeugend dargelegt wurden. Warum die gesamte Bilanz? Warum nicht Teile davon? Hier wäre ein Kompromiss möglich gewesen.

Hatte Grau das Außenhandelsministerium, dass gemeinsam mit Habicht für die KombiVariante UdSSR/BRD votiert hatte, aus Überzeugung unterstützen oder Klinghuber nur in den Arsch treten wollen? Fest steht: Grau hatte seine Mitwirkung aufgekündigt und damit das entscheidende Brandzeichen gesetzt.

Mit der Bankrotterklärung Graus, mit der Aufkündigung des ausverhandelten Vertrages war weit mehr passiert als zunächst sichtbar wurde: Zum einen hatten sich die Gegner Klinghubers durchgesetzt, die zehn Jahre lang – mit viel politischem Rückenwind – für die technisch unterlegene Mix-Variante gestritten hatten. Zum Schluss offenbar nach dem Motto: Wenn sich alles in Richtung Japan bewegt hat, dann lieber gar nichts.

Zum zweiten war die japanische Lösung auch technisch vom Tisch – eine Entscheidung, die dem Auftraggeber IKO, der bislang der Linie des Ministers folgen musste, entgegen kam.

Drittens hatte sich die Falschmeldung breit gemacht, dass man auf Basis der Dünnbrammengieß- und Walztechnologie sehr viel kostengünstiger investieren und produzieren könne.

Mir persönlich war schnell klar, dass hier unerlaubt pauschaliert und gleichzeitig eine AlibiFunktion bedient wurde. Man musste eine Alternative sattelfest machen, um klarzustellen, dass man sich weiter um IKO kümmerte. Dass man so weit ging zu behaupten, die DDR hätte mit dem japanischen Walzwerk die letzte konventionelle Anlage ihrer Art importiert, war und ist blanke Lüge. Der japanische Anbieter hatte in Südkorea nicht nur die drei weltweit modernsten Anlagen installiert, er baute sie auch munter weiter. Ebenso wie auch die Westdeutschen, Österreicher und Italiener, die ihrerseits eine konventionelle Anlage nach der anderen projektierten und in Betrieb nahmen – für Kunden mit höchsten Ansprüchen.

Übrigens werden herkömmliche Warmbreitbandwalzwerke mit Vor- und Fertigstraße auch heute noch angefahren und betrieben – und das fast dreißig Jahre nach den geschilderten Ereignissen. Einfach deshalb, weil man mit Hilfe der Dünnbrammentechnologie nach wie vor nur Produkte mit einfachem bis mittlerem Qualitätsniveau – nicht aber hochwertige Spezialstähle und dickere Grobbleche – herstellen kann. Jeder fachkundige Metallurge weiß, dass das Vergießen von Stahl in einer Kokille mit geringem Querschnitt sehr viel schwieriger ist als bei großem Querschnitt (u.a. Temperatur- und Schlackeführung), und der fachkundige Metallformer gibt zu bedenken, dass die heiße Bramme, vor allem aber das entstehende Band eine sichere, ganz gezielte Temperaturführung erfordern. Ebenso wichtig ist es, hohe Umformgrade zu erreichen, wenn das Endprodukt höchsten Qualitätsstandards entsprechen soll. Dass der Umformung eine immense Bedeutung zukommt, betonen Fachleute auch, wenn es um das Walzen auf der Grobblechstraße geht. Dort wird zusätzlich zum Längswalzen noch quer gewalzt. Bezogen auf den hier diskutierten Sachverhalt heißt dass: Die Dünnbrammentechnologie hat genau an diesen Schlüsselpositionen ihre Schwachstellen. Da die eingesetzten Vorprodukte grundsätzlich dünner sind, ist die Temperatur des Gieß- und Walzgutes schlechter zu beherrschen. Die vergleichsweise geringe Gesamtverformung bringt dann weitere Nachteile. Hochwertige Rohrstähle, Dual- und Triphasenstähle, dickere Grobbleche, aber auch höchstwertige Tiefziehbleche können beispielsweise unter diesen Bedingungen nicht hergestellt werden.

Habicht hat – was mögliche Ergebnisse der Investition betraf – sehr bewusst Äpfel mit Birnen verglichen und wichtige Führungsgremien auf die angeblich zukunftsfähige Billig-Lösung gelockt, die nicht nur technisch unausgereift war, sondern wegen des erheblich eingeschränkten Produktionssortiments auch die Refinanzierung in Frage stellte.

Wie schlecht das auch immer aussah – Habicht konnte so seine Kontakte, SIM betreffend, in die neue Zeit hinüber retten.

Dass bei Anlagenimporten aus dem Westen überall in der DDR getrickst wurde, steht außer Frage. Auch die ganz oben wussten das. Gleichwohl orientierten sich Partei und Plankommission bei wichtigen Investitionsvorhaben zunächst an den Vorschlägen aus den betreffenden Bereichen. Die wurden dann in der Regel als unzureichend abgelehnt bzw. mit neuen, schärferen Kennziffernvorgaben beantwortet. Man vermutete – ganz zu Recht – Reserven und schuf so ein Szenario, dem kaum jemand in der Industrie gerecht werden konnte. So er denn bei der Wahrheit blieb. Bei unerfüllten Kennziffern aber wären die für die Bartergeschäfte/Kompensationsvorhaben notwendigen Devisen entweder im zuständigen Ministerium eingefroren oder aber einem anderen Industriezweig zugesprochen worden. Möglicherweise einem, der mit ähnlich falschen Daten – nur eben geschickter – operierte.

Der Grundfehler lag im System. Es ließ zu, dass der Industriezweig, der im Export die meisten Valuta erwirtschaftete, auch über die meisten Valuta verfügen konnte. Naturgemäß fiel es leichter, un- oder wenig veredelte Produkte gegen harte Währung zu verkaufen. Was vor allem die Grundstoffindustrie, und hier auch Stahl & Eisen privilegierte. Dabei hätten alle Kräfte von Staat und Partei darauf konzentriert werden müssen, den Export aus einer zweiten oder dritten Verarbeitungsstufe heraus zu bewerkstelligen. Selbst wenn das zu Weltmarktpreisen in nur ein, zwei Branchen funktioniert hätte, wäre das der DDR weit besser bekommen als das Sammelsurium von BilligExporten – die das Land sukzessive auslaugten.

Völlig unberechtigt steckte z.B. der Minister für E. besonders viele Devisen ein, die er nicht nur für die Modernisierung seines Bereiches, sondern auch dafür benutzte, andere Ministerien zurückzudrängen. Indem er – von der Politik unterstützt – in deren Zuständigkeiten hineinregierte.

Ich verstehe bis heute nicht, warum der erste Großrechner der DDR im MIZ Leipzig und nicht im Spezialbetrieb ROBO des Ministeriums für E-Technik konzipiert und gebaut wurde, ja mehr noch: warum das MIZ Leipzig bzw. relevante Teile davon nicht von vornherein ins Ministerium für E-Technik eingegliedert wurden. Vermutlich haben bestimmte Machtkonstellationen, vielleicht auch persönliche Beziehungen nach ganz oben, eine sinnvolle Strukturierung verhindert. Dem Minister für E. jedenfalls bereitete es sichtliche Freude, auch im Hightech-Bereich der Erste zu sein. Noch in den achtziger Jahren stach er seinen Ministerkollegen aus. Er installierte in seinem Domizil, aber auch in Richtung IKO das erste Rechnernetz der DDR und prahlte damit, das Embargo des Westens durchbrochen zu haben. Stundenlang saß er vor seinem SuperComputer und studierte die Temperaturen im IKO-Hochofen an der Oder – eine Geste, die lächerlich anmutete und zugleich die Sinnlosigkeit der Zentralgewalt offenbarte.

Selbst bei der branchenfremden und damit irrwitzigen Produktion von Konsumgütern (Mikrowellen, Wohnwagen etc.) belegte Klinghuber erste Plätze. Dass auf diese Weise die proportionale Entwicklung der Volkswirtschaft gefährdet, wenn nicht ad absurdum geführt wurde, liegt auf der Hand.

Der Grundfehler lag im System, das den zuständigen Leitungskräften bis unmittelbar vor dem Mauerfall Selbständigkeit und Eigenverantwortung verweigerte. Selbst Generaldirektoren konnten nie aus sich heraus für eine größere Investition stehen … oder fallen. Hätte man diese Leute als eigenverantwortliche Partner betrachtet, wäre es sicher nicht zu den Betrügereien/Schönbesserungen vieler Projektunterlagen/Entscheidungsvorschläge gekommen. Denn welcher für den eigenen Betrieb verantwortliche General belügt sich schon selbst. So aber regierte das Zentrum – die Partei. Die zu betrügen, war möglich und angesagt, weil nur attraktive Dokumente der Investition zum Durchbruch – und dem zuständigen Landesherren/Minister zu Ruhm und Ansehen verhelfen konnten. Gleichzeitig mussten an der Basis Reserven angelegt werden, da zusätzliche Valuta-Mittel für ausgehende Ausrüstungen in hohen und höchsten

Führungsetagen zu beantragen waren und oft ausgeschlagen wurden. Wer schließlich gut war und gleichzeitig am geschicktesten trickste, bekam den Zuschlag – nicht unbedingt der, der die volkswirtschaftlich sinnvollste Investition im Köcher hatte. Wenn alle Geheimnisträger GVS- und VVS-Verpflichtete im Industriezweig dicht hielten und es gelang, den zuständigen Stasi-Genossen zu vereinnahmen, war diese Verfahrensweise weder gefährlich noch aufzuhalten. Im Falle des Desasters fing die Gesamtheit (das zuständige Ministerium, der Staat, der Steuerzahler) den Schaden auf. Schuld war in der Regel der General ohne Kompetenzen. Er wurde auf Zeit in eine subalterne Position verschoben und später – bei Passfähigkeit – wieder hervorgeholt. Brachte die Investition einen Erfolg oder Teilerfolg, dann kassierten das zuständige Ministerium und der Außenhandel. Die Generaldirektoren der Kombinate blieben außen vor. Erst kurz vor der Wende wurden sie in bescheidenem Maße an den ValutaErträgen beteiligt.

Mit diesem Statement soll keinesfalls der Eindruck erweckt werden, dass die für die DDR-Metallurgie geplanten und dann auch durchgesetzten Kompensationsvorhaben ohne Sinn und Verstand, geschweige denn mit Parametern realisiert wurden, die wesentlich vom Weltniveau abwichen. Im Gegenteil: Die DDR-Stahlindustrie verfügte über fähige Führungskräfte und Fachleute. Sie gehörte zu den wenigen Industriezweigen, in denen bis zuletzt modernste Anlagen errichtet wurden. Womit die weit verbreitete Unterstellung verschiedener Medien, es habe in der DDR nur faule Typen und marode Baulichkeiten gegeben, einmal mehr als Lüge entlarvt ist. Alle aus dem Westen importierten Ausrüstungen – und dabei handelte es sich um mehr als zwanzig bedeutende Projekte – wurden nach der Wende an westliche Firmen verkauft. Sie laufen noch heute.

Was das ›große Ding‹ betrifft, so handelte es sich hier um einen Sonderfall. Es sollte den metallurgischen Zyklus eines integrierten Hüttenwerkes schließen. Hüttenwerke waren weltweit immer komplett. Nicht so in der DDR. Hier gab es jahrzehntelang das Stückwerk IKO – ohne Stahlwerk, ohne Warmwalzwerk. Weil die für die Komplettierung notwendigen Gelder bis in die achtziger Jahre für sozialpolitische Programme benötigt wurden. Als die DDR-Regierung umsteuerte, sprich: Bartergeschäfte zuließ, konnte ernsthaft an das Schlie-

ßen der Lücke gedacht werden. Seltsamerweise begnügte man sich nicht damit, etwas Selbstverständliches ohne großen Hickhack/Bürokratismus ›nachzuholen‹. Vielmehr musste die Komplettierung technisch und ökonomisch neu begründet und das aussichtsreiche Abtragen von Krediten über Produkte aus der Anlage nachgewiesen werden. Was in mehrfacher Hinsicht schwierig war. Auch deshalb, weil das Vergleichsprodukt – das bisher bei IKO eingesetzte Warmband – auf Rubelbasis und in z. T. unzureichender Qualität aus mehr als fünf sowjetischen Werken bezogen wurde.

All das war schon damals sichtbar. Völlig unabsehbar dagegen: das Schicksal der DDR – der Mauerfall und die schmerzhaften Entwicklungen für IKO. Warum die Spezialisten in E. auch nach der Wende an der Dünnbrammengieß- und Walztechnologie festhielten – es ist mir bis heute schleierhaft. Habicht und Genossen hatten das politisch eingestielt. Davon war offenbar auch im Frühstadium des aufkommenden Kapitalismus kein Loskommen mehr. Zur Entlastung der Fachleute muss bemerkt werden, dass sich die Technologie an sich inzwischen bewährt hatte – allerdings nur für ein nach wie vor eingeschränktes Bandsortiment.

Heute bin ich froh, dass die neuen Eigner anders – ich meine: richtig – entschieden haben. Sie zerstörten den falschen Mythos und ließen eine konventionelle Warmbreitbandstraße errichten. Die dann vom ehemaligen westdeutschen Verhandlungspartner SIM (wer sagt es denn?) gebaut und in Betrieb genommen wurde und jetzt … alles kann. Ich habe mich dieser Lösung mit Freude angeschlossen. Wenngleich ich eine Walzstraße, die statt Coilbox über ein zusätzliches Fertiggerüst verfügt, bevorzugt hätte. Aber was soll's?

Die neuen IKO-Stahl-Eigner aus Belgien hatten der Dünnbrammen-Technologie misstraut. Und damit sehr viel entschiedener auf Qualität und Vielfalt der künftigen Produkte gesetzt. Sie verfügten über das Geld und bestellten irgendwann. 1992 ging das neue Bandwalzwerk in Betrieb. Gegen den z. T. erbitterten Widerstand von OSTHinz und WESTKunz.

Aber das ist … eine andere Geschichte.

Anmerkungen

a.d.V.	Anmerkungen des Verfassers
A+B-Staat	salopp für *Arbeiter- und Bauern-Staat*
Bonbon	salopp, ggf. verächtlich für das Parteiabzeichen der SED
Die drei Deutschland	gemeint sind die Bundesrepublik/BRD, die DDR und die »besondere politische Einheit« Westberlin (DDR-Termini)
Forsterheizung	am weitesten in der DDR verbreitete Etagenheizung, hergestellt im »VEB TGA Forst«
FDGB	Freier Deutscher Gewerkschaftsbund (DDR)
IHM, SIM, HII UNITEC, BLEU KNOT LEAN	MetallurgieanlagenbauBetriebe im westlichen Ausland
IKO	FlachStahl erzeugender Betrieb
INDUIMPO	Außenhandelsbetrieb, u.a. zuständig für den Import von metallurgischen Ausrüstungen
i.V.	in Vertretung
GOPRI	Projektierungsbetrieb für metallurgische Anlagen
GVS	Geheime Verschlusssache
Kadarka	Rosenthaler Kadarka – süßer bulgarischer Rotwein
KIT	WalzwerksmaschinenbauBetrieb mit z.T. komplexen Projektierungsaufgaben
KEV	Komplexer Vorschlag zur Auslegung und Gestaltung von valutaträchtigen Investitionsvorhaben – musste vom zuständigen Ministerium bei der Staatlichen Plankommission und beim ZK der SED eingereicht werden
MELO	Elektro- und AutomatisierunsanlagenbauBetrieb
MOZ	Märkische Oderzeitung
NATOR, RCS, ÜSSE	Stahl erzeugende Konzerne im westlichen Ausland
NSW	Nicht Sozialistisches Wirtschaftsgebiet
OAS	Organisation de l'armée secrète – faschistoide französische Geheimarmee, die die Loslösung Algeriens von Frankreich verhindern wollte (1961/1962)
QICK	stahlerzeugendes Kombinat östlich der Elbe
Schabowski	bis 1989 Erster Sekretär der SED-Bezirksleitung von Ost-Berlin, zuständig für das Informationswesen. Günter Schabowski verlas am 9. November die neue WestreiseReglung der DDR und löste damit den Mauerfall aus
San	gebräuchlichste Anrede unter erwachsenen Personen, die sich nicht kennen oder beruflich miteinander zu tun haben – im Sinne von Herr (japanisch)
Sandy	der verheerende Wirbelsturm »Sandy« suchte 2012 auch die

	Karibik heim
Sperrwert	DDR-Briefmarke, deren Auflage künstlich verknappt wurde, um den im internationalen Handel entstandenen DDR-Marken-Wertverfall insgesamt zu stoppen. Diese Marken waren Bestandteil vieler Briefmarkensätze und nur für Sammler mit speziellem Ausweis erhältlich. Ihre Ausfuhr war ebenso verboten wie der Export postfrischer DDR-Marken.
SPK	staatliche Plankommission (DDR)
stv.M.	hier: lax für *stellvertretender Minister*
SU, Sojus	Sowjetunion, Union der Sozialistischen Sowjetrepubliken (UdSSR)
Tocororo	»Nationalvogel“ Kubas
u. k.	ein Wehrpflichtiger, der u. k. (unabkömmlich) gestellt wird, muss trotz Tauglichkeit nicht einrücken.
Umwalzen	hier: vergossene Stahlblöcke (Brammen) werden zum Auswalzen in eine betriebsfremde Warmbandstraße verschickt, sogenanntes Lohnwalzen zu Warmband
VD	Vertrauliche Dienstsache
VVS	Vertrauliche Verschlusssache
Vychod	Ausgang (russisch)
Vystavka	Ausstellung/gemeint ist die gleichnamige U-Bahn-Station (russisch)
WBS	Warmbandstraße (Warmumformeinrichtung/Walzanlage zur Erzeugung von warmgewalzten Bändern aus Brammen)
WiMi	salopp für *wissenschaftlicher Mitarbeiter*
Yen	japanische Währung. 11.700 Yen entsprachen 1978 etwa 120 D-Mark
ZK der SED	Zentralkomitee der Sozialistischen Einheitspartei Deutschlands

Ulrich Scharfenorth

geboren am 1. Oktober 1941 in Lehnitz / Land Brandenburg. Von 1964-90 als Technologe, Forscher und Gutachter in der DDR-Stahlindustrie tätig. 1970 Promotion zum Dr.-Ing.. Von 1997-2004 Chefredakteur einer Fachzeitschrift in Düsseldorf. Danach freier Journalist und Autor. Lebt in Ratingen.
Ab 1960 Lyrik und Kurzprosa. Seit 1991 Mitglied des Literaturkreises ERA e.V.
Zahlreiche Veröffentlichungen in Anthologien und Literaturzeitschriften.
Lesungen in verschiedenen deutschen Städten.

1994: »Absturz ins Paradies« (Gedichte und Kurzprosa)
2004: »Aufzeichnungen aus der Blackbox« und »geschrotet« (Audio-Collagen)
2008: »Störfall Zukunft – SchlussFolgerungen für einen möglichen Anfang« (Sachbuch)
2010: »Aus der Reihe getanzt « (Erzählungen)
2011: »abgebloggt « (Sachbuch)

Seit 2003 Moderator der »Ratinger KULTURkneipe«
www.stoerfall-zukunft.de